Cornelia Filter

Mein Gott ist jetzt Allah und
ich befolge seine Gesetze gern

Cornelia Filter

Mein Gott ist jetzt Allah und ich befolge seine Gesetze gern

Eine Reportage über Konvertiten in Deutschland

Piper
München Zürich

Mehr über unsere Autoren und Bücher:
www.piper.de

ISBN 978-492-05186-6
© Piper Verlag GmbH, München 2008
Satz: seitenweise, Tübingen
Druck und Bindung: CPI – Clausen & Bosse, Leck
Printed in Gemany

Inhalt

Einleitung

Wie wird man Muslim? Diese Frage stellen sich Deutsche, die sich zum Islam hingezogen fühlen, aber nicht wissen, wie man es praktisch anstellt, diesen neuen Glauben anzunehmen. Aber auch viele andere Deutsche fragen sich das – angesichts der anscheinend immer schneller wachsenden Zahl von muslimischen Konvertiten in Deutschland. Die meisten vermuten, dass eine Konversion zum Islam ähnlich funktioniert wie ein Konfessionswechsel von der katholischen zur evangelischen Kirche oder umgekehrt. Weit gefehlt! Muslim zu werden ist ein unbürokratischer Akt, bei dem kirchliche und staatliche Behörden außen vor bleiben. Der muslimische Konvertit muss sich vorher auch nicht im Glauben unterweisen lassen wie ein christlicher Konvertit oder gar eine Prüfung ablegen. Denn nach den Vorstellungen der Islam-Gelehrten ist ohnehin jeder Mensch von Geburt an Muslim oder Muslima.

In diesem Sinne ist es kein Übertritt, wenn jemand den Islam annimmt, sondern eine Rückkehr zum Ursprung, die mit dem Glaubensbekenntnis, der Schahada, besiegelt wird: »Ich bezeuge, dass kein Gott da ist außer Allah, und ich bezeuge, dass Mohammed der Gesandte Allahs ist.« Meist sprechen Konvertiten dies Glaubensbekenntnis in Anwesenheit von zwei Zeugen in einer islamischen Moschee-Gemeinde, in einem islamischen Kulturverein oder in einer anderen islamischen Institution. Doch das ist nicht vorgeschrieben. Man kann sich auch ganz allein im stillen Kämmerlein mit der Schahada zu Allah bekennen. Denn letztlich ist sie nichts anderes als ein persönlicher Vertrag zwischen Gott und einem Menschen, in dem dieser sich verpflichtet, künftig ein gottgefälliges Leben zu führen, das sich an den sechs Glaubensgrundsätzen und den fünf Säulen des Islam orientiert.

In den sechs Grundsätzen ist der Glaube vorgeschrieben:
- an Allah, den einzigen Gott;
- an seine Engel;
- an den Koran, der als das Wort Gottes dem Propheten Mohammed durch den Erzengel Gabriel offenbart wurde;
- an Allahs Gesandte, u. a. Abraham, Moses, Jesus und zuletzt Mohammed, der die beiden abrahamitischen Buchreligionen, das Juden- und das Christentum, durch eine dritte und letzte vervollkommnet hat;
- an das Leben nach dem Tod, das quasi die Gegenleistung Gottes in diesem Vertrag darstellt: Allah bietet den Gläubigen, die sich an seine Rechtleitung halten, nach dem Jüngsten Gericht das Paradies, während die Ungläubigen im Höllenfeuer landen;
- an die göttliche Vorsehung.

Die fünf Säulen des Islam sind:
- das Glaubensbekenntnis, die »Schahada«, mit der sich die Gläubigen auch vor jedem Gebet erneut zu Gott bekennen;
- das Gebet, »Salat«, das fünfmal am Tag zu verrichten ist;
- die Pflichtabgabe, »Zakat«, eine Almosensteuer;
- das alljährliche Fasten, »Saum«, im Monat Ramadan, der sich wie die gesamte islamische Zeitrechnung nach dem Mondkalender richtet und nicht nach dem gregorianischen Kalender, auf dem die christliche Zeitrechnung basiert;
- die Pilgerfahrt nach Mekka, »Hadsch«, die einmal im Leben für jeden Muslim und jede Muslima Pflicht ist.

Dem »Erkenntnisgewinn« der Gläubigen, denen Allah aufgetragen hat, unentwegt ihr religiöses Wissen zu erweitern, dient nicht nur der Koran als Grundlage, sondern auch die »Sunna«, wie die in »Hadithen« überlieferten Worte und Handlungen des Propheten genannt werden. Koran und Sunna zusammen gelten als »die Quelle« des Glaubens. Das klingt zunächst relativ unkompliziert. Doch hinter dem Begriff »Islam« verbirgt sich ein kompliziertes Gebilde aus Glaubensrichtungen und Glaubensgemeinschaften und verschiedensten Interpretationen des überlieferten islamischen Rechtssystems, der Scharia.

Der traditionelle Islam kennt keine Trennung von Religion (bzw. Kirche) und Staat. Die Scharia, aus dem Koran und den Hadithen abgeleitet, regelt das gesamte Leben. Sie umfasst zwei große Bereiche, die »Ibadat«, die religiösen Vorschriften, und die »Muamalat«, das Zivil- und Strafrecht. »Was die Situation der Frauen angeht, so betrifft sie besonders das Familienrecht, also Ehevertrag und Scheidung, aber auch das Verhältnis von Mann und Frau, das dem Mann den grundsätzlich übergeordneten Part mit mehr Rechten und Pflichten zuweist«, so die Marburger Islam- und Religionswissenschaftlerin Ursula Spuler-Stegemann in dem Buch »Frauen und die Scharia« (zusammen mit Christine Schirrmacher, 2004, S. 186).

Der Koran entstand zwischen 610 und 632 n. Chr. in Mekka und Medina, also in einer Stammesgesellschaft. Der traditionelle Islam nimmt seine heilige Schrift auch heute noch wortwörtlich. Der sogenannte Reform-Islam hingegen begann Ende des 19. Jahrhunderts, den Koran historisch-kritisch zu lesen und ihn daraufhin zu untersuchen, was in den 114 Suren überzeitlich und was zeitgebunden ist, sich also speziell an die Wüstenaraber im 7. Jahrhundert auf der arabischen Halbinsel richtete. Der heutige Euro-Islam – diesen

Begriff hat der deutsche Politikwissenschaftler syrischer Herkunft Bassam Tibi geprägt, – akzeptiert die Trennung von Religion und Staat. Die Anhänger des Euro-Islam sind allerdings nur eine Minderheit unter den ca. 14 Millionen in ganz Europa lebenden Muslimen.

Die Sunniten sind weltweit – auch in Europa – mit etwa 80 Prozent in der Mehrheit. Dabei unterscheiden sich die knapp 20 Prozent Schiiten gar nicht so sehr von den Sunniten. Die sechs Glaubensgrundsätze und die fünf Säulen des Islam bilden bei beiden Richtungen die Basis des Glaubens. Doch im Gegensatz zu den Sunniten, die zwar die Gefährten des Propheten Mohammed (570–632) verehren, aber keinen von ihnen als Nachfolger anerkennen, sind die Schiiten davon überzeugt, dass Ali, Mohammeds Cousin und Schwiegersohn, Anspruch auf die Nachfolge hatte.

Nach dem 11. September 2001 wurde uns im Westen eingeredet, der Islam insgesamt sei eine Bedrohung und die al-Qaida allgegenwärtig. Aber tatsächlich ist dieses von Osama bin Laden geknüpfte terroristische Netzwerk nur eine wahhabitische Abspaltung vom sunnitischen Islam. Dieser wiederum hat vier konkurrierende Rechtsschulen. Auch die Sufis sind Sunniten, obwohl sie von sunnitischen Islamisten wie den Wahhabiten als »Sekte« verachtet werden. Die Aleviten waren ursprünglich Schiiten, haben sich aber zu einer eigenständigen Religionsgemeinschaft entwickelt. Sunniten, Schiiten, Aleviten, Sufis, Ahmadis und Ismailiten – die Anhänger des Islam sind also keineswegs eine monolithische Einheit, sondern vereinen eine große Vielfalt muslimischer Lebensweisen. Es fragt sich nur, wie viele Muslime, einerlei welcher Glaubensrichtung, in Deutschland leben. Dieselbe Frage stellt sich bei den muslimischen Konvertiten.

Muslimen ist die Organisationsform Kirche fremd. Sie sind nicht in Taufregister eingetragen, sie zahlen keine Kirchensteuern. Sind sie gebürtige Muslime, bleiben sie immer Muslime, auch wenn sie nicht mehr glauben – aus dem Islam kann man nicht, vom Amtsgericht beurkundet, austreten. Daher sollte die – auch von der Bundesregierung verbreitete – Zahl »3,2 bis 3,5 Millionen Muslime in Deutschland« mit Skepsis betrachtet werden. Der Hamburger Sozialwissenschaftler Dr. Carsten Frank von der Forschungsgruppe Weltanschauungen in Deutschland (fowid) erklärt, warum: In amtlichen Statistiken »werden schlicht alle Migranten, die aus einem ›mehrheitlich muslimischen Land‹ kommen, als ›Muslime‹ gezählt. Da wird weder ein Unterschied zwischen – beispielsweise – Sunniten, Schiiten, Aleviten und Ahmadis gemacht, noch wird reflektiert, dass die 33 % konfessionsfreien Deutschen es sehr eigenartig finden würden, wenn sie – aufgrund der ›christlichen Mehrheit‹ in Deutschland – pauschal insgesamt dem Christentum zugeordnet würden.« (Zitiert nach: »›Muslime‹ in Deutschland«, *www.fowid.de*)

Auch der Passus »33 % konfessionsfreie Deutsche« sagt nicht viel aus. Als konfessionsfrei gelten nämlich amtlich alle deutschen Staatsbürger, die keiner der beiden christlichen Amtskirchen angehören. Also auch freikirchliche Christen, Atheisten, Buddhisten und muslimische Konvertiten. Deutsche jüdischen Glaubens werden nicht als konfessionsfrei eingestuft, da das Gros der jüdischen Gemeinden in Deutschland im Dachverband Zentralrat der Juden organisiert ist, einer Körperschaft des öffentlichen Rechts, die mit den christlichen Amtskirchen gleichgestellt ist und ähnliche Privilegien genießt.

Da für den Abschluss des Vertrages zwischen Gott und einem Menschen weder kirchliche noch staatliche Vermittlungsinstanzen benötigt werden, schlägt sich eine Konversion zum

Islam in keiner gesicherten Statistik nieder. Trotzdem wird in letzter Zeit oft behauptet, die Zahl der muslimischen Konvertiten in Deutschland wachse rapide. 20000 Neuzugänge allein in den Jahren 2001 bis 2006 schätzt die *Islamische Zeitung*. Das Islam-Archiv Soest geht von insgesamt 14352 Konvertiten in Deutschland aus, die *FAZ* nennt eine Zahl zwischen knapp 20000 bis 100000.

Seit Anfang September 2007 in einem Ferienhaus im Sauerland drei islamistische »Bombenbauer« festgenommen wurden, sind die Konvertiten wieder in die Schlagzeilen geraten – denn zwei der jungen Männer, Fritz G. und Daniel S., sind zum Islam übergetretene Deutsche. Bereits im Mai 2007 löste eine sogenannte »Konvertiten-Studie« eine Medien-Debatte aus, weil dieser Studie zufolge im Jahr 2006 rund 4000 Deutsche zum Islam übergetreten seien: viermal so viele wie im Vorjahr.

Dabei handelt es sich nur um ein Ergebnis der alljährlichen Frühjahrsumfrage, die das Zentralinstitut Islam-Archiv-Deutschland (ZIIAD) in Soest schon seit 1972 bei muslimischen Gemeinden und Verbänden macht und dabei auch die Zahl der Übertritte erfragt. Dass es zu »keinem Zeitpunkt« eine Studie verfasst und veröffentlicht habe, stellte das Islam-Archiv am 9. Mai 2007 richtig: »In der Frühjahrsumfrage sind dem Thema Übertritte zum Islam gerade einmal zehn Zeilen gewidmet.« Das Soester Islam-Archiv ist quasi ein Ein-Mann-Betrieb mit dem Seniordirektor Mohammed Salim Abdullah als einzigem Festangestellten, und seine Umfragen sind keineswegs repräsentativ (was er auch gar nicht behauptet). »Mehrere Verbände, etwa der türkisch-islamische Dachverband DITIB, ließen wissen, dass sie den an sie gesandten Fragebogen gar nicht beantwortet hätten. Zudem war zu erfahren, dass die Verbände empirisch begründete Zahlenangaben über Konversionen zum Islam gar nicht hätten machen können, weil sie über solche nicht verfügen.«

(*FAZ*, 7.9.2007). Anscheinend ist die Islamische Gemeinschaft deutschsprachiger Muslime und Freunde des Islam Berlin e. V. (IGdMB) in Berlin eine der wenigen Organisationen, die jeden Übertritt registriert, wie ihr Vorsitzender, der Konvertit Mohammed Herzog, in einem Interview für dieses Buch berichtet (s. S. 59).

Der *Spiegel* kann keine Anzeichen dafür erkennen, »dass sich die Zahl der Übertritte von Deutschen zum Islam erhöht hätte«, und beruft sich dabei auf die Leipziger Religionssoziologin und Konversionsexpertin Monika Wohlrab-Saar. Die Professorin geht lediglich von einem »kleinen Anstieg« aus. Zwei Drittel davon entfielen auf Frauen, die einen Muslim heirateten und dessen Glauben annähmen, um eine »Grundlage für eine Partnerschaft« zu finden (zitiert nach *Spiegel Special*, 2/08, »Allah im Abendland«).

Aber die Tatsache, dass das Islam-Archiv in Soest allein bei seiner nicht repräsentativen Frühjahrsumfrage für das Jahr 2006 rund 4000 Übertritte verzeichnete, spricht dafür, dass es in Wahrheit mehr waren – und sind. Zumal die neuen charismatischen Islam-Prediger wie der Konvertit Pierre Vogel alias Abu Hamsa, der auf seinen Vortragsveranstaltungen jeweils bis zu sieben Deutsche bekehrt (s. S. 166), die durch sie vollzogenen Konversionen wohl kaum irgendwo melden werden.

Ich habe schon mehrfach in *Emma* über Konvertiten berichtet, allerdings überwiegend über die Elite – kritisch: zum Beispiel über Ayyub Axel Köhler, Vorsitzender des Zentralrats der Muslime, der sich für dieses Buch nicht interviewen lassen wollte, oder über Sulaiman Wilms, Chefredakteur der *Islamischen Zeitung*, den ich in *Emma* heftig attackiert hatte und der trotzdem zu einem Gespräch mit mir bereit war (s. S. 220).

Bei meiner Recherche für dieses Buch interessierten mich

jetzt vor allem ganz normale Menschen, die sich aus den unterschiedlichsten Gründen zum Islam hingezogen fühlen. Ich wollte wissen, was sie an dieser Religion fasziniert und wie die Konversion ihr Leben verändert hat.

Zur Schaffung einer Vertrauensbasis hat beigetragen, dass ich die Interviews in diesem Buch mit den Interviewten abgestimmt und ihre Veränderungswünsche berücksichtigt habe. Manchmal auch den Wunsch, nicht alles zu schreiben, was mir erzählt wurde. Oder nur den Vornamen zu nennen beziehungsweise einen ganz anderen Namen.

Ich gestehe, dass ich den Konvertierten, die sich auf das Wagnis einließen, sich mit mir zu treffen, vorurteilsbeladen entgegentrat. Im Grunde hielt ich sie alle für Islamisten. Doch im Laufe meiner Reise zu einigen neuen deutschen Muslimen hat sich mein Blick auf sie verändert – und ich glaube, ebenso ihr Blick auf mich.

Cornelia Filter
Bielefeld, im Mai 2008

Eine osmanische Herberge in der Eifel

»Wie bringt man Gott zum Lachen?« Einem solchen Film-
titel kann eine einstige Klosterschülerin aus dem schwarzen
Paderborn, die mit einem absolut humorlosen Gott aufwuchs, nicht widerstehen.

Selbstverständlich schaltete ich im Oktober 2007 das
SWR-Fernsehen ein, um Ute-Beatrix Giebels Dokumenta-
tion über »Sufis in der Eifel« anzuschauen. Was ich da zu
sehen bekam, erstaunte mich. Zwar wusste ich, dass der
Sufismus eine mystische Richtung des Islam ist, aber mit dieser sinnenfrohen Mischung aus Basar und Woodstock hatte
ich nicht gerechnet: ein buntes Gewimmel aus Männern mit
Turbanen und Pluderhosen, aus geschminkten Frauen in
Hippie-Kleidern, mal mit, mal ohne Kopftuch, aus orientalisch anmutenden Verkaufsständen für Duftöle, Gewürze,
Stoffe, Schmuck und Gebetsketten, aus alten Musikern und
jungen Rappern.

Ute-Beatrix Giebel drehte ihren Film im Sommer, überwiegend auf dem »Sufi-Soul-Open-Air-Festival«, das alljährlich
im August im Innenhof der Osmanischen Herberge in Sötenich veranstaltet wird, auch als Tag der offenen Tür. Doch
jetzt ist Spätherbst, der traurige Monat November, den man
in Deutschland meist lieber hinter verschlossenen Türen ver-
bringt. Auf der Homepage der Osmanischen Herberge finde
ich folgende gastfreundliche Zeilen: »Besuchen Sie uns und
lernen Sie uns kennen! Für Sie steht unsere Tür immer
offen!« Mir wohl auch?, frage ich mich zweifelnd, als ich

überlege, den Verein für neue deutsche Muslime, der die Osmanische Herberge in dem kleinen Eifeldorf als internationales Sufi-Zentrum betreibt, darum zu bitten, am Großen Dhikr teilnehmen zu dürfen.

Das arabische Wort »dhikr« (türkisch »zikr«) bedeutet Gottesgedenken. Das ist für den frommen Muslim und die Muslimin ohnehin tägliche Pflicht. Fünfmal am Tag müssen er oder sie in Richtung Mekka gewandt zu Allah beten. Auch das Gemeinschaftsgebet in der Moschee hat einen hohen Stellenwert. Dabei komme »in besonders eindrucksvoller Weise die Gleichheit der Betenden vor Allah zum Ausdruck«, schreibt Muhammad ibn Ahmad ibn Rassoul in der Einleitung zu seiner deutschen Übersetzung des Korans. Der Sufi-Scheich Hassan Peter Dyck, Konvertit und Gründer der Osmanischen Herberge, formulierte es esoterischer und zugleich ein wenig kaufmännisch. Denn er ist lange Zeit Vertreter für Schuheinlagen gewesen, nachdem er vorher ein klassisches Musikstudium als Cellist abgeschlossen hatte. Ein gemeinsames Gottesgedenken wirke »sechsundzwanzigmal intensiver« als ein Einzelgebet, sagte er in »Wie bringt man Gott zum Lachen?«.

Für das Große Dhikr an jedem ersten Samstag im Monat reisen »manchmal bis zu 300« Glaubensbrüder und -schwestern nach Sötenich, verkündet die Website *www.osmanische-herberge.de*: »Männer, Frauen, Jugendliche, Kinder« aus der Eifel und ganz Deutschland sowie den Niederlanden, Belgien, Frankreich, Italien und der Schweiz – mehrheitlich Konvertiten. Sie beten nicht nur. Bei einem Großen Dhikr, das meist bis weit nach Mitternacht dauert und stets mit einem gemeinsamen Mahl am frühen Abend beginnt, geht es vor allem um »Zusammensein«.
Aber doch bestimmt nicht mit mir!?

Dennoch fasse ich mir ein Herz, schreibe eine E-Mail und verschweige nichts – weder meinen Katholizismus noch meinen Feminismus. Postwendend trifft eine Antwort-Mail ein:

»Liebe Frau Filter, gerne können Sie am Samstag, den 1. Dezember, zu uns kommen. Das ist kein Problem. Alles Gute und Gottes Segen wünscht Ihnen Ahmad Adamek.«

Ahmad hieß früher Jürgen und war ein gut verdienender Informatiker, wie ich aus dem SWR-Film weiß. Heute ist er Sufi und lebt bescheiden als Herbergsvater. Einer, der wahrscheinlich auch Maria und Josef nicht abgewiesen hätte, als sie in Betlehem um Obdach baten. Solche sentimentalen Gedanken schwirren mir durch den Kopf, nachdem ich Adameks Mail gelesen habe – leicht gerührt.

Bei meinen Bahnreisen durch Deutschland zu muslimischen Konvertiten wird es mir häufig so ergehen, dass ich mich der Zeit enthoben fühle, meiner christlichen Zeitrechnung. Mitten im Karneval zum Beispiel, an Weiberfastnacht, werde ich mich – losgelöst von dem Getümmel, in das ich mich sonst so gerne stürze – in der närrischen Hochburg Mainz mit drei deutschen Studentinnen, die sich zum Islam bekennen und Kopftuch tragen, in aller Ruhe über ihren Glauben und den Sinn des Lebens unterhalten. In Mainz werde ich mich bereits an die Zwischenwelt gewöhnt haben, in die mich die Recherche für dieses Buch brachte. Ich werde mich an den Verlust von alten Gewissheiten gewöhnt haben, ohne mir neuer gewiss zu sein.

Aber auf dieser Reise, die mich nach Sötenich bei Kall in der Nordeifel führt, bin ich noch in meiner gewohnten Welt beheimatet. Darum habe ich das Angebot ausgeschlagen, nach dem Großen Dhikr im Gemeinschaftsschlafsaal für Frauen und Kinder zu übernachten – was eigentlich jede Reporterin locken müsste. Doch ich ziehe es vor, ein Hotelzimmer zu buchen: in Kall, weil es in Sötenich weder Hotels noch Pensionen gibt.

Die meisten Bielefelder, die am Samstag vor dem ersten Advent mit mir in den Zug nach Köln steigen, wollen zum Weihnachtsmarkt auf der Kölner Domplatte. Ich will nur umsteigen, vom ICE in den Regionalexpress, der von Köln über Euskirchen nach Kall fährt und dann wieder zurück. Jemand hat im Zug die Lokalzeitung liegen gelassen, die wegen einer »Anzeigen-Sonderveröffentlichung« zum verkaufsoffenen ersten Adventssonntag besonders dick ist, aber nicht viel Neues bietet. Alle Jahre wieder der übliche Konsumrausch in der »festlich geschmückten City« mit »bunten Buden« und »prunkvollen Krippen«.

Prunkvoll? Eine Krippe ist ein Futtertrog für Vieh und kein luxuriöses Weihnachtsaccessoire für die Gabentische moderner Heiden, die anscheinend vergessen haben, dass Maria ihren Sohn in einem Stall gebar. »Weil in der Herberge kein Platz für sie war«, steht im Lukas-Evangelium.

Ich klappe die Euskirchener Lokalzeitung zu und schlage die Bielefelder *Neue Westfälische* auf. Auf der Auslandsseite im überregionalen Politikteil ist einem Stofftier namens Mohammed der Aufmacher gewidmet: »Streit um Teddy eskaliert. Demonstranten im Sudan fordern Hinrichtung der 54-jährigen britischen Lehrerin.« Am Vortag war Gillian Gibbons, britische Pädagogin an einer Privatschule in der sudanesischen Hauptstadt Khartum, von einem Scharia-Gericht des afrikanischen Landes, in dem der Islam Staatsreligion ist, »wegen Verletzung religiöser Gefühle« zu 15 Tagen Haft und Ausweisung verurteilt worden. Gillian Gibbons hatte es zugelassen oder vielleicht sogar angeregt, dass ihre Schüler den Klassen-Teddy nach dem Propheten benannten. Trotzdem ein mildes Urteil, kommentiert die *Neue Westfälische*. Es hätte schlimmer kommen können: erst Auspeitschung und danach sechs Monate Gefängnis. Ein zu mildes Urteil meinen dagegen Tausende sudanesischer Muslime. »Tötet sie, tötet sie!«, skandierten sie am Freitag, den 30. November 2007, auf den Straßen von Khartum. Der Gott dieser Fanatisierten lacht offenbar nicht so gerne wie der Gott der Sufis in der Eifel.

Wie bringt man Gott denn zum Lachen?, fragte die Filmemacherin Giebel den Sufi-Scheich Hassan. Der lächelte spitzbübisch, als er antwortete: »Der Mensch dachte, und Gott lachte. So ist das.« Wenn das tatsächlich so wäre, dann hätte Gott aber ziemlich viel zu lachen – über uns Menschen, die denken, dass Krippen für das Jesuskind prunkvoll sein müssen und von Kindern heiß geliebte Teddys nicht Mohammed heißen dürfen.

Ich checke um 15 Uhr in einem kleinen Hotel ohne Komfort, aber mit netten Wirtsleuten ein. Ich weiß nicht genau, ab wann ich in der Osmanischen Herberge willkommen bin. In Ahmad Adameks Mail stand lediglich, dass er versucht, für 18 Uhr einen Interviewtermin mit Scheich Hassan für mich zu arrangieren, »wenn Zeit ist«. »Wir halten das immer sehr spontan.« Ich beschließe, für 16 Uhr ein Taxi zu bestellen, weil ich auf keinen Fall verpassen will, wie die Glaubensbrüder und -schwestern aus nah und fern anreisen. Die Zwischenzeit vertreibe ich mir mit dem Buch »Muslime in Deutschland« (2002), dem Standardwerk der Marburger Religionswissenschaftlerin Ursula Spuler-Stegemann.

Bereits in der Frühzeit des Islam, lese ich da (S. 122 ff.), spaltete sich von der orthodoxen Mehrheit, die durch die Einhaltung strenger Regeln im Diesseits die Liebe Gottes im Jenseits erlangen wollte, eine spirituelle Minderheit ab, die ihren Blick nach innen richtete, um die Gottesliebe schon auf Erden zu erfahren. »Die mystische Gottesschau, das ›Entwerden‹, das ›Vergehen in Gott‹ sind einem Sufi höchste

Erfüllung, für einen traditionellen Muslim jedoch geradezu ungeheuerliche Vorstellungen.« Der erste bedeutende islamische Mystiker war laut Spuler-Stegemann eine Frau (!): Rabia al-Adawiyya, die im Jahre 801 nach christlicher Zeitrechnung starb. Der bekannteste islamische Mystiker ist der persische Dichter Jalaluddin Rumi (1207–1273), der als geistiger Vater des Mevlevi-Derwischordens, bekannt als »Tanzende Derwische«, mit ursprünglichem Stammsitz im heute türkischen Konya gilt.

Welcher Sufi-Orden (arabisch »tariqa«) auch immer, keiner ist in etwa mit katholischen Orden zu vergleichen. Der Islam kennt weder zölibatär lebende Mönche noch Nonnen, da der Koran die heterosexuelle Ehe zwischen Mann und Frau als Gottesgeschenk preist. Sufis üben meist weltliche Berufe aus, zumindest die Männer. Scheich Hassan Peter Dyck, der dem Naqschbandi-Orden angehört, hat eine Frau und sechs Kinder. Früher ist er als Vertreter »zwischen der Eifel und Düsseldorf hin- und hergetingelt«, weil er den Lebensunterhalt für seine große Familie verdienen musste. Mit seiner Sufi-Musik, die der heute 60-Jährige mit jugendlicher Begeisterung spielt, konnte er das nicht.

Die Sufi-Bruderschaft Naqschbandiya wurde im 14. Jahrhundert in Buchara (heute Usbekistan) gegründet und breitete sich schnell in der gesamten islamischen Welt aus. Auch in der westlichen Welt hat sie längst Fuß gefasst. Insgesamt gibt es weltweit 7000 Zweige. Die Sufis in der Eifel gehören zu einem vorwiegend in Westeuropa verbreiteten Zweig, der den auf Zypern beheimateten Großscheich Nazim als geistliches Oberhaupt anerkennt und Scheich Hassan als seinen Stellvertreter in Deutschland. Hierzulande sind die Naqschbandis, so Ursula Spuler-Stegemann, »in zwei große Lager gespalten«: »Der Zweig der Menzilci hat den Ruf, ganz besonders radikal und anti-christlich zu sein.« Der andere

Zweig hingegen, »die neuen Osmanen«, suche den Dialog mit den Christen. Warum sich die Anhänger des Großscheichs Nazim als neue Osmanen bezeichnen, erklärt Spuler-Stegemann nicht. Ich nehme an, weil die alten Osmanen zwar ein Volk nach dem anderen unterwarfen, sich aber tolerant gegenüber Andersgläubigen verhielten. »Im Osmanischen Reich«, wird Scheich Hassan heute Abend bestätigen, »waren alle Religionen unter einem Dach vereinigt. Da wurde nicht wie beim katholischen Kolonialismus gedroht: ›Wenn du dich weigerst, dich taufen zu lassen, vertreiben oder töten wir dich!‹ Im Osmanischen Reich herrschte Religionsfreiheit, Minderheiten wurden nicht unterdrückt. Diese Offenheit und Toleranz hat uns dazu bewogen, unser Sufi-Zentrum ›Omanische Herberge‹ zu nennen.«

Die Osmanen hatten mit ihren Eroberungsfeldzügen im 14. Jahrhundert begonnen, im 19. Jahrhundert begann ihr Niedergang. Er wurde durch Mustafa Kemal alias Atatürk besiegelt, dem Gründer der türkischen Republik, der 1924 das Kalifat abschaffte und 1925 alle Sufi-Orden in der Türkei verbot. »Der traditionelle Islam war für Atatürk keine so große Gefahr wie die Sufis. Weil wir Sufis Liebende sind, und Liebende haben Power.« Damit meint Scheich Hassan nicht nur die Kraft, die ihnen ihre innige Liebe zu Gott verleiht, sondern auch weltliche Macht. Dem Mevlevi-Orden in Konya jedenfalls gehörten zur Zeit Atatürks einflussreiche Kaufleute und hohe Beamte an – wohl auch ein Grund für das Verbot.

Den Stammsitz der Mevlevi mit der Grabstätte Rumis verwandelte Atatürk in ein Museum, und der letzte Großscheich dieses Ordens emigrierte nach Aleppo in Syrien. Aufgehoben wurde das Verbot nie, aber nach dem Tod Atatürks wurde es zunehmend weniger durchgesetzt. Deswegen tanzen schon lange wieder Derwische in Konya. Heutzutage sind ihre öffentlichen Auftritte eine Touristen-Attraktion.

Zudem haben sich einige zu einer Schautanz-Truppe formiert, die auf ihrer weltweiten Tournee auch regelmäßig in Düsseldorf auftritt.

Die Naqschbandi-Sufis sind auch ein Derwisch-Orden, allerdings keiner mit tanzenden Derwischen. Doch auf dem Sufi-Soul-Festival 2007 in Sötenich trat einer auf. Vermutlich, weil Scheich Hassan, wie er es auf seiner Homepage *www.hassandyck.com* erwähnt, seit Juli 2000 in der italienisch-deutschen Band »Fana« mitspielt, »die westliche Musik mit Elementen aus der spirituellen Tradition des Ostens verbindet und bei ihren Auftritten von einer Gruppe von ›Drehenden Derwischen‹ begleitet wird«.

Wo auch immer Deutschen beim Anblick der schnell und schneller um sich selbst kreisenden Derwische – mit ihrem hohen, braunen Filzhut und dem weißen, taillierten, unterhalb der Taille erst schwingenden und schließlich fast waagrecht stehenden Gewand – schwindelig wird, haben die meisten, unterstelle ich, keine Ahnung davon, dass diese vermeintlich folkloristische Darbietung eigentlich der Versenkung in Gott dient. Einer Gotteserfahrung, von der auch ich bis vor kurzem nichts wusste. Einer abstrakten Gotteserfahrung, die Gott nicht vermenschlicht. Einer ganzheitlichen Gotteserfahrung, die das, was unsere Vorstellungskraft übersteigt, mit Verstand und Gefühl in allem sucht. So wie es Jalaluddin Rumi, von dem deutschen Dichter Friedrich Rückert (1788–1866) kongenial übersetzt, in einer seiner Ghaselen beschrieb:

»Ich sah empor, und sah in allen Räumen eines;
Hinab ins Meer, und sah in allen Wellenschäumen eines.
Ich sah ins Herz, es war ein Meer, ein Raum der Welten,
Voll tausend Träum'; ich sah in allen Träumen eines.
Du bist das Erste, Letzte, Äußre, Innre, Ganze;
Es strahlt dein Licht in allen Farbensäumen eines.«

Als mich der Taxifahrer um 16 Uhr 10 vor der Osmanischen Herberge an der Rinner Straße am Dorfrand absetzt, ist noch niemand aus der Ferne angereist. Ich bin zu früh dran. Nur einige Händler aus der näheren Umgebung, wo sich rund 120 Sufis angesiedelt haben, sind schon da. Das sehe ich durch eine Flügeltür, die in den ehemaligen Tanzsaal des zum Sufi-Zentrum umfunktionierten Eifel-Gasthofs führt. Sie bauen ihre Verkaufsstände auf, denn zum Großen Dhikr gehört auch ein Basar. Bis auf einen Mann in westlicher Kleidung – er könnte Türke oder türkischstämmig sein – sind alle Männer in dem von Neonlicht erhellten, unwirtlichen Saal orientalisch gekleidete Deutsche. Zu ihren Turbanen in unterschiedlichen Farben, bei denen Weiß überwiegt, tragen sie weite Hemden, Westen und Hosen. Teilweise aus bunter Baumwolle, doch überwiegend aus ungefärbter Schafwolle, die seit Beginn der islamischen Mystik (»tasawwuf«) das äußere Zeichen für die Bedürfnislosigkeit der Sufis ist. Wolle heißt auf arabisch »suf«. Die beiden einzigen Frauen, vermutlich Türkinnen, sind traditionell verschleiert. Zusätzlich zum Kopftuch verhindert ein Stirnband, dass auch nur ein einziges Haar hervorlugt. Sie lächeln freundlich. Mit mir zu reden, überlassen sie jedoch einem der Männer, der mir empfiehlt, später wiederzukommen. So gegen halb sechs. Dann sei bestimmt auch Ahmad Adamek eingetroffen.

Es dämmert und nieselt, was die Fassade der Osmanischen Herberge noch grauer erscheinen lässt. Ich bin enttäuscht. Meine von dem sinnenfrohen SWR-Film stimulierten Erwartungen scheinen sich nicht zu erfüllen. Ich trotte die triste Rinner Straße entlang in Richtung Ortskern, vorbei an einem mit Pfützen übersäten Schotterplatz. Darauf steht ein nagelneues, eingeschossiges Gebäude, über dessen Eingang der Schriftzug »Dorfgemeinschaftshaus« prangt. Der Ortskern ist eine Verkehrskreuzung. Geradeaus geht es zu einer Tankstelle. Am Anfang der Straße zur Linken leuchtet einladend ein Kneipenschild: »By Hämmer«. Die Straße rechts führt einen Hügel hinauf, auf dem sich eine riesige Kirche erhebt. Glücklicherweise ist sie nicht abgeschlossen wie die meisten Kirchen heutzutage, falls sie nicht ohnehin schon verkauft worden sind. Doch auch St. Matthias in Sötenich erweckt nicht gerade den Eindruck, eine gesicherte Zukunft als katholische Kirche zu haben. Und nicht die Bausubstanz wirkt marode, sondern das Innenleben. Die St.-Matthias-Kirche erscheint mir wie ein Körper ohne Seele. Nicht nur, weil ich dem Pfarrbrief entnehme, dass der katholische Pfarrer, der für Sötenich zuständig ist, insgesamt vier Pfarreien zu betreuen hat und darum hier heute keine Vorabendmesse liest. In dieser Kirche spürt man nichts. Keine Gottesgegenwart, keinen Trost und keinen Schutz. Das liegt womöglich auch daran, dass es hier so dunkel ist, geradezu unheimlich. Lediglich vor einer Marienstatue brennen zwei einsame Kerzen. Ich füge eine dritte hinzu und gehe.

»By Hämmer« sind alle versammelt. Obwohl die Eckkneipe kein alter Dorfgasthof ist wie der, in den 1995 die Osmanische Herberge einzog, sondern eine neue Gastwirtschaft mit neudeutschem Anglizismus im Namen, wird hier die Tradition des samstäglichen Dämmerschoppens gepflegt – von Alt und Jung. An der Theke trinken Männer und Frauen Pils oder Kölsch und rauchen dabei. Am Stammtisch lässt die Dorfjugend einen Knobelbecher kreisen. Zwei Jungen auf einer Eckbank verfolgen Bundesligaspiele auf einem Flachbildschirm. Ich stelle mich an einen Stehtisch, neben einen Mann, Anfang 60, der auch Fußball guckt, doch gerne zu einer Unterhaltung bereit ist. Er will mich zu einem Bier einladen. Ich mag Bier. Doch ich bestelle lieber Kaffee und Mineralwasser, da ich nicht mit einer Alkoholfahne beim Großen Dhikr erscheinen möchte.

Eine Zigarette allerdings gönne ich mir, während sich der Mann neben mir ein weiteres Pils genehmigt und vom Zusammenhalt im Dorf schwärmt. Sötenich habe bloß 1200 Einwohner (»eingemeindete Bauernschaften mitgerechnet«), aber »sieben aktive Vereine ohne Nachwuchssorgen«. Alle Vereinsmitglieder hätten die Ärmel hochgekrempelt und das Dorfgemeinschaftshaus »in Eigenleistung« gebaut, berichtet mein Tischnachbar stolz.

»Und wie steht's mit dem katholischen Kirchenleben hier?«, will ich wissen. Oh je, da habe ich offenbar einen wunden Punkt angesprochen! Die Gesichtszüge des freundlichen Mannes verdüstern sich. »Als unser Pfarrer gestorben ist, haben wir keinen neuen gekriegt. Wegen des Priestermangels.« Aus Geldmangel verwalte jetzt die Bistumsadministration in Aachen die kleinen Pfarrgemeinden in der Eifel zentral, um Kosten zu sparen. Was früher der Pfarrgemeinderat entschied, entscheide jetzt Aachen »über unsere Köpfe hinweg«.

»Wie hält das Dorf es denn mit den Muslimen in der ›Osmanischen Herberge‹?«, frage ich.

»Da geht keiner von uns hin.«

»Warum nicht?«

»Wir haben nichts mit denen zu tun, und die nichts mit uns.«

»Aber da ist doch angeblich jeder willkommen.«

»Wissen Sie was? Die wollen ein Minarett bauen! Unsere Kirchen werden dicht gemacht, und die Moslems setzen uns Minarette vor die Nase!«

Dass in Sötenich ein Minarett errichtet werden soll, glaube ich nicht. Von einem solchen Bauvorhaben hätte ich sicherlich etwas auf der Homepage der Osmanischen Herberge gelesen, verbunden mit einem Spendenaufruf. Die Naqschbandi-Sufis in der Eifel finanzieren sich ausschließlich durch Spenden, der sogenannten Pflichtabgabe (»Zakat«), von einfachen Leuten wie von potenten Geldgebern. Wie sonst hätten sie das Anwesen an der Rinner Straße erwerben können? Zu dem ehemaligen Eifel-Gasthof gehört ein großes Grundstück mit Nebengebäuden, in denen früher Fremdenzimmer vermietet wurden.

»Wieso hat der Vorbesitzer seinen Gasthof eigentlich an Muslime verkauft?«, frage ich meinen Tischnachbarn.

Er antwortet einsilbig: »Aus gesundheitlichen Gründen.«

Am nächsten Morgen in Kall, wo ich auf einem von zwei Bahnsteigen auf den Zug nach Köln warte, wird mir eine alte Frau konspirativ zuflüstern: Der »schmuddelige« Dorfgasthof in Sötenich sei »vom Gesundheitsamt geschlossen« und darum »extrem billig verkauft« worden.

Gerüchte, Gerüchte, Gerüchte. Wahrscheinlich hat sich die Bewirtschaftung des Gasthofs mit Fremdenzimmern einfach nicht mehr gelohnt. Sötenich ist kein idyllisches Dorf und trotz vieler Wanderwege nicht attraktiv für Touristen – aber für Sufis. Scheich Hassan heizt die Gerüchteküche nicht an, im Gegenteil, er ist um ein tolerantes Miteinander bemüht. Im WDR-Fernsehen (*Lokalzeit Aachen*) wie in diversen anderen Interviews sagte er ganz ähnlich Lautendes: »Unser Äußeres ist ein bisschen befremdlich für die Eifel. Aber wir haben schon viele Veranstaltungen zusammen mit Eifelern gemacht. Zum Beispiel gemeinsame Gottesdienste in fünf Kirchen hier in der Gegend. Das war schön. Die Gemeinsamkeiten überwiegen. Die Unterschiede sind nicht sehr groß und eigentlich auch gar nicht so wichtig.«

Für den Mann neben mir am Stehtisch offenbar doch. Und nicht nur für ihn. Überall in Deutschland schlagen die Wellen christlicher Empörung hoch, wenn Minarette oder Moscheen gebaut werden sollen. Auch mir bereitet diese Bauwut Unbehagen, aber aus anderen Gründen.

Im deutschen Grundgesetz, Artikel 3, Absatz 3, ist zwar die Religionsfreiheit garantiert. Doch zuerst wird die Gleichberechtigung der Geschlechter erwähnt: »Niemand darf wegen seines Geschlechtes, seiner Abstammung, seiner Rasse, seiner Sprache, seiner Heimat und Herkunft, seines Glaubens, seiner religiösen und politischen Anschauungen benachteiligt oder bevorzugt werden.« Der zweite Absatz des dritten Grundgesetzartikels betont ausdrücklich: »Männer und Frauen sind gleichberechtigt.«

Angesichts des sich ausbreitenden religiösen Fundamentalismus fürchte ich mich vor dem Verlust der Freiheit, nichts glauben zu dürfen. Vor allem aber befürchte ich, dass das, was vorne stand, wieder nach hinten rückt: die Freiheit, auch als Frau ein Mensch mit den gleichen Menschenrechten wie ein Mann zu sein. Wieso diese Sorge?, werde ich häufig gefragt. Als Antwort muss ich erst gar nicht auf den Islam verweisen, der in seiner islamistischen Variante Staat und Religion nicht trennt. Dafür reicht ein Blick in die USA. Dort ist es den »Kreationisten« unter der Regierung des »wiedergeborenen Christen« George W. Bush gelungen, eine Vielzahl von Wissenschaftlern dafür zu gewinnen, die Evolutionstheorie anzuzweifeln und die alttestamentarische Schöpfungsgeschichte von Adam und Eva im Biologieunterricht zu lehren. Wohlgemerkt handelt es sich hier um die Geschichte der vom Teufel verführten Eva, die den Christen die Erbsünde beschert hat und Christinnen den Makel, von einer Stammmutter abzustammen, die aus der Rippe eines Mannes geformt wurde.

Trotzdem. Sogar ich, die säkulare Zweiflerin und überzeugte Feministin, bin nach wie vor Mitglied in der frauenfeindlichen katholischen Kirche. Weil sie ein Stück Heimat für mich ist, wenn auch ungeliebt, wie eine Familie, in der der Papa die Mama schlägt und die Töchter züchtigt. Aber man hat ja nur die Familie, in die man hineingeboren wurde.

Ich mutmaße, dass mein Tischnachbar Angst vor Heimatverlust hat, genau wie ich. Die Angst, dass, wenn man uns unter den Rasen pflügt, nicht einmal ein Priester dabei sein wird, der für uns betet. Eine Angst, die in der Osmanischen Herberge an der Rinner Straße bestimmt nicht grassiert. Ja, es ist auch Neid, der Christen überall in Deutschland dazu treibt, Unterschriften gegen Moscheen und Minarette zu sammeln!

Es ist 17 Uhr 30 und dunkel geworden, als ich hinaus ins Freie trete. Der Nieselregen hat sich zum Sprühregen verdichtet. Immerhin leuchten in einigen Fenstern an der tristen Rinner Straße jetzt weihnachtliche Lichterketten. Kein Vergleich zu dem warmen Licht, das nun aus allen Fenstern der Osmanischen Herberge strahlt! Sie hat ihren Aschenputtel-Kittel abgelegt und ihr Prinzessinnen-Kleid angezogen, so erscheint es mir. Am Straßenrand um die Herberge herum ist kein Parkplatz mehr frei. Dabei seien längst noch nicht alle eingetroffen, die sich zum Großen Dhikr angemeldet haben, sagt ein Deutscher mit Turban und Vollbart, der in der Tür des Haupteingangs lehnt. Er empfiehlt mir, »an der Theke« auf Ahmad Adamek und Scheich Hassan zu warten.

Die Theke steht in der einstigen Gastwirtschaft des ehemaligen Eifel-Gasthofs. Auf den ersten Blick hat sich hier kaum etwas verändert. Neben den Garderobenhaken warnt immer noch ein vergilbtes Schild: »Für die Garderobe wird keine Haftung übernommen!« Auch die Einrichtung ist gleich geblieben. Tische mit Stühlen oder Bänken und Barhocker vor der Theke. Aber aus den Zapfhähnen fließt schon lange kein Bier mehr. Hier wird nur alkoholfreies Bier in Flaschen verkauft sowie Cola und Limonaden, Mineralwasser, Kaffee und Tee zu günstigen Preisen. Der Tee, den mir die besser Englisch als Deutsch sprechende junge Frau – ohne Kopftuch – hinter der Theke serviert, kostet einen Euro.

Zuerst sitze ich fast ausschließlich mit Kindern am Tresen. Ihre Eltern sehe ich, als sich ein Vorhang linkerhand öffnet.

Sie sitzen plaudernd auf gepolsterten Sitzen an niedrigen Tischen im Restaurant. Der Raum ist mit orientalischen Teppichen ausgelegt, und an seinen Fachwerkwänden hängen Kalligrafien: kunstvoll gestaltete arabische Schriftzeichen, Suren aus dem Koran. Das Restaurant darf man nicht mit Schuhen betreten, sie werden zu beiden Seiten des Vorhangs abgestellt. Zum Glück trage ich heute nicht wie sonst Schnürschuhe, die ich mühsam binden muss, sondern halbhohe Stiefel mit Reißverschluss. Auf was man alles zu achten hat, wenn man sich in fremde Welten begibt! Sogar bei einer Reise in eine so nahe fremde Welt wie die Osmanische Herberge in Kall-Sötenich.

Zunehmend füllt sich die Gastwirtschaft mit dem bunten Menschengewimmel wie in dem SWR-Film. Manche Männer tragen keinen Turban, viele Frauen kein Kopftuch und wenn doch, dann meist ein kleines, nach hinten gebundenes, unter dem Haare und beringte Ohrläppchen hervorschauen. Fast alle jungen Mädchen sind barhäuptig und geschminkt. Jetzt erscheint eine bildschöne Dunkelhäutige in einem knallroten Gewand, gefolgt von einem Weißen mit Turban und Intellektuellen-Brille, der Holländisch spricht. Ich fühle mich wie in der Check-in-Halle des Frankfurter Flughafens, denn ein internationales Sprachengewirr umschwirrt mich. Mit ihrem relativ guten Englisch kommt die Bedienung hinter der Theke hier viel besser zurecht als mit ihrem gebrochenen Deutsch, denke ich, als mich Ahmad Adamek am Ärmel zupft.

»Frau Filter, nehme ich an.«

»Ja.«

»Herzlich willkommen!«

Der ehemalige Informatiker ist 48 Jahre alt. Er trägt Turban und »suf«-Kleidung, hat einen rötlichen Vollbart, ein blasses Gesicht und etwas Übergewicht. »Knuffig« würde ich sagen, ein sanftmütiger Mann, so schätze ich ihn ein.

Ahmad Adamek zeigt mir die Räumlichkeiten und führt mich als erstes in die Moschee im Kellergeschoss. Vorbei an den sanitären Anlagen für rituelle Waschungen und profane Verrichtungen geht es dann über eine Treppe auf den großen Innenhof, wo im Sommer das »Sufi-Soul-Festival« veranstaltet wird. Einer der jungen Rapper, ein Deutscher mit blonden Dreadlocks, den ich aus dem SWR-Film kenne, eilt auf uns zu. Er schlägt Ahmad Adamek vor, »ein ganzes Festival nur mit muslimischem Rap zu veranstalten«. »Der ist total angesagt.« Eine gute Idee, erwidert mein Begleiter, doch für den Sommer 2008 sei bereits ein »Schwerpunkt mit Musik aus Pakistan« geplant. Inzwischen haben wir den Küchentrakt erreicht und stehen in einer von zwei Küchen. In der kleineren versorgen sich sonst die Dauergäste, in der großen bereitet ein pakistanischer Profi-Koch ehrenamtlich in riesigen Töpfen und Schüsseln ein aus Suppe, Salat, Reis, Kartoffeln, Hammelfleisch und Gemüse bestehendes Mahl für die etwa 120 hungrigen Menschen zu, die heute am Großen Dhikr teilnehmen.

»Jetzt werde ich Ihnen etwas ganz Besonderes zeigen«, sagt Ahmad Adamek und geleitet mich zurück zu dem Gang, auf den die Tür zur Gastwirtschaft mündet. Die beiden Innentüren des früheren Tanzsaals stehen weit offen. Ich werfe einen Blick hinein. Der Saal ist kaum wiederzuerkennen. Warmes, indirektes Licht. Teppiche auf dem vor zwei Stunden noch kahlen Holzfußboden. Der Duft von Räucherstäbchen und Gewürzen. Verkaufsstände wie in dem SWR-Film. Und ein langes Büfett mit Geschirr und Besteck für das Festmahl. Doch das ist nicht das Besondere, das Ahmad Adamek mir zeigen will. Er deutet auf eine Reihe von gerahmten Fotos an der Wand des Gangs. Porträts eines Mannes mit weißem Bart und grünem Turban: Grün ist die Farbe des Propheten. Auf dem größten Bild der Serie schauen die gütig wirkenden Augen den Betrachter nicht an, sondern an ihm vorbei in eine imaginäre Ferne. Was der Mann dort sieht, scheint ihn zu erheitern, denn er lächelt verschmitzt.

»Das ist der Meister«, erklärt Ahmad Adamek ehrfürchtig. »Unser Meister: Scheich Muhammad Nazim Adil al Haqqani ar Rabbani an Naqschibandi.« Diese Foto-Serie habe er selbst aufgenommen, sagt der Herbergsvater stolz, bei seinem vorletzten Aufenthalt auf Zypern. Er sei schon mehrfach dort gewesen und habe mindestens 500 Fotos von Scheich Nazim gemacht. »Aber keines von den vielen ist so gut gelungen wie das große hier. Wenn man dieses Foto anschaut, spürt man die Anwesenheit des Meisters.«

»Wo?«, frage ich irritiert.

»Hier! Er ist immer bei uns, allerdings nicht körperlich.«

Esoterischer Unsinn, denke ich. Ahmad Adamek scheint Gedanken lesen zu können. »Ich fand das genauso absurd wie Sie, bis ich den Meister traf. Seitdem weiß ich, dass er ein Heiliger in einer langen Kette von Heiligen ist. In einer nie abreißenden Kette von Auserwählten, unabhängig von Zeit und Raum. Sufi-Meister können an vielen Orten gleichzeitig sein. Das zu verstehen, sollten Sie erst gar nicht versuchen. Ich versuche es auch nicht, weil es unbegreiflich ist.«

»Und das sagt ein ehemaliger, auf Rationalität spezialisierter Informatiker?«

Die Betonung liege auf »ehemalig«, entgegnet Ahmad Adamek. Er habe zwei Leben, eines vor 1992 und eines danach. 1992 hieß Ahmad noch Jürgen, und mit Religion hatte er »nicht viel im Sinn«. Er war ein ehrgeiziger junger Mann, der in einem IT-Unternehmen arbeitete und auf Aufstiegschancen hoffte. Seine Frau war Sufi, sie verehrte Scheich Nazim schon länger. Und eines Tages überredete sie ihren Mann, sie nach Zypern zu begleiten. Warum nicht?, dachte Jürgen, eine gute Gelegenheit auszuspannen. Und dann stand er auf einmal von Angesicht zu Angesicht vor dem Meister. »Ich habe sofort gespürt und gemerkt, dass dieser Mensch etwas ganz Besonderes ist. Und das Besondere an diesem Menschen hat mich bis heute fasziniert.« Heute ist Ahmad Adamek für wenig Geld und mit wachsender Aufgabenlast nicht nur Herbergsvater, sondern zudem noch Geschäftsführer des »Haqqani Trust, Verein für neue deutsche Muslime e.V.«, und neuerdings auch für die Öffentlichkeitsarbeit zuständig.

»Ehrlich gesagt«, erwidere ich, »klingt das ziemlich autoritär. Der Meister befiehlt, und sein gehorsamer Schüler muss folgen.«

Nein, dem Meister gehe es keinesfalls um Hierarchie und Macht! Großscheich Nazim sei einer, der sich nicht selbst im Blick habe, sondern die Menschen um sich herum. Er betraue sie mit Aufgaben, die sie sich nicht zutrauten, obwohl sie von Allah dazu befähigt worden seien. »Er hilft uns, uns selbst zu erkennen und auf dem Sufi-Weg voranzukommen.«

»Mit welchem Ziel?«

Bildhaft vermittelt mir Ahmad Adamek, was der Sufi-Weg ist. »Wenn Sie in einen Spiegel schauen, was sehen Sie da?«

»Eine dicke Frau, die mit blonden Strähnchen im Haar verbergen will, dass sie grau und alt wird.«

»Das sind nur Äußerlichkeiten. Wie würde wohl Ihr tiefstes Inneres im Spiegel aussehen?«

Ich zucke ratlos die Achseln.

»Sie wissen es nicht? Der Meister wüsste es sofort, bei der ersten Begegnung mit Ihnen! Und wenn Sie sich darauf einlassen würden, sich von ihm leiten zu lassen, sähen Sie womöglich irgendwann nichts mehr im Spiegel.«

»Rein gar nichts?«

»Ja! Dann hätten Sie Ihr Ego überwunden und das Ziel des Sufi-Wegs erreicht.«

Scheich Hassan Peter Dyck empfängt mich im Restaurant, auf den gemütlichen Sitzkissen vor der Stirnwand. Aus dem SWR-Film kenne ich ihn als einen heiteren Mann mit weißem Bart, weißem Turban und Schalk in den Augen hinter großen Brillengläsern. Doch heute wirkt er gestresst. Den Stress bereite ich ihm, vermute ich, weil er sich eigentlich um andere kümmern müsste. Jeder will ihn begrüßen, ein paar Worte mit ihm wechseln oder ihn um Rat fragen. Wegen der Unterbrechungen muss ich mein Aufnahmegerät immer wieder ausschalten. Schließlich gelingt es mir dann doch, die vermeintlich provozierende Frage los zu werden: »Sie haben in den antiautoritären 1960er-Jahren in Berlin studiert – waren Sie als junger Mann ein Hippie?«

Scheich Hassan fühlt sich überhaupt nicht provoziert. »Okay«, sagt er, »ein bisschen hat mich das auch gestreift. Doch ein richtiger Hippie war ich nie, obwohl ich wie viele Hippies nach Indien gegangen bin. Aber nicht in einen Ashram, sondern in offizieller Funktion, als Musiker mit Lehrauftrag.« Er habe in Delhi westeuropäische Musik unterrichtet und gleichzeitig im Delhi Symphony Orchestra Cello gespielt. Hauptsächlich allerdings habe ihn Indien gereizt, weil er während seines Musikstudiums in Berlin »ein starkes Interesse an der indisch-orientalischen Musiktradition« entwickelt habe.

»Auf die Idee mit dem Hippie bin ich gekommen«, erkläre ich, »weil der Sufismus offenbar sehr esoterisch ist.«

»Das wird ihm unterstellt«, entgegnet Scheich Hassan. Eigentlich seien Sufis »einfach nur Menschen, die daran glauben, dass das materielle Leben – das, was wir sehen und anfassen können – nicht alles ist«. Sufis seien Menschen, »die an einen unsterblichen Geist und eine unsterbliche Seele glauben, und an einen Schöpfer, einen Urwillen, der diese Geist-Seele erschaffen hat«.

»Das könnte man – theoretisch – auch von Juden, Christen und traditionellen Muslimen behaupten«, wende ich ein.

»Ja, theoretisch!« Aber in der Praxis, der »spirituellen Praxis«, seien die meisten Anhänger der drei abrahamitischen

Buchreligionen vom Weg abgewichen, dem Weg der Propheten. »Abraham, Moses, Jesus und Mohammed, um die Großen zu nennen.« Diejenigen,» die eine besondere Stellung im Universum haben, weil sie direkt mit Gott verbunden sind«. Und » so erschaffen, dass sie in ihrem Herzen nur Gottesliebe haben« sowie » in ihrem Geist die Fähigkeit, die Wahrheit zu erkennen«. Einem, » der die Wahrheit und Schönheit Gottes erkannt« habe, sei » alles andere sozusagen fade«.

Jetzt frage ich Scheich Hassan, warum er zum Islam konvertiert ist. Am liebsten würde ich die Geschichte von einem » Erweckungserlebnis« hören. Ähnlich dem, das den wohl berühmtesten Konvertiten aller Zeiten ereilte. Auf dem Weg nach Damaskus verwandelte eine Vision vom auferstandenen Jesus den fanatischen Christenverfolger Saulus in den christlichen Apostel Paulus. George W. Bush wurde im Alter von 39 Jahren durch eine Engelserscheinung auf einer abgelegenen Landstraße in Texas bekehrt: vom Alkoholiker und Frauenhelden zum Abstinenzler und christlichen Fundamentalisten. Nein, mit solchen Sensationen kann und will Scheich Hassan nicht dienen! Er erzählt:

» Nach den Propheten kommen rangmäßig die Heiligen. Wenn man die Verbindung zu einem lebenden Heiligen sucht, dann ist die Voraussetzung dafür gegeben, dass man den Sufi-Weg betritt. Unser Meister ist so ein Heiliger. Einer, der Gott nahe steht. Gottes Freund. Der Grund, den Islam anzunehmen, liegt nur in ihm. Viele Leute haben ihn einmal gesehen und sofort begriffen, dass er ein Meister ist. Ein Heiliger ist. Außergewöhnlich ist. Darum haben sie sich gesagt: ›Das ist ein Mann, dem will ich folgen!‹ Bei mir war das auch so. Ich hatte nicht die Absicht, Muslim zu werden. Der Islam war mir völlig unbekannt. Von Haus aus bin ich Protestant. Früher praktizierend, doch zu dem Zeitpunkt, vor 30 Jahren, nicht mehr.«

» Hätten Sie sich damals noch als Christen bezeichnet?«

»Im Prinzip schon. Ich war kein Atheist und habe das Christentum nicht abgelehnt. Aber in erster Linie war ich Künstler, damals.«

»Und wie hat der Sufi-Weg Ihr Leben verändert?«

»Künstler bin ich nach wie vor. Doch in erster Linie bin ich heute ein gläubiger Muslim. Das war ich nicht von Anfang an. Ich bin den Weg des Herzens gegangen und jahrelang dem Sufi-Weg gefolgt, bis ich erkannte, dass dieser Weg nicht vom Islam zu trennen ist. Ein großer Gelehrter, einer der Gründer der vier Rechtsschulen, hat gesagt: ›Es gibt kein Sufitum ohne Islam und keinen Islam ohne Sufitum.‹ Auch zum Sufismus gehört das äußerliche Gerüst der Ge- und Verbote Gottes, an die sich jeder Muslim halten muss. Aber bei uns Sufis spielt die Wahrnehmung der Liebe, der Barmherzigkeit, der Weisheit, der Schönheit und Zeitlosigkeit Gottes eine größere Rolle als bei traditionellen Muslimen. Unsere Heiligen, die wir Sufis im Gegensatz zu den meisten anderen Muslimen verehren, wollen uns zu den göttlichen Ozeanen führen. Zu den Ozeanen der Happiness sozusagen, der endlosen Glückseligkeit. Dorthin wird der Rechtsgelehrte, der sich nur nach Buchstaben richtet, die Gläubigen nicht führen. Das kann er gar nicht …«

»… weil es auch um die sinnliche Wahrnehmung Gottes geht?«

»Genau, man muss ihn spüren! Und Gott zu spüren, das kann uns nur ein Heiliger lehren. Die Rechtsgelehrten lehren die Gläubigen, wie man Regeln einhält. Sie bringen den Gläubigen Äußerlichkeiten bei.«

»Es gibt ja zurzeit viele Konvertiten, die mehr von den strengen Regeln als von der Spiritualität des Islam fasziniert sind. Ich meine da zum Beispiel den früheren Berufsboxer Pierre Vogel aus Köln, der heute ein schriftgläubiger Prediger ist und angeblich schon Hunderte von jungen Deutschen bekehrt hat.«

» Allah sagt: ›Ich kann auch zornig sein, aber meine Barmherzigkeit ist größer als mein Zorn.‹ Ich kenne Pierre Vogel.
Er ist ein sympathischer Mensch. Doch er hat in Saudi-Arabien studiert, bei den Wahhabiten. Die haben diese Barmherzigkeit nicht. Darum lehnen sie uns Sufis ab. «

Zur Erklärung: Die Wahhabiten sind Anhänger einer purita-
nisch-islamischen Bewegung, die im 18. Jahrhundert auf der
arabischen Halbinsel entstand. Der Wahhabismus konnte
zunächst nur in Zentralarabien Fuß fassen. Auch als er 1902
in dem von Abd al-Aziz ibn Saud proklamierten Königreich
Saudi-Arabien zur Staatsreligion erhoben wurde, hatte er
außerhalb der Arabischen Halbinsel keine Bedeutung. Das
jedoch ist heute anders.

» Den Wahhabiten ist es anscheinend gelungen«, sage ich
nun, » das seit dem 11. September 2001 in der westlichen
Welt gängige Bild eines unbarmherzigen Islam zu prägen.
Auch der al-Qaida-Chef Osama bin Laden ist Wahhabit. «
     Scheich Hassan seufzt. » Ja, so ist es, leider. Am Anfang des
20. Jahrhunderts war die Barmherzigkeit des Islam noch eine
Selbstverständlichkeit. Das veränderte sich durch das Erdöl,
das Saudi-Arabien seit rund 70 Jahren exportiert, in stetig
wachsenden Mengen. Mit Hilfe ihrer Petro-Dollars haben
die Saudis ihre wahhabitische Lehre verbreitet und es geschafft, sozusagen den ganzen Erdball einer Gehirnwäsche
zu unterziehen. Mit ihren Petro-Dollars haben sie geködert
und bestochen, missioniert und Moscheen gebaut … «
     » … und gleich noch dazu ihre Sinnenfeindlichkeit, ihre
Kunstfeindlichkeit und ihre Frauenfeindlichkeit verbreitet? «
     » Richtig! «
     » Aus dem Vergleich mit den Wahhabiten könnte man
schließen, dass der Sufismus der laschere Islam ist, ein Islam
soft. «

36

»Oh nein! Um Happiness zu erreichen, den Ozean der Glückseligkeit, muss man ein großes Hindernis überwinden: das eigene Ego. Es muss gezähmt werden wie ein wildes Tier.«

»Durch Regeln?«

»Ja, auch. Kein Schweinefleisch, keinen Alkohol, die täglichen Gebete, das Freitagsgebet, die Pflichtabgabe, das Fasten, die Pilgerfahrt nach Mekka...

»...und das Kopftuch für Frauen?«

»Nein, nicht zwingend! Bei uns ist es die freie Entscheidung der Frau, sich zu verhüllen oder nicht. Aber was ich eigentlich sagen wollte: Die Regeln sind es nicht allein. Vor allem ist es Erkenntnis, durch die das Ego überwunden werden kann. Die Erkenntnis, dass ohnehin schon alles geregelt ist.«

»Sie meinen die göttliche Ordnung, nicht wahr?«

»Natürlich! Was sonst? Alles folgt ihr, vom Makro- bis zum Mikrokosmos. Nur der Mensch bildet sich ein, aus der göttlichen Ordnung ausbrechen zu können.« Der Mensch, dieser Idiot, zerstöre seine Lebensgrundlagen und die aller anderen Lebewesen, weil er sich anmaße, dass »sein Ego machen darf, was es nur will«.

»Herr Adamek hat mir schon einiges über die Überwindung des Ego durch den Sufi-Weg erzählt. Aber wenn man den nicht beschreiten möchte, hat man dann auch eine Chance, ein guter Mensch zu werden?«

»Selbstverständlich! Wer sich selbst nicht verändert, kann die Welt nicht verändern. Am meisten bewirkt man, wenn man klein anfängt mit dem Verändern. Kleine Schritte. In der Familie, in der Nachbarschaft, im Kollegenkreis.«

»Und wenn man große Schritte machen möchte?«

»Das geht nicht ohne einen Meister, der über einen wacht. Sich einem Meister zu überlassen, der einem den Weg weist, den Sufi-Weg, verlangt Hingabe. Und die haben nur wenige

Menschen. Die meisten wollen selbst der Meister sein. Unser Meister sagt immer, jeder habe ein Schild an der Tür, auf dem steht: ›Hier kannst du dieses oder jenes werden.‹ Professor beispielsweise, Politiker, Manager, Bischof oder Imam. ›Ich habe auch ein Schild‹, sagt unser Meister. Ein Schild mit der Aufschrift: ›Bei mir kannst du nichts werden.‹«

Nach dem Gespräch mit Scheich Hassan führt mich Ahmad Adamek in die Bücher- und Medienecke auf dem Basar im Saal. Dort schenkt mir der Herbergsvater drei Fotos, auf denen Großscheich Nazim abgebildet ist. Auch einen Koran bekomme ich geschenkt, die bereits erwähnte deutsche Fassung von Muhammad ibn Ahmad ibn Rassoul. Drei Schriften aus der Feder des Meisters kaufe ich mir. Außerdem eine Musik-CD mit dem Titel »Shared Moments« von »Sheikh Hassan Dyck & Friends«. Untertitel: »Sufi Wisdom and Ecstasy«. Nachdem ich alles in meiner großen Tasche verstaut habe, hole ich mir einen Teller Suppe vom mittlerweile schon ziemlich geleerten Büfett und setze mich in die Gastwirtschaft. Sie leert sich zunehmend, während ich meine Suppe löffele. Das Dhikr hat schon begonnen, als ich in den Saal zurückkehre.

Sein Erscheinungsbild hat sich erneut verändert. Die Verkaufsstände stehen an den Seitenwänden. Vor den Ständen ist eine Unmenge von Schuhen jeglicher Größe aufgereiht worden. Auf dem mit Teppichen bedeckten Holzfußboden haben sich Frauen, junge Mädchen und kleine Kinder (beiderlei Geschlechts) niedergelassen, während Männer und männliche Jugendliche im Schneidersitz oder in der muslimischen Gebetshaltung (auf der Rückseite der Unterschenkel und den Fersen sitzend) über ihnen thronen: um Scheich Hassan geschart auf der Bühne, wo früher die Tanzkapelle spielte.

38

Dieses Oben und Unten befremdet mich. Allerdings ist die Hierarchie hier weniger befremdlich als die strikte Geschlechtertrennung in traditionellen Moscheen. Dort dürfen Musliminnen nur in einem abgesonderten Frauenraum das Freitagsgebet der Männer und die Freitagspredigt des Imam via Lautsprecher verfolgen – wenn überhaupt. Die Freitagsversammlung in der Moschee ist bloß für Männer Pflicht und ein Privileg von ihnen.

Hier ist es eher so wie zu meiner Kinderzeit in Paderborn, denke ich, als ich meine Stiefel ausziehe und mich etwas abseits zu den Frauen geselle, die nun alle Kopftuch tragen, auch die jungen, vorhin noch barhäuptigen. In Paderborn herrschte sonntags in der Kirche ebenfalls Geschlechtertrennung. Die Frauen saßen in den Bänken links vom Mittelgang, der zum Altar führt, und die Männer rechts. Damals bedeckten ältere Katholikinnen auch noch ihren Kopf mit einem Tuch, wenn sie in die Kirche gingen.

Auf der Bühne verkündet Scheich Hassan jetzt: »Wir haben uns versammelt, um dem Meister zu begegnen. Er ist hier!« Zustimmendes Geraune oben und unten. Scheich Hassan hält eine Predigt über das Ego, »this wild animal«, halb auf Deutsch und halb auf Englisch. Danach stimmt er einen arabischen Singsang an, dem ich mich nicht entziehen kann, obwohl ich nur »La ilaha illalah« verstehe: »Es ist kein Gott außer Allah.« Eine Handtrommel, die die Melodie nun zu begleiten beginnt, verstärkt das Mitreißende des Gesangs. Die Frauen neben mir schließen die Augen und schaukeln ihre Oberkörper vor und zurück. Auch die Oberkörper der Männer auf der Bühne geraten in Bewegung. Der Rhythmus wird schneller, und Scheich Hassan wiederholt den Namen Gottes wie ein sich zum Stakkato beschleunigendes Mantra. »A-llah, A-llah, A-llah, Allah, Allah, Allah, Álla, Álla, Álla, Allá, Allá, Allá.« Das Licht wird abgedunkelt. Alle im Saal überlassen sich der ekstatischen Trance. Nur ich nicht, ich komme mir wie eine Voyeurin vor. Deswegen gehe ich lieber. Es ist ja schon fast Mitternacht ...

Am nächsten Morgen, beim Frühstück in dem kleinen Kaller Hotel-Restaurant, frage ich den Wirt, was er von den Sufis in Sötenich hält. Eine persönliche Meinung äußert er nicht, aber er erzählt mir: Ein Reporter von der *Kölnischen Rundschau* trinke hier manchmal sein Feierabendbier. » Und der hat gesagt, dass der Verfassungsschutz wegen Terrorismus-Verdacht bei den Sufis in Sötenich war. «

Das ist kein Gerücht. Am 27. Juni 2003 stürmte ein Sondereinsatzkommando (SEK) im Auftrag des damaligen Generalbundesanwaltes Kay Nehm die Osmanische Herberge. Anschließend durchsuchten Beamte des Staatsschutzes alle Räume. Doch es wurde nichts Verdächtiges gefunden. Ein paar Tage später stellte sich heraus, dass ein Mitglied der Sufi-Gemeinschaft, » das schon seit vielen Jahren in psychiatrischer Behandlung ist, plötzlich in einer seiner Wahnvorstellungen zur Polizei gegangen ist und behauptet hat, in der Osmanischen Herberge würden Bomben gebaut «, wie die Pressemitteilung vom Haqqani Trust, Verein für neue deutsche Muslime, richtig stellt. Am Tag nach der Durchsuchung jedoch hatte die Kölner Boulevard-Zeitung *Express* auf ihrer ersten Seite die » Terror-Razzia beim Eifel-Scheich « zum Aufmacher gemacht und ein Foto von Hassan Peter Dyck veröffentlicht, neben dem in großen Lettern die Schlagzeile prangte: » Legte er die Kofferbombe in Dresden? « Dieses böse Gerücht bleibt an ihm hängen, so oft Scheich Hassan auch versichert: » Allah verbietet uns jede Gewalt. «

Nein, Gewaltbereitschaft traue ich den Sufis in der Eifel nicht zu! Auch nicht krasse Frauenfeindlichkeit. Doch da habe ich mich offenbar getäuscht.

Auf der Heimreise nach Bielefeld blättere ich in den Schriften von Großscheich Nazim. In » Wege zu den Himmeln «

(2. Aufl. 2007, S. 39) schreibt der Meister über »Gleichberechtigung«: »Am Ende der Zeit werden die Frauen mit ihren Männern gemeinsam an allen Lebensgebieten teilhaben, und dies wird der Hauptgrund für die Zerstörung menschlichen Lebens, Friedens und der Liebe sein.«

Ich bin sauer! Der Koran, den mir Ahmad Adamek geschenkt hat, stimmt mich auch nicht milder. Da es als unmöglich gilt, die vielschichtige, bildhafte Sprache der zwischen 610 und 632 in Mekka und Medina entstandenen heiligen Schrift aus dem Arabischen ins Deutsche zu übertragen, nennt Muhammad ibn Ahmad ibn Rassoul seine deutsche Fassung »Die ungefähre Bedeutung des Al Qur'an al Karim« (24. Aufl., 2007). Doch Rassouls Einleitung klingt überhaupt nicht »ungefähr«. Da wird unmissverständlich klargestellt:

»Gegensätze wie ›Glaube und weltliches Leben‹ oder ›Religion und Staat‹ gibt es [...] in der islamischen Gedankenwelt nicht; denn ob ein Muslim in der Moschee betet, sich im Kreise seiner Familie befindet, Handel treibt, Verträge abschließt, Staatsgeschäfte führt oder für die Gerechtigkeit des Islam in den Krieg zieht, immer ist es Religionsausübung im weitesten Sinne. Jeder Aspekt seines Handelns soll durch das islamische Gesetz (Scharia) bestimmt sein. [...] Die Unterscheidung der Muslime in ›aufgeschlossene Modernisten‹ einerseits und ›konservative Fundamentalisten‹ andererseits – durch westliche Maßstäbe geprägte Kategorien – ist innerhalb des islamischen Denkens eine Unmöglichkeit« (S. 8).

Im Oktober 2005 interviewte ein Reporter des ARD-Politmagazins *Monitor* den »Schriftsteller und Islamgelehrten« Muhammad Rassoul, diese »sehr konservative Stimme unter den Muslimen in Deutschland«, für einen Beitrag mit dem Titel »Kindergeburtstag verboten – wie strenggläubige Muslime ihre Kinder abschotten«. Rassoul sagte: »Ich würde nicht empfehlen, Geburtstag zu feiern, weil das ein Verderb ist.« Die Abschottung diene einem höheren Ziel, nämlich: »Wir können nirgendwo in Frieden leben, wenn wir den Glauben nicht haben.« Der Koran und die Hadithe genannten Verhaltensregeln, die nach dem Tod Mohammeds aufgeschrieben wurden und aus seinem Munde stammen sollen, enthielten Ge- und Verbote, welche die »entscheidende Richtschnur« für Muslime seien. Auf die Frage des Reporters, ob das denn nicht mit der deutschen Verfassung kollidiere, antwortete Rassoul: »Die Verfassung ist ein Menschenwerk. Und der Glaube ist göttliches Werk.«

Rassouls Koran-Übersetzung wird bei fast allen muslimischen Veranstaltungen auf Verkaufsständen feilgeboten, da diese meist von privaten Händlern betrieben werden. Das muss ich zur Verteidigung der Eifel-Sufis vorbringen. Allerdings hätte ich von ihnen erwartet, dass sie von den (meiner Kenntnis nach) sieben deutschen Fassungen des Korans die von Friedrich Rückert favorisieren. Rückert war der einzige Dichter, der den Koran übersetzt hat. Die anderen Übersetzer sind Schriftgelehrte oder Islamwissenschaftler. Keinem von ihnen ist es gelungen, die Poesie und Musikalität des Korans wiederzugeben. Was ich sehr bedaure. Die spröden prosaischen Texte vermitteln mir nicht das Gefühl von Ergriffenheit, das ich verspüre, obwohl ich kein Wort verstehe, wenn ich Koran-Suren gesungen höre – wie die Sure 97 »Die Bestimmung« auf der CD »Shared Moments«.

»Das Wort ›Koran‹ könnte man, so wie es im Koran selbst gebraucht wird, als ›Sprechgesang‹, ›Rezitation‹ oder ›psalmodierenden Vortrag‹ übersetzen«, schrieb Stefan Weidner im Mai 2007 in der *FAZ*. Für seine Übersetzungen aus dem Arabischen wurde Weidner mit dem Johann-Heinrich-Voß-Preis der Deutschen Akademie für Sprache und Dichtung ausgezeichnet. Zurzeit arbeitet er an einer poetischen Koran-Übersetzung in der Tradition Rückerts. Weil er die Behauptung, dass der Koran unübersetzbar sei, für »einen Mythos« hält und überzeugt ist, »dass dieses Buch sich Nichtmuslimen nur als Dichtung erschließt – und darum wie Dichtung übersetzt werden muss«.

Der Koran wird meist gesungen, beim Freitagsgebet oder bei anderen Gemeinschaftsgebeten. Da er im Grunde Musik sei, dürfen Strenggläubige keinerlei andere Musik hören, mit dem Argument: Sie verstopfe die Kanäle, durch die der Koran in die Seele eindringe. Als Musikinstrumente sind ausschließlich Handtrommeln gestattet. An solche Ge- und Verbote hält sich Scheich Hassan nicht. Auf seiner CD mit dem Untertitel »Sufi Wisdom and Ecstasy« spielt der klassisch ausgebildete Cellist die Campanula, auch Cello d'Amore genannt. Dieses »erweiterte Cello«, schreibt er auf seiner Homepage, sei besonders »für die Darbietung ethnischer Musik« geeignet. Außerdem singt er auf der CD und spielt das Harmonium. Seine Freunde singen auch und musizieren auf Mundtrommeln, Schlagzeugen, Keyboards, Trompeten und Gitarren.

Inzwischen liebe ich Scheich Hassans CD. Seit meiner Reise nach Kall-Sötenich begleitet sie mich. Während ich dieses Buch schreibe, höre ich sie leise über Kopfhörer. Die arabischen Koran-Rezitationen, die vertonten englischen Rumi-Gedichte und die ekstatischen Dhikr-Gesänge mit dem Mantra »Allah« haben mich wieder versöhnlich gestimmt. Wie könnte es auch anders sein? Schließlich steht auf der ersten Seite der Homepage von Hassan Peter Dyck der folgende Text von Friedrich Rückert:

»Einmal sprach der Meister Jalaluddin Rumi:
›Die Musik ist das Knarren der Pforten des Paradieses.‹
Da antwortete ihm einer von den Dummdreisten:
›Ich kann das Knarren von Türen nicht genießen.‹
Darauf sprach Rumi:

›Wir hören, wie die Pforten sich auftun.
Was du hörst, das ist, wie sie sich schließen.‹«

Das Intro auf Scheich Hassans CD beginnt mit – na, was wohl? Mit einem fröhlichen Lachen!

Berlin – die alte Garde
und ihre junge Nachhut

Berlin hat 80 Moscheen. Doch keine ist wohl so imposant wie diese – die »Berliner Moschee« in Wilmersdorf. Als ich zum ersten Mal davor stand, war der Winterhimmel blau, und der goldene Halbmond auf der Kuppel reflektierte funkelnd das Sonnenlicht. Heute ist der Himmel grau, und dennoch wirkt das Ensemble aus zwei Minaretten, dem Gebetshaus und einem Missionshaus wie ein Traum aus Tausendundeiner Nacht – jener legendären Märchensammlung aus dem alten Arabien. Dabei ist hier nichts arabisch. Ein deutscher Architekt hat die Berliner Moschee 1923 im Auftrag der »Lahore-Ahmadiyyia-Bewegung zur Verbreitung des Islam« (AAIIL) entworfen und dem indischen Tadsch Mahal nachempfunden. 1925 wurde der Grundstein gelegt und drei Jahre später die Eröffnung gefeiert. An der Brienner Straße 7 bis 9 in Wilmersdorf werden seit 1928 alle Predigten und Vorträge auf Deutsch gehalten, obwohl eine ausländische Organisation mit Sitz in der pakistanischen Stadt Lahore Eigentümerin des Anwesens ist. Von 1949 bis 1953 war hier sogar ein Deutscher Imam: der spätere Diplomat Mohammed Aman Herbert Hobohm.

In »Die Geschichte des Islams in Deutschland« (1981) würdigt Muhammad S. Abdullah, der Direktor des Islam-Archivs in Soest, eine Reihe von bedeutenden Konvertiten, die bereits im 19. Jahrhundert oder früher den Islam annahmen, als »unvergessene und verdiente deutsche Moslems« (S. 21 ff.): den Afrikaforscher Dr. Eduard Schnitzer alias

Mehmed Emin Pascha (1840–1892), den Ägyptologen Professor Heinrich Brugsch, genannt Brugsch-Pascha (1827–1894), den Freiherrn Adolph von Wrede (1807–1863), der sich auf seiner Reise durch den Jemen Abd el Hud nannte, und Adam Neuser (gest. 1576), der vor seiner Konversion zweiter Hauptprediger an der evangelischen St.-Peter-Kirche in Heidelberg gewesen war. Vor dem Zweiten Weltkrieg sollen sich rund 100 Deutsche in der Berliner Moschee zum Islam bekannt haben. Aber meines Wissens ist der 1926 geborene Herbert Hobohm nicht nur der älteste noch lebende deutsche Konvertit, sondern auch der erste deutsche Imam. Das arabische Wort »imam« (türkisch »hocca«) bezeichnet eigentlich einfach nur jemanden, der vorne steht – einen Vorbeter; doch die Leiter von Moscheen werden ebenfalls Imame genannt. Möglicherweise sind vor Hobohm schon deutsche Konvertiten Vorbeter gewesen, aber Leiter einer Moschee wohl kaum.

Die Berliner Moschee ist zwar die älteste erhaltene deutsche Moschee, war aber nicht die erste überhaupt in Deutschland. Dieses Privileg gebührt einem Saal, den der Preußenkönig Friedrich Wilhelm I. in der Nähe der Garnisonkirche in Potsdam 1732 für seine »zwanzig türkischen ›Langen Kerls‹ als Moschee herrichten ließ«, so Muhammad S. Abdullah (S. 13). Die von 1779 bis 1791 geplante und erbaute, ebenfalls erhaltene Moschee im türkischen Garten des Schwetzinger Schlosses gilt nicht als echte Moschee, weil sie nicht als Gebetshaus gedacht, sondern Ausdruck der »Türkenmode« (Turquerie) des 18. Jahrhunderts war – ein riesiges Gartenhaus für den Adel der Zeit im osmanischen Stil.

Auch das einfache Volk liebte die Muslime, zumindest in Preußen. Denn während des Zweiten Schlesischen Krieges (1744–1745) waren Bosniaken, Albaner und Tartaren zu den Preußen übergelaufen, die Friedrich II. seit 1740 regierte, der Große, der »Alte Fritz«. Nachdem 1763, noch während Friedrichs Herrschaft, Ahmed Resmet Efendi, der erste Kalifatsgesandte aus der Türkei, in Berlin eingetroffen war, schrieb er überschwänglich an seinen Kalifen zu Hause: »Die Bevölkerung Berlins erkennt den Propheten Mohammed an und scheut sich nicht zu bekennen, dass sie bereit wäre, den Islam anzunehmen.« (Zitiert nach »Die Geschichte des Islams in Deutschland«, S. 16).

Tatsächlich waren die Muslime im 18. Jahrhundert in Berlin so beliebt, dass die Berliner 1798 für den verstorbenen türkischen Gesandten Ali Aziz Efendi Spalier standen, als nachts »bei Fackelbeleuchtung der einfache grüne Sarg« vom Gebäude der Gesandtschaft aus durch die Stadt getragen wurde, »wobei die türkische Dienerschaft kleine Goldmünzen unter die Bevölkerung warf«. Auf der Tempelhofer Feldmark (heute Urbanstraße) hatte Friedrich Wilhelm III. eigens ein Grundstück für die Bestattung des Gesandten erworben, da er nicht in der geweihten Erde eines christlichen Friedhofs beerdigt werden konnte. Auf diesem kleinen Friedhof fanden in den Folgejahren vier weitere Türken ihre letzte Ruhe. Die fünf Leichname wurden umgebettet, als 1866 in der Hasenheide (am heutigen Columbiadamm) ein Friedhof für alle Berliner Muslime angelegt wurde, ebenfalls auf Staatskosten. Der sogenannte »Türkische Friedhof« war die erste islamische Begräbnisstätte in Mitteleuropa.

Diese im Vergleich zu heute überaus tolerante Tradition wurde nach dem Ersten Weltkrieg in der nunmehr republikanischen Reichshauptstadt fortgesetzt. Im April 1922 gründete der indische Professor Jabbar-Kheiris die »Islamische Gemeinde in Berlin«. Laut Muhammad S. Abdullah gehörten ihr Muslime aus 41 Nationen an. Allerdings nicht arme Türken aus Anatolien, die erst vier Jahrzehnte später als billige Gastarbeiter für das Wirtschaftswunder angeworben wurden, sondern Hochschullehrer, Studenten und Diplomaten. Diesen wohlhabenden, gebildeten Muslimen stellte man großzügig repräsentative Lokalitäten als Ersatz-Moschee für Gemeindeversammlungen und Gemeinschaftsgebete zur Verfügung: u. a. das Schloss Wannsee, das Humboldthaus und die Sternwarte. Als dann auch noch im Mai 1922 ein in Berlin lebender Inder folgenden Leserbrief an eine indische Tageszeitung schrieb, wurden die Lahore-Ahmadis auf die islamfreundlichen Deutschen aufmerksam:

»Unter all den Ländern Europas scheint keines in einem solchen Ausmaß für die Verbreitung des Islam bereit zu sein als Deutschland. Es erlitt eine Niederlage im Krieg und denkt nun ernsthaft über die künftige Richtung des Wiederaufbaus, über die Hinwendung zu einer Ordnung innerhalb von Frieden und Weiterentwicklung nach. Jedermann hier ist sich sicher, dass eine Wiedergeburt ohne die Hinwendung zu einer wahren Religion unmöglich ist. Ich schreibe meine Beobachtungen nach dem Studium der aktuellen Ereignisse in Deutschland, und ich wäre gegenüber dem Islam treulos, wenn ich die indischen Muslime nicht über diese großartige Gelegenheit informieren würde.«

Doch dieses Zitat werde ich erst auf der Rückfahrt von Berlin in der Broschüre »Die Berliner Moschee und Mission der Ahmadiyya-Bewegung zur Verbreitung des Islam (Lahore)« finden (S. 3), noch habe ich das Büchlein, das mir erst später geschenkt wurde, nicht. Noch stehe ich vor dem Tor im Zaun, der das Anwesen an der Brienner Straße umgibt. Vor einer Woche fand ich es verschlossen vor, auf mein Klingeln reagierte niemand. »Vorübergehend werden keine regelmäßigen Gottesdienste« angeboten, las ich in einem Aushang. Doch bei Imam Muhammad Ali könnten »Moscheeführungen an Wochenenden« vereinbart werden.

Heute ist Sonntag, ich habe mich per E-Mail für 15 Uhr mit Muhammad Ali verabredet – und bin erstaunt, als er aus dem

Missionshaus eilt, um das Tor aufzuschließen. Ich hatte mit einem Greis gerechnet, der seines hohen Alters wegen den Dienst als Imam nur noch eingeschränkt leisten kann. Muhammad Ali jedoch ist ein junger Mann. Der freundliche Pakistaner lebt nicht in der Wohnung für den Imam und seine Familie in der ersten Etage des zweigeschossigen Missionshauses. Er betreut die Berliner Moschee nur ehrenamtlich in seiner knapp bemessenen Freizeit, hauptberuflich arbeitet er als vielbeschäftigter IT-Fachmann. Vor sieben Jahren sei er »wegen des Informatiker-Mangels in Deutschland« durch die von Bundeskanzler Gerhard Schröder initiierte »Greencard-Kampagne« angeworben worden, erzählt er in fließendem Deutsch, während er mich zum Gebetshaus führt – einem weißen Kubus mit Türmchen und Gesimsen, auf dem die Kuppel thront.

Im Vorraum ziehen wir unsere Schuhe aus. In der warmen Osmanischen Herberge hat es mir nichts ausgemacht, aus meinen Stiefeln zu schlüpfen, aber hier ist es kalt, bitterkalt. Ich weiß, dass die Berliner Moschee im Zweiten Weltkrieg schwer beschädigt wurde. Ich weiß, dass es schwierig war, Geld für die Wiederherstellung aufzutreiben. Ich weiß auch, dass es nicht reichte. Trotzdem hatte ich mir das Innere so märchenhaft wie das Äußere vorgestellt, so wie es auf den Fotos im Internet auf der Seite *berlin.ahmadiyya.org* zu sehen ist: orientalisch farbenfroh. Das Licht für diesen Effekt brachte offenbar der Fotograf mit. Lüster wie in den Moscheen, die nicht unter Geldmangel leiden, leuchten hier nicht. Das spärliche Licht lässt Teppiche, Kalligrafien, Rundbögen, das Kuppelgewölbe und den Mihrab (die sakrale Gebetsnische, die die Richtung nach Mekka anzeigt) trist aussehen. Das trübe Winterlicht vor den Fenstern verstärkt diesen Eindruck.

Aus den Jahren vor dem Zweiten Weltkrieg wird nur Grandioses über die Berliner Moschee berichtet. Berühmte Orientalisten und Theologen hielten hier Vorträge. Bis 1940 gab ein eigener Moschee-Verlag die renommierte deutschsprachige Quartalsschrift *Moslemische Revue* heraus. » Die meisten der Artikel wurden von neu konvertierten deutschen muslimischen Gelehrten wie Dr. Hamid Marcus, Dr. Khalid Banning und Dr. Arif Griffelt verfasst«, werde ich auf der Rückreise nach Bielefeld in der Broschüre der Lahore-Ahmadis lesen (S. 15). Die Berliner Moschee war auch das Zentrum der Islamischen Gemeinde in Berlin, die sich 1930 in Deutsch-Muslimische Gesellschaft umbenannte. Hier wurde kein Unterschied zwischen Sunniten, Schiiten, Aleviten, Ahmadis und Sufis, Juden und Christen, Inländern und Ausländern gemacht. Der erste Imam Maulana Sadr-ud-Din sagte in seiner Einweihungsrede:

» Unsere Moschee wird von der Einheit Gottes und der Brüderlichkeit unter den Menschen eine beredte Sprache sprechen. Dieses Gotteshaus soll verkünden, dass es nur einen einzigen Gott gibt über uns allen. Es wird hinaus ins Land rufen, dass wir alle Propheten – Abraham, Moses, Jesus Christus und Mohammad – in gleicher Weise verehren sollen, und dass wir an alle heiligen Bücher in gleicher Weise glauben, an das Alte wie das Neue Testament und an den Koran. « (» Die Geschichte des Islams in Deutschland«, S. 29).

Inzwischen sitze ich im Besucherraum im Erdgeschoss des Missionshauses, Muhammad Ali ist in der Küche. Während er Tee kocht, frage ich mich, warum die Berliner Moschee nach dem Zweiten Weltkrieg nicht wieder ihre alte Pracht entfalten konnte.

In einem Vortrag im Wintersemester 1999/2000 an der Kölner Universität machte der ehemalige Imam Mohammed Aman Herbert Hobohm eine Andeutung. Er sagte (zit. nach der Broschüre der Lahore-Ahmadis, S. 67), dass seine » Tätigkeit in Berlin unbefriedigend« war: » Ich hatte nicht den

Erfolg, den ich mir erhofft hatte. « Zwar seien die Behörden und die Bevölkerung in der Nachkriegszeit gegenüber Muslimen in einer Weise aufgeschlossen gewesen, » wie man es sich heute, nach Mölln und Solingen, kaum vorstellen kann. Gegner hatten wir nur in unseren eigenen Reihen. « Der Grund dafür war und ist eine Verwechslung mit den Qadian-Ahmadis.

Die Ahmadiyya wurde 1889 von Mirza Ghulam Ahmad in der indischen Stadt Qadian gegründet. Nach dem Standardwerk » Der Islam in der Gegenwart « (2. Aufl. 1989, S. 294) behauptete er, ein » verheißener Messias « zu sein. Damit ist ein Mahdi gemeint, ein Prophet, der vor dem Anbruch der Endzeit erscheinen wird, um die muslimische Weltgemeinschaft auf das Jüngste Gericht vorzubereiten. Im Gegensatz zu » Islam in der Gegenwart « verschweigt die Frankfurter Soziologin Hiltrud Schröter in » Mohammeds deutsche Töchter « (2002, S. 262 ff.) nicht, dass sich 1914 » ein kleiner Teil « von der Ahmadiyya abspaltete und nach Lahore zurückzog. » Seitdem werden die Gruppen auch ›Qadianis‹ und ›Lahoris‹ genannt. Die deutsche Zentrale der Qadianis befindet sich in Frankfurt am Main, die der Lahoris in Berlin. « Nachdem sie das richtig gestellt hat, setzt sich Schröter nur noch mit den Qadianis auseinander, weil diese besonders missionarisch und frauenfeindlich seien – und » strukturell […] eine totalitäre Brain-washing-Sekte «.

Ich frage Imam Ali, der jetzt Tee und Gebäck serviert, warum sich die Lahoris von den Qadianis getrennt haben.

» Weil sie autokratisch sind und ihre Glaubenspraxis nicht mit den Lehren Mirza Ghulam Ahmads übereinstimmt. Unser Gründer war ein Reformator. Den aufgeklärten, toleranten Islam, für den die Berliner Moschee bekannt ist, hat sie ihm zu verdanken. «

»Der alleinige Grund für den Niedergang kann doch nicht sein, dass Sie mit den Qadianis verwechselt werden«, sage ich zu meinem Gastgeber.

Ein anderer Grund sei, erwidert er, dass die Berliner Moschee lange die einzige Moschee in Berlin war; heute hingegen gebe es durch die Zuwanderung für jede Glaubensrichtung und Nationalität eine eigene Moschee. Doch der Hauptgrund sei die Verwechslung. »Wir werden auch deswegen verwechselt, weil wir Lahoris nur eine kleine Gemeinde sind und die Mehrheit der Muslime gar keine Informationen über uns hat.«

»Aber Ihre Gemeinschaft unterscheidet sich anscheinend nicht in allem von den Qadianis. Sie missionieren doch auch«, wende ich ein. »Schließlich sitzen wir hier in einem Missionshaus.«

»Wenn wir erfolgreiche Missionare wären, würde ich ja wohl kaum allein hier sein.«

»Als Imam allein zu sein, ist doch nicht so ungewöhnlich. Nur Moscheen mit einer großen Gemeinde haben mehrere Imame.«

»Das ist richtig. Aber ich meinte, dass ich das einzige Mitglied der Lahore-Gemeinde in Berlin bin.«

Das verschlägt mir die Sprache. Es dauert einige Sekunden, bis ich die Frage stellen kann: »Wie viele Mitglieder haben Sie denn in Deutschland?«

»15.«

»Und wie viele Mitglieder haben die Qadianis in Deutschland?«

»Rund 30 000.«

»Dann kann man Ihrer Gemeinschaft wirklich nicht unterstellen, dass sie missionarisch ist.«

»Es geht uns auch gar nicht um Mission. Wir wollen Wissen über den Islam verbreiten.« Darum plane er, die Berliner Moschee wieder mit mehr Leben zu füllen, erzählt Muhammad Ali. Nach der Sommerpause 2008 will er mit Unterstützung von Berliner Muslimen und Lahoris aus anderen deutschen Städten versuchen, wöchentlich eine Veranstaltung zu organisieren und eventuell sogar zweimal jährlich wieder die *Moslemische Revue* herauszugeben. Schon jetzt bieten der Imam und seine Helfer das ganze Jahr über Moschee-Führungen an Wochenenden an, für Schulklassen auch werktags. Zwar können sie keine regelmäßigen Gottesdienste offerieren, doch ab und zu ein Freitagsgebet. Im Oktober beteiligen sie sich immer am Tag der offenen Moschee und am Tag des offenen Denkmals. »Wir haben auch oft Volkshochschulkurse mit sachkundigen Referenten zu Gast.«

Einer von ihnen ist ein deutscher Konvertit: der Amir Mohammed Hartmut Herzog.

Amir, schlage ich in »Kleines Islam-Lexikon« nach, ist ein arabisches Wort, das Befehlshaber oder Führer bedeutet. Amir Herzog ist der Vorsitzende und Gründer des eingetragenen Vereins »Islamische Gemeinschaft deutschsprachiger Muslime Berlin & Freunde des Islam« e. V. (IGdMB). Der 1944 geborene IGdMB-Chef gehört weder zur alten Konvertiten-Garde noch zu ihrer jungen Nachhut. Er ist ein Vertreter der Zwischengeneration – und ein Original, ein Berliner Urgestein, habe ich gehört.

Ich bin gespannt, als ich mich am frühen Nachmittag des 10. Dezember 2007 auf den Weg zum Interkulturellen Haus an der Geßlerstraße in Schöneberg mache, einem zweigeschossigen Betonbau mit dem Charme eines Jugendzentrums und Graffitis an der Fassade. Das Büro der IGdMB befindet sich im Erdgeschoss, neben dem Interkulturellen Café, das der Amir weihnachtlich dekoriert hat. Nicht für mich, sondern für den interreligiösen Gesprächskreis, der ab 18 Uhr hier tagt. »Ick liebe Weihnachten«, sagt Mohammed Herzog, der einen gemütlich weiten Wollpullover trägt. »Warum soll ick damit aufhören, bloß weil ick Moslem jeworden bin? Det is doch der Geburtstag vom Propheten Jesus.« Dieser stämmige 63-Jährige mit kurz gestutztem Bart und geschorenem Resthaar auf der Halbglatze ist anscheinend ein Querkopf. Ich mag ihn auf Anhieb.

»Wat trinken Se lieber, Tee oder Kaffee?«

»Kaffee!«

Das gefällt dem Amir. Kaffee hat er nämlich schon gekocht, weil er den auch lieber mag. Bevor er in die Küche eilt, um die Thermoskanne zu holen, bittet er mich, an einem Tisch Platz zu nehmen, auf dem – wie auf allen Tischen hier – eine Weihnachtsdecke liegt. Darauf stehen ein Adventsgesteck mit Kerze, Schalen mit Christstollen und Dominosteinen, zwei Gedecke und ein Aschenbecher. Nachdem mein Gastgeber Kaffee eingeschenkt und sich gesetzt hat, steckt er sich sofort eine Zigarette an.

»Sie rauchen?«

»Wat denn sonst? Keen Schweinefleisch, keenen Alkohol – ein Laster muss der Mensch doch haben!« Außerdem habe er im Koran kein einziges Wort darüber gefunden, dass ein gläubiger Muslim nicht rauchen darf.

»Darf ich auch?«

»Selbstverständlich!«

Nachdem ich eine Scheibe Christstollen und zwei Dominosteine vertilgt habe, damit ich »nicht vom Fleische falle«, gestattet der Amir mir, mein Aufnahmegerät einzuschalten. In unserem Gespräch berlinert Mohammed Herzog meist, um seine Herkunft aus einfachen Verhältnissen nicht zu verleugnen. Dass er auch Hochdeutsch kann und eine gute Schreibe hat, werde ich an den von ihm verfassten Texten sehen, die er anschließend aus seinem Büro holt: »Terroristen sind Feinde des Islam«, »Wenn alle Menschen Muslime wären« und »Der islamische (türkische) Friedhof zu Berlin«.

»An was haben Sie als Kind geglaubt, Herr Herzog?«

»Im Grunde an nix.« Zwar sei er evangelisch getauft und konfirmiert worden, doch: »Konfirmation hab' ick nur wegen die Geschenke jemacht.« Er war nicht religiös, das wurde er erst während seiner Landwirtschaftslehre in einem streng katholischen »Kuhdorf« bei Duisburg. Eines Tages sagte sein Chef zu ihm: »Du, der Kaplan kommt. Der will dir umpolen.« Der Lehrling erwiderte aufgebracht: »Wat, katholisch soll ick werden? Allet werd' ick werden, bloß nicht katholisch!« Daraufhin der Chef: »Also weeßte, zu der einzigen evangelischen Kirche in diese Gegend musste anderthalb Stunden mit dem Fahrrad fahren.« – »Det mach ich!«, verkündete der Lehrling.

»Sie sind also aus Protest religiös geworden?«

»Gewissermaßen.« Aber nicht durch die Fahrradtouren zum Sonntagsgottesdienst, sondern durch die evangelische Jugendarbeit, in der er sich zu engagieren begann und durch die er baptistische Jugendliche aus Duisburg kennenlernte. »Der Freikirche von denen hab' ick mir denn anjeschlossen.« Nachdem er aus der evangelischen Kirche ausgetreten war, ließ er sich erneut taufen. Die baptistische Erwachsenen-Taufe empfand er als sinnvoll, weil sie im Gegensatz zu der von Katholiken und Protestanten praktizierten Säuglings-Taufe eine bewusste Entscheidung voraussetzt.

»Das klingt sehr überzeugt. Warum haben Sie die Freikirche für den Islam aufgegeben?«

»Hab' ick ja gar nicht! Erstmal bin ich zu dem amerikanischen Baptistenprediger Billy Graham jejangen. Der hatte eine Missionsgesellschaft, die ›Operation Mobilization‹. Bei der bin ick einige Jahre lang Jugendmissionar für Westeuropa gewesen. Ick war in Österreich, Holland, Belgien, Dänemark, England und Frankreich. Ach, det war schön!« Aber das Leben, das er damals führte, sei auch primitiv gewesen. »Man hat ja nüscht verdient.« Darum nahm Mohammed

Herzog, der damals noch Hartmut hieß, schließlich das Stellenangebot einer Schweizer Freikirche an. »Manchmal durfte ick auch Vorträge oder Predigten halten, aber die meiste Zeit hab ick im Büro jesessen. Die missionierten mit Schallplatten, noch die großen schwarzen Dinger.« Die musste er verschicken, was ihn gelangweilt hat. »Nach fast zwei Jahren hab' ick Urlaub beantragt, um meine Eltern in Berlin zu besuchen.« Er blieb in Berlin und fing 1967 noch mal von vorne an. »Ick hab' Krankenpfleger und Diakon gelernt, in ein evangelisches Krankenhaus, und nach een Jahr haben die festjestellt, dass ich da gar nicht arbeiten darf ...«

»Weil Sie aus der Kirche ausgetreten waren?«

»Klar doch! Und da frag' ich denn: ›Wat machen wa nu?‹ – ›Werd' einfach wieder evangelisch!‹ – ›Okay‹, hab ich jesagt und einen Zettel unterschrieben. Ick war ja evangelisch, aber freikirchlich. Denen ging's bloß darum, dass ich wieder Kirchensteuer zahle.«

»Aber die Kirchensteuer ist doch wohl kaum der Grund, der Sie dazu veranlasste, Muslim zu werden, oder?«

»Nee. Det war die Versöhnungsgemeinde im Wedding!«

»Wie das denn?«

»Da war ich drei Jahre Diakon und hab' ooch Jugendarbeit mit türkische Jugendliche jemacht. Die sind gekommen, weil se bei uns Billard und Tischtennis spielen konnten und Platten hören durften. Ick hab' mit denen manchmal religiöse Gespräche geführt, und die haben mir immer wat vom Koran erzählt. Da hab ick mir denn eine deutsche Übersetzung besorgt und festjestellt: ›Das ist ja eigentlich det, wat ick ooch gloobe.‹«

»Das müssen Sie mir näher erklären!«

»Zum Beispiel die Sache mit die Trinität. Die Christen glooben ja jewissermaßen an drei Götter: an den Vater, den Sohn und den heiligen Geist. Wir Muslime glauben an einen rein monotheistischen Gott.«

»Mit der Trinität habe ich als Katholikin auch Probleme, seit Kindesbeinen.«

»Det Jesus der Gottessohn und zugleich Gott is, konnt' ick mir als Kind nur so vorstellen: Der liebe Gott hat die Wolken 'n bisschen zur Seite geschoben, hat nach unten gekiekt, hat uns Menschen gesehen und gedacht: ›Die Engel haben doch recht gehabt!‹ Als er die Menschen erschaffen wollte, sagten die ja: ›Du, sei vorsichtig, wenn du die schaffen tust! Die bringen sich gegenseitig und alle anderen Lebewesen um.‹ Er hat gesehen, wie gefährlich wir sind. Und dann is er runterjekommen und hat uns die Leviten jelesen.« Im Gegensatz zu dieser kindlichen Gottesvorstellung sei der Islam viel erwachsener und viel abstrakter. »Wir Moslems glooben, dass Gott unvorstellbar ist. Und ein unvorstellbarer Gott hat keinen Sohn…«

»…den er dann auch noch am Kreuz sterben lässt! In der katholischen Eucharistiefeier wird Brot und Wein ja in den Leib und das Blut Christi verwandelt. Das fand ich als Erstkommunionkind so widerwärtig, dass ich mich verzweifelt bemühte, nicht auf die Hostie zu beißen, in der angeblich Jesus steckte. Der Gottessohn, dachte ich damals, hat wahrlich genug Qualen am Kreuz erdulden müssen.«

»Wir Muslime glauben nicht an den Kreuzestod. Wir glauben, dass Jesus der bedeutendste Prophet vor dem letzten Propheten Mohammed war. Der Koran sagt, zwar habe die Kreuzigung stattgefunden, aber mit einem Stellvertreter. Gott hat Jesus zu sich genommen, und am Ende der Tage kehrt er zurück.«

»Nachdem Sie den Koran gelesen hatten und ihn so überzeugend fanden, sind Sie dann gleich zum Islam übergetreten?«

»Nee, nee, nee. Det hat noch fünf Jahre gedauert. Ick hab' mir det reiflich überlegt.« Zunächst einmal reiste er nach Jordanien, um in einem islamischen Land dessen Sitten und Gebräuche zu studieren. Bei seiner ersten Jordanien-Reise 1977 im Fastenmonat erlebte er eine herbe Enttäuschung. »Ick denke: ›Komisch, du hast doch jelesen, det Moslems im Ramadan von Sonnenuffgang bis Sonnenuntergang nicht essen und nicht trinken dürfen. Kiek mal, die essen und trinken doch alle! Mitten uff die Straße!‹« Darum fällte er das Urteil: »Die Moslems sind genauso Spinner wie wir Christen. Hoher Anspruch und nix dahinter! Trotzdem hab' ick mich eines Tages entschlossen, den Islam anzunehmen.«

»Wann und wo war das?«

»1979 in Jordanien. Dann bin ick wieder nach Berlin zurück und hab' hier mit anderen Muslimen den ›Verein Freunde des Islam‹ gegründet.« Ihnen sei es um Aufklärung gegangen, weil man in Berlin inzwischen – im Gegensatz zu früher – ein sehr schlechtes Bild vom Islam hatte oder gar nichts über ihn wusste. Der Verein richtete ein Informationsbüro ein. Daraus sei dann Jahre später eine Gemeinde entstanden. »Aber unser Hauptziel ist immer noch Information. Darum gibt es hier drinne ooch keene Moschee.«

»Also sind Sie eine Gemeinde, aber kein Moschee-Verein. Werden Sie deshalb Amir statt Imam genannt?«

»Eene Berufsbezeichnung muss der Mensch doch haben.«

»Kann man bei Ihnen auch übertreten?«

»Ja! Wir haben die meisten Übertritte in Berlin, 40 bis 60 pro Jahr.« Insgesamt, so werde geschätzt, leben in Berlin 8000 Konvertiten.

»Die bei Ihnen übertreten, sind das überwiegend deutsche Frauen, die einen muslimischen Mann heiraten wollen? Das soll ja das vorrangige Konversionsmotiv sein.«

»Nee, wegen einer Heirat gar nicht mehr. Früher öfter.« Wenn ein solches Paar zu ihm kam, fragte er die Frau immer: »Willst du wirklich Muslima werden, aus eigener Überzeugung?« – »Nee, mein zukünftiger Gatte will det!«, lautete die Antwort oft. In solchen Fällen lehnte Mohammed Herzog es kategorisch ab, die Konversion zu vollziehen: »Bei mir nicht!« Und wenn der Mann dann lamentierte: »Sonst darf ick se doch nicht heiraten, sagt der Koran«, entgegnete der Amir: »Nee, nee, nee, det sagt der Koran nicht. Der sagt: ›Du darfst auch eine Jüdin und eine Christin heiraten, sie muss aber an Gott glauben.‹ Bloß eene, die nicht an Gott glauben tut, darf ein Muslim nicht heiraten. Aber die darf dann ooch nicht konvertieren.«

»Die bei Ihnen übertreten, sind also wirklich überzeugt. Auch junge Leute?«

»Eine Menge junge Leute, viele aus den neuen Bundesländern. Nicht nur hier, überall nehmen die Übertritte zurzeit stark zu. Auch in türkischen Moscheen. Det sehe ich an den Bescheinigungen, wenn hier ein Paar religiös heiraten will.«

»Bescheinigungen? Ich dachte, ein Übertritt zum Islam wäre ein unbürokratischer Akt.«

»Is es ooch.«

Diese Bescheinigungen sind nicht für den Staat bestimmt. Da Muslime nicht kirchlich organisiert sind und keine Kirchensteuer zahlen, steht in keinem offiziellen Dokument, welcher Religion sie angehören. Wie also soll ein Konvertit beweisen, dass er Muslim geworden ist? Zum Beispiel, wenn er islamisch heiraten oder eine Pilgerfahrt nach Mekka machen will, an der nur Muslime teilnehmen dürfen. Wer bei dem Amir übertreten will, muss zwei Passfotos und eine Geburtsurkunde mitbringen sowie einen Beleg über den Kirchenaustritt, falls er vorher Mitglied in einer christlichen Kirche war. Sonst muss er unterschreiben, dass er keiner anderen Religion angehört, »damit es nachher keene Streitigkeiten gibt«. Eine Bescheinigung über den Übertritt bekommt der Konvertit, eine zweite schickt Mohammed Herzog an das Islam-Archiv in Soest, das eine Statistik über Konvertierte führt.

»Dass man seinen Kirchenaustritt beweisen muss, wusste ich nicht.«

»Bei einem Notfall sehe ick det nicht so eng.«

»Notfall, wie meinen Sie das?«

»Ick hatte hier mal eenen, der sagte: ›Ick kann Ihnen nix darüber vorlegen.‹ – ›Na ja, dann unterschreibste mir einfach, datte keiner anderen Religionsgemeinschaft anjehörst.‹ Da sagte der: ›Det kann ick ooch nicht.‹ Der war Christ und in einem christlichen Krankenhaus Chefarzt. Wenn er aus die Kirche ausjetreten wäre, hätten die dem fristlos jekündigt. Moslem ist er trotzdem jeworden.«

»Ein heimlicher Moslem, quasi.«

»Ja. Ick konnte doch nicht von dem verlangen, dass er seinen Beruf aufjibt.«

»Sie sind aber sehr liberal, Herr Herzog.«

»Unsere Gemeinschaft vertritt einen aufgeklärten Islam. Ick halte mir aber immer an den Koran. Een Beispiel. Wenn eener behauptet, die Frau muss ein Kopftuch tragen, frage ich den, wo das im Koran steht. Die arabische Sprache kennt das Wort Kopftuch gar nicht. Im Koran heißt es, die Frau soll ihre Reize bedecken. Meine Jüte, wat sind denn Reize? Det ist doch von Kultur zu Kultur verschieden. Oft wird mit einem Koran-Vers für det Kopftuch argumentiert, in dem sinnjemäß steht: ›Oh Prophet, wenn deine Frauen aus dem Hause gehen, sollen sie sich bedecken.‹ Es sind doch nicht alle Frauen, die auf die Straße rumloofen, die Frauen des Propheten. Bin ick der Meinung nicht. Und merkwürdig, bei der Kleidervorschrift, da steht nix von einer Kopfbedeckung. Aber in einem anderen Vers heißt es: ›Wenn die Frau das Gebet verrichtet, hat sie ihren Kopf zu bedecken.‹«

»Das ist aber ein großer Unterschied: immer Kopftuch oder nur beim Beten.«

»Et is eine Frage der Auslegung. Aber man muss es beweisen können. Und bis heute konnte mir keener beweisen, dass muslimische Frauen Kopftuch tragen müssen. Meine persönliche Meinung ist, wenn eine Frau es möchte, bitteschön, dann lasst sie, ooch wenn se Lehrerin ist. Aber dass man nun sagt, det Kopftuch is det Aushängeschild für den Islam, geht mir entschieden zu weit. Dann wäre meine Mutter auch Muslima jewesen, die hat immer Kopftuch getragen. Im Koran gibt es ooch Bekleidungsvorschriften für Männer. Zum Beispiel, dass ein Mann keine engen Hosen tragen darf. Aber det heißt ja nicht, dass ick in orientalischen Pumphosen rumloofen muss. Also ick sage immer: Wenn ick Moslem werde, werd' ick nicht Türke, ick werd' ooch nicht Araber; ick behalte meine Kultur und bleibe Deutscher. Wenn einer einen Turban aufsetzen möchte, okay, hab' ick keen Problem mit. Aber man soll mir nicht dazu zwingen, det ooch zu tun. Ende der 1970er-Jahre sind einige Deutsche übergetreten, die innerhalb des Islam hier in Deutschland sehr, sehr aktiv sind. Mohammed Siddiq …«

» … der früher Wolfgang Borgfeld hieß.«

» Genau! Oder Ahmad von Denffer. Der war früher een Berliner Kommunist. Ein 150-prozentiger, roter als rot. Wir sind die gleiche Generation. Aber det sind Leute, die sind anders als ich. Die liefen sofort nach ihrem Übertritt wie die Araber rum und tun's heute noch. Die haben immer auf mir einjeredet: ›Das musst du auch anziehen!‹ – ›Icke nicht, ick denke gar nicht dran‹, hab ich zu denen gesagt. In der arabischen Welt, ja. In dem heißen Klima da sind weiße Kaftane sehr angenehm. Aber dass ich hier in Deutschland so rumloofen muss, nee! Und dann noch mit nem langen Zickenbart. Nee, nee, nee!«

Bis zu fünf Konvertiten wöchentlich, vor allem junge, so die Wochenzeitung *Zeit* im Oktober 2007, bekennen sich in der Berliner Al-Nur-Moschee zum Islam. Mir wurde kein offizieller Zutritt gewährt, doch da ich ohnehin in Berlin bin, beschließe ich, mir diese Moschee in Neukölln inoffiziell anzuschauen.

Als ich aus dem S-Bahnhof Köllnische Heide an der Sonnenallee trete, bietet sich mir ein nostalgisches Bild. Im Erdgeschoss des Eckgebäudes schräg gegenüber sind wie Perlen kleine Lädchen aufgereiht, die noch nicht von großen Unternehmensketten geschluckt wurden. Die Planetenstraße, die ich durchqueren muss, um zu meinem Ziel zu gelangen, säumen Mietshäuser aus den 1920er-Jahren mit Bäumen davor und einem Volksgarten dahinter, in dem eine Kantine mit dem romantischen Namen »Zum Nussbaum« preiswerte Getränke und Speisen verkauft. Doch als ich nach links in die Neuköllner Allee abbiege, sehe ich mich abrupt mit der modernen Welt konfrontiert. Mit einem dieser hässlichen Industriegebiete, in denen sich Menschen für gewöhnlich nur dann aufhalten, wenn sie dort arbeiten müssen. Die Al-Nur-Moschee an der Haberstraße hat kein Minarett und sieht von außen wie eine Fabrik aus, überschattet von einem überdimensionalen Marlboro-Mann, weil auf der gegenüberliegenden Straßenseite der US-Konzern Philip Morris Zigaretten produziert. Trotz dieses wenig verlockenden Szenarios machen sich laut *Zeit* jeden Sonntag »Hunderte« aus allen Stadtteilen Berlins auf, um hier den Marokkaner Abdul Adhim auf Deutsch predigen zu hören.

Das ehemalige Fabrikgebäude an der Haberstraße 3 hat zwei Eingänge. Über dem ersten steht der rote Schriftzug »Die Islamische Gemeinde e. V. Berlin« und darunter in großen grünen Lettern: »AL NUR MOSCHEE«. Ich öffne die Tür und ernte erboste Blicke von betenden Männern. In diesem prachtvoll mit orientalischen Teppichen, vergoldeten Lüstern, weißen Säulen und türkis gestrichenen Rundbögen ausgestatteten Gebetssaal dürfen Frauen sich nur ausnahmsweise aufhalten – beispielsweise, wenn eine neue Glaubensschwester zum Islam konvertiert. Die *Zeit*-Reporterin Julia Gerlach war bei dem Übertritt einer 16-jährigen Gymnasiastin aus Charlottenburg dabei. Das Mädchen trug ein »enges braunes Top« und ein »nach der letzten Mode gebundenes Pailletten-Kopftuch«. Nachdem sie unter Abdul Adhims Anleitung das muslimische Glaubensbekenntnis abgelegt hatte, umarmten die anderen Frauen das Mädchen. »Warte nur, scheinen ihre Augen der Neuen zu sagen, dein enges Top, dein Make-up, das wird dir noch vergehen!«

Für gewöhnlich verfolgen Frauen die Predigten und Vorträge vom Frauenraum aus. Er ist über den zweiten Eingang zu erreichen, der auch in ein »Jugend & Familienzentrum« führt. In diesem Teil des Gebäudes ist eine arabische Schule untergebracht, wie ich den deutschsprachigen Aushängen im Treppenhaus entnehme. Hier wird Nachhilfeunterricht erteilt, es werden Deutsch- und Computerkurse angeboten. Hier gibt es sogar ein Internetcafé. Auch Reisen werden hier organisiert, etwa eine Pilgerreise nach Mekka vom 3. bis 25. Dezember für 2300 Euro.

Weit und breit sehe ich keinen Menschen. Das Büro im zweiten Stock ist abgeschlossen. Ich gehe den langen Gang an den Schulungsräumen vorbei. Schließlich entdeckt mich eine Putzfrau und holt mir eine Visitenkarte mit der Telefonnummer aus dem Büro. Unter dem Logo auf dem Kärtchen steht in Rot: »Bildung – Kultur – Soziales«. Das klingt gut, doch Sicherheitsbehörden sind nicht davon überzeugt, dass es an der Haberstraße 3 in Berlin-Neukölln nur darum geht. Nach einem *Tagesspiegel*-Artikel vom 10. Oktober 2007 sehen sie in der Al-Nur-Moschee »einen von zwei Berliner Treffpunkten besonders radikaler Islamisten«.

Nach der Lektüre der *Zeit*-Reportage über den seltsamen Erfolg des strengen deutschen Islam fragte ich mich, was eine 16-jährige Gymnasiastin aus dem gutbürgerlichen Charlottenburg an der Neuköllner Al-Nur-Moschee und ihrem Prediger Abdul Adhim so faszinierend findet. Zwar habe ich keine seiner Predigten und Vorträge live gehört, aber er stellt sie als Podcasts ins Internet (*www.way-to-allah.com/unter-richt_predigten/abduladhim.html*).

In einem Vortrag (gehört am 30.03.08) über die islami-sche Ehe führt Abdul Adhim beispielsweise aus, dass Fami-lien zurzeit »sehr schnell zerstört« würden. Die Zahl der Scheidungen werde »größer und größer«, auch bei Musli-men. »Was ist die Lösung?« Sie stehe in einem Hadith, in dem es sinngemäß heiße: »Seid gnädig zu euren Frauen! Sie sind aus einer Rippe erschaffen, und die stärkste Krümmung der Rippe ist im obersten Teil. Wenn du diese Rippe gerade machen willst, dann brichst du sie. Wenn du sie krumm lässt, bleibt sie krumm. Darum seid gnädig zu euren Frauen!« Viele muslimische Männer legten dieses Hadith so aus: »Die Frau ist sowieso krumm, auch im Kopf.« Das sei Un-wissenheit. Gelehrte sagten, der oberste Teil der Rippe sym-bolisiere den oberen Teil des Körpers inklusive Kopf. Das heiße: »Frauen denken anders, sie sprechen anders, sie sind anders als Männer. Derjenige, der abstreitet, dass Frauen anders als Männer sind, ist verrückt.«

Laut Julia Gerlach haben die »strikten, am Wortlaut des Korans orientierten Richtungen« des Islam den größten Zu-lauf an jungen Konvertiten. Aber wo steht im Koran, dass Eva aus einer Rippe erschaffen wurde?

Im Gegensatz zur biblischen Schöpfungsgeschichte und dem oben erwähnten Hadith ist in der heiligen Schrift der Muslime von einer Rippe nicht die Rede. In keiner der 114 Suren wird erzählt, wann und wie Eva entstanden ist. In Sure 2, Vers 35, ist sie plötzlich da: »Und Wir sprachen: ›O Adam! Du und deine Frau, bewohnt den Garten und esst von ihm in Hülle und Fülle, wo immer ihr wollt; aber naht nicht jenem Baume, sonst seid ihr Übeltäter.‹« Im Anfangs-vers der vierten Sure allerdings heißt es, dass »die Menschen aus einer einzigen Seele« hervorgingen. Daraus schließt die aus Ägypten stammende niederländische Muslimin Nahed

Selim in »Nehmt den Männern den Koran!« (Taschenbuch-ausgabe 2007, S. 26 ff.), »dass Adam und Eva gleichzeitig aus derselben Seele, sprich aus Gott, erschaffen wurden«.

Es stimmt – dem von Abdul Adhim zitierten Hadith zu-folge soll der Prophet Mohammed gesagt haben, dass Män-ner gnädig zu den Frauen sein müssen, weil diese einer Rippe entstammen und darum gehandicapt sind. Doch, so Selim: »Der Koran und die Hadithe widersprechen sich in vielen Fällen.« Das sei einer der Gründe für die Unterschiede zwi-schen den verschiedenen islamischen Rechtsschulen, die sich aber »zu Recht« auch auf die zum Teil Jahrhunderte nach Mohammeds Tod entstandenen Hadith-Sammlungen mit den mündlichen Überlieferungen des Propheten beriefen, da diese auch zu den Quellen des Glaubens zählten. Aber:

»Wenn wir die Frage untersuchen, inwiefern die Meinun-gen über die Schöpfung der Frau das Verhältnis zwischen Männern und Frauen beeinflusst haben, müssen wir feststel-len, dass in der Theologie die biblische Auffassung, die der Prophet Mohammed (angeblich) übernommen hat, eine größere Rolle spielt, während die Emanzipationsbewegung dem Koran einen größeren Stellenwert beimisst. Man zitiert den Koran, wenn die Gleichheit von Männern und Frauen betont werden soll, während Mohammed angeführt wird, um die ›Krummheit‹ oder Minderwertigkeit der Frauen zu illustrieren.«

Dass der strenge Islam deutsche Jugendliche in seinen Bann zieht, liegt laut *Zeit*-Autorin Julia Gerlach vor allem daran, dass Prediger wie der Marokkaner Abdul Adhim und der Deutsche Pierre Vogel »islamische Glaubenskunde in deutscher Sprache anbieten«, während sonst meist »in den Heimatsprachen der Gläubigen« gepredigt werde. Das jedoch trifft auf die Bundeshauptstadt zunehmend weniger zu. In der Broschüre »Islamisches Gemeindeleben in Berlin« des Berliner Integrationsbeauftragten werden zahlreiche

Moscheen genannt, in denen Predigten und Vorträge auf Deutsch gehalten werden. Einige Moschee-Vereine haben sogar die Geschlechtertrennung bei Gemeinschaftsgebeten aufgehoben. Auch die Grenzen zwischen den Nationalitäten fallen. Das sei der Verdienst einer neuen Generation von Muslimen, heißt es in der Broschüre. Einer Generation, die gläubig, aber auch deutsch sein will.

In den deutschsprachigen Vereinen für junge Muslime kann man ebenfalls zum Islam übertreten. Die 16-jährige Gymnasiastin aus Charlottenburg hätte nicht in der umstrittenen Al-Nur-Moschee in Neukölln ihr Glaubensbekenntnis ablegen müssen, »Inssan für kulturelle Interaktion e. V.« mit Geschäftsstelle in Kreuzberg hätte viel näher gelegen. Es war also eine bewusste Entscheidung für die strikte Richtung. Warum? Antworten auf diese Frage werde ich erst Wochen später im Ruhrgebiet bekommen.

Hier in Berlin würde ich noch sehr gerne Lydia Nofal interviewen, Konvertitin und Vorstandsmitglied bei Inssan. Doch sie hält mich wochenlang wegen einer Terminabsprache hin, bis ich resigniert aufgebe. Ich solle das nicht auf mich beziehen, tröstet mich ein Freund, der sie persönlich kennt. Sie sei schon so oft interviewt worden, dass sie die Nase voll habe. Im Internet sind tatsächlich zahlreiche Interviews mit ihr zu finden. Die meisten beziehen sich auf einen Aspekt in ihrer Lebensgeschichte, der auch mich brennend interessiert. Lydia Nofal hat nämlich den gleichen Background wie ich: Sie wuchs im erzkatholischen Sauerland auf, unweit des Paderborner Landes. Zwar ist sie 14 Jahre jünger als ich, aber sie hat inklusive Klosterschule dasselbe mitbekommen, weil das Sauerland noch schwarz war, als meine alte Heimat schon grau zu werden begann. Böse Zungen behaupten gar, dass die unter chronischem Nachwuchsmangel leidende katholische Priesterschaft schon ausgestorben wäre, gäbe es das Sauerland nicht, in dem sich immer noch junge Männer finden, die weder diktatorische Päpste noch zölibatäre Keuschheit fürchten.

Lydia Nofal trat mit 17 aus der katholischen Kirche aus. Inzwischen ist sie 40, Politologin, SPD-Mitglied und Mutter von drei Kindern. Sie studierte am renommierten Otto-Suhr-Institut für Politikwissenschaft der Freien Universität Berlin. Bei einem Studienaufenthalt in London 1987 besuchte sie zum ersten Mal in ihrem Leben eine Moschee. »Ich war auch in einem buddhistischen Zentrum«, sagte sie in einem am 7. Oktober 2007 veröffentlichten Montagsinterview der alternativen Tageszeitung *taz*. »Ich wollte einfach viele Kulturen und Religionen kennenlernen. Aber mit den Menschen in der Moschee hatte ich den intensivsten Kontakt. Wir haben viel diskutiert. Das hat das Bild vom Islam, das ich bis dahin hatte, verändert.«

Wie es nach den ersten Kontakten in England zur Konversion vier Jahre später gekommen sei, wollte die *taz* wissen.

»Ich habe seit meinem Aufenthalt in England immer in einem sehr multikulturellen und multireligiösen Umfeld gelebt. Und wenn man in so einem Umfeld lebt, dann ist einem das Christentum nicht mehr automatisch näher als der Islam oder irgendeine andere Religion. Ich fand im Christentum so einige Sachen nicht nachvollziehbar, nicht annehmbar. Dass Jesus auf die Welt kam, um die Menschen von der Erbsünde zu erlösen – das entspricht nicht meinem Menschenbild. Im Islam ist es anders, im Judentum auch: Dort wird der Mensch frei geboren, er muss nicht erlöst werden. Er ist als freier Mensch voll verantwortlich für seine Taten. Im Islam ist dadurch, dass zwischen den Menschen und Gott keine Kirche steht, der Einzelne viel freier. Der Papst hat in seiner Regensburger Rede eine Verbindung zwischen griechischer Vernunft und katholischer Kirche hergestellt. Ich finde nicht, dass der katholische Glaube mit Vernunft vereinbar ist. Ich finde aber, dass der Islam mit der Vernunft vereinbar ist.«

Anscheinend orientiert sich diese emanzipierte Konvertitin mehr am Koran als an den Hadithen. Dafür spricht auch, dass sie kein Kopftuch trägt.

»Oh nein, nicht schon wieder dieses Thema!«, stöhnt Günter Piening am Telefon. »Willst du an den muslimischen Konvertiten deinen Katholizismus abarbeiten?« Bevor ich darüber nachdenken kann, lädt mich der Senatsbeauftragte für Integration und Migration zum Essen ein. »Das offizielle Gespräch führen wir dann morgen.« Wir kennen uns schon fast drei Jahrzehnte, waren früher Kollegen. 20 Jahre haben wir uns nicht mehr gesehen, vertraut sind wir uns immer noch. Darum hat sich Günter Piening sofort daran erinnert, dass ich schwer an meiner streng katholischen Erziehung trage. Und ich habe nicht vergessen, dass er auch katholisch erzogen wurde: im ebenfalls schwarzen Münsterland. »Seit dem Studium«, sagt er beim Essen, »hab' ich mich mit Religionen nicht mehr beschäftigt. Darum ist es umso verrückter, dass ich nun als Integrationsbeauftragter Religionsexperte sein muss.«

Da es mit dem offiziellen Gesprächstermin am nächsten Tag dann doch nicht klappt, sondern erst sechs Wochen später, habe ich reichlich Zeit, das 1995 erschienene Buch »Zwischen allen Stühlen« (1995) von Abdul Hadi Christian Hoffmann zu lesen. Dieser 1948 in Berlin geborene Konvertit arbeitet als »Consultant« für arabische Länder und Unternehmen aus der islamischen Welt. Zudem ist er Vorsitzender der »Muslimischen Akademie« in Deutschland mit Sitz in Berlin. In dieser Eigenschaft organisiert und leitet er zusammen mit Günter Piening und der Islamwissenschaftlerin Riem Spielhaus das Islamforum Berlin, das seit 2005 viermal pro Jahr im Berliner Rathaus tagt.

Abdul Hadi C. Hoffmann gehört zur Generation zwischen der alten Garde und der jungen Nachhut. Er war nie links wie Ahmad von Denffer, er kommt nicht aus einfachen Verhältnissen wie Mohammed Herzog; er ist das Kind weltoffener, protestantischer Bildungsbürger. Als Hoffmann 1989 in der saudischen Botschaft (damals noch in Bonn) zum Islam übertrat, hatte er bereits eine vielversprechende Karriere als Berufspolitiker in der CDU hinter sich und eine glänzende christdemokratische Zukunft vor sich. Doch damit war es vorbei, nachdem er im März 1990 zum Pressesprecher der Bonner CDU gewählt worden war. Die Ereignisse, die darauf folgten, schildert er in »Zwischen allen Stühlen« so (S. 9 f.):

Drei Tage nach der Pressesprecher-Wahl war die Boulevard-Zeitung *Express* am Telefon: »Guten Tag, Herr Hoffmann. Stimmt es, dass Sie Muslim sind?« Es stellte sich heraus, dass mehrere anonyme Briefe an Tageszeitungsredaktionen in der damaligen Bundeshauptstadt verschickt worden waren. »Im Stil einer offiziellen Presseerklärung wurde den Journalisten mitgeteilt, Christian Hoffmann, der neu gewählte Pressesprecher der Bonner CDU, sei Muslim, eine Tatsache, die den CDU-Mitgliedern bewusst verschwiegen worden sei.« Er hatte es tatsächlich verheimlicht, mit ähnlichen Motiven wie der Chefarzt eines christlichen Krankenhauses, von dem mir Mohammed Herzog erzählt hatte. Doch im Fall Hoffmann erfolgte kein Rausschmiss auf die Anti-Muslim-Kampagne. Er durfte Pressesprecher der CDU bleiben – wenn auch mehr geduldet als geschätzt –, bis er sich 1995, nach Erscheinen seines Buchs, selbst entschloss, zu einer PR-Agentur zu wechseln.

Warum ist Christian Hoffmann zum Islam übergetreten? Das beschreibt er in »Zwischen allen Stühlen« (S. 25) als Erweckungserlebnis. Den damals protestantischen Christen traf die Erkenntnis »wie ein Schlag aus heiterem Himmel«, als er im Juni 1988 auf dem Balkon seines Elternhauses ein

Buch über »die Rückkehr des Iran zum Islam« las, weil es von einem seiner Lieblingsautoren geschrieben worden war: »Nicht aus Interesse am Islam!« Aber dann »plötzlich und völlig unerwartet hatte ich das Gefühl, die Sonne am strahlend blauen Himmel habe sich in einen Lichtblitz von unglaublicher Helle verwandelt, und in diesem Augenblick erkannte ich: Es gibt nur einen Gott: Allah, und der Islam ist die letzte von ihm offenbarte Religion! Ich spürte in mir eine augenblickliche totale Veränderung. Hatte ich bis zu diesem Moment die Bäume vor mir ganz naturwissenschaftlich als Dinge, als biologische Phänomene in einer astronomischen Umgebung – Himmel und Erde – gesehen, so erkannte ich nun meine Umwelt als Schöpfung Allahs. Und ein unglaubliches Gefühl durchflutete mich, ein Gefühl, das ich später im Qur'an beschrieben fand: ›Wen Allah rechtleiten will, dem weitert ER die Brust für den Islam.‹ Es war, als seien metallene Ringe von meiner Brust genommen worden und als könne ich zum ersten Mal richtig frei atmen.«

Am 25. Januar 2008 bin ich mit Günter Piening zu unserem offiziellen Gespräch in seiner provisorischen Dienststelle an der Straßburger Straße im Stadtteil Prenzlauer Berg verabredet. Günters Büro ist kaum größer als das Vorzimmer und genauso spartanisch eingerichtet. Wir setzen uns an einen schlichten Tisch, und ich stelle mein Aufnahmegerät an.

»Ist aus deiner Sicht die Zahl der muslimischen Konvertiten in Berlin in letzter Zeit deutlich gestiegen?«

»Ja, ich glaube schon, was meines Erachtens nach aber nicht verwunderlich ist. Denn die meisten Konvertierten, die ich kenne, leben in bi-kulturellen Ehen. Und da wir hier von Jahr zu Jahr mehr bi-kulturelle Eheschließungen haben, ist es ganz normal, dass es auch mehr Konvertierte gibt. Mit genauen Zahlen kann ich leider nicht dienen. Den Statistiken ist nur zu entnehmen, dass die Anzahl deutscher Muslime und Muslimas in Berlin steigt. Doch es wird nicht zwischen eingebürgerten Zuwanderern und konvertierten Deutschen unterschieden.«

»Früher traten ja meist die Frauen aus der deutschen Mehrheitskultur zum Islam über, wenn ihr Mann Muslim war. Es war auch so, dass deutsche Frauen mehr Migranten heirateten als deutsche Männer Migrantinnen. Hat sich das verändert?«

»Es wird sich kunterbunt verliebt und kunterbunt geheiratet. Aber deutschstämmige Muslimas fallen im Stadtbild mehr auf. Wenn die Konversion mit dem Tragen des Kopftuchs einhergeht, sind Frauen deutlich präsenter als konvertierte Männer.«

»Du meinst also, dass die Aufregung wegen der Konvertiten weniger groß wäre, gäbe es das Kopftuch nicht?«

»Über die steigende Zahl von Konvertierten regt sich ja nur die deutsche Mehrheitskultur auf – die Muslime überhaupt nicht. Vor zehn, fünfzehn Jahren allerdings war das noch anders. Da waren Konvertierte auch in der muslimischen Community Exoten, die man mit Skepsis beäugte; heute sind sie Normalität für die muslimische Gemeinschaft. Für die deutsche Gesellschaft sind sie es nicht, vor allem was Frauen betrifft. Männer werden oftmals sogar als interessant angesehen. Männer, die auffallen. Bekannte Konvertiten wie Mohammed Herzog und Abdul Hadi Hoffmann. ›Weise‹ Männer sozusagen. Bei ihnen wird vorausgesetzt, dass ihr Übertritt zum Islam eine bewusste, gut durchdachte Entscheidung war. Herr Hoffmann saß früher zwischen allen Stühlen. Heute ist er kein Exot mehr, ganz im Gegenteil. Im Islamforum – und nicht nur da – ist er eine allseits geschätzte Autoritätsperson, hoch anerkannt bei Muslimen und Nicht-Muslimen. Frauen hingegen wird unterstellt, dass sie Getriebene sind ...«

»...die blind vor Liebe für ihren muslimischen Ehemann

alles tun würden oder einem charismatischen Prediger wie einem Rattenfänger folgen?«

»Ja, so in etwa. Dabei erleben wir, denke ich, heute einfach etwas, das uns Deutschen sehr vertraut ist und das nun zeitversetzt erneut abläuft. In erzkatholischen Städten und Dörfern wie Paderborn und Herzebrock, aus denen wir beide stammen, wurden noch in unserer Jugendzeit Katholiken enorm unter Druck gesetzt, wenn sie Protestanten heiraten wollten. Die katholische Kirche hat meines Wissens sogar noch in den 1960er-Jahren verlangt, dass der evangelische Ehepartner konvertieren muss, wenn die Ehe nicht nur vor dem Staat, sondern auch vor Gott gültig sein soll.«

»Ob damals noch ein Konfessionswechsel verlangt wurde, weiß ich nicht. Aber ich weiß, dass heute, im 21. Jahrhundert, der katholische Ehepartner für eine evangelische Trauung die Erlaubnis zum Eingehen einer ›Mischehe‹ einholen und sich den Dispens von der Pflicht zur Eheschließung nach katholischem Ritus erteilen lassen muss.«

»Umso erfreulicher ist es, dass mir junge Paare erzählen, bei denen er oder sie muslimischen Glaubens ist, dass eine Heirat gegenüber den Eltern – beiderseits! – heute viel leichter durchzusetzen ist als früher. Also im Grunde ist die Normalität längst an der Basis angekommen, bei Muslimen wie Nicht-Muslimen. Daher ist es mir ein Rätsel, warum das Konvertiten-Thema im Moment so viele Schlagzeilen macht. Ich kann es mir nur mit der Distanz zum Islam bei den Meinungsmachern erklären. Da sie sich im Kampf der Kulturen sehen, sind Konvertiten für sie keine Mittler, sondern Deserteure, die die Front gewechselt haben. Wenn man einen objektiven Blick auf die muslimischen Konvertierten hätte, würde man doch einfach sagen oder schreiben: Das ist eine ganz normale Entwicklung. Die Leute wechseln von katholisch nach evangelisch und von christlich nach buddhistisch – warum dann nicht auch von christlich oder gar nichts zum

Islam? Aber ausgerechnet dieser Wechsel wird zum Skandalon hochstilisiert.«

»Warum wohl? Darauf hast du doch bestimmt eine Antwort.«

»Ja! Aber keine, die dir gefällt, befürchte ich.«

»Ich werd's schon aushalten. Bitte, sag's mir.«

»Ich glaube, dass dem Islam unterstellt wird, dass er grundsätzlich frauenfeindlich ist. Und ich glaube auch, dass die Muslime in Deutschland dieses Vorurteil, das mittlerweile Konsens in der deutschen Öffentlichkeit ist, den alternativen Mittelschichten und den Feministinnen zu verdanken haben, die sich keinen anderen Weg zur Befreiung vorstellen können als den eigenen. Ich kann mir nicht vorstellen, dass der Buddhismus, die neue Modereligion der Deutschen, besonders frauenfreundlich ist; aber den Buddhismus habt ihr Feministinnen nicht im Visier, sondern nur den Islam.«

»Das stimmt nicht. Zwar habe ich in *Emma* noch nie über den Buddhismus geschrieben, doch ich schreibe ständig über den christlichen Fundamentalismus und die Frauenfeindlichkeit der katholischen Kirche.«

»Aber du wirst doch wohl zugeben, dass ihr aus eurem feministischen Kontext heraus auf die muslimischen Konvertitinnen schaut und ihnen unterstellt, dass sie sich nicht individuell und selbstbestimmt für den Islam entschieden haben. Ihr denkt doch immer, dass sie in irgendeiner Weise Opfer sind, weil sie das Kopftuch tragen.«

»Und du wirst doch wohl zugeben, dass das Kopftuch nicht nur ein religiöses Symbol ist. Zumal der ›hijab‹, also der Schleier, im Koran gar nicht als verbindlich vorgeschriebenes Kleidungsstück erwähnt wird. Die Verschleierung – auch der Kopfschleier – dient vor allem dazu, weibliche Reize vor den Blicken nicht verwandter Männer zu verbergen. Deswegen meinen Feministinnen – übrigens auch muslimische –, dass der Schleier ein Symbol für die Unterdrückung der Frau ist, das ihr die Individualität raubt und sie auf ihre Körperlichkeit reduziert. Unserer Ansicht nach signalisiert er: Diese Frau darf nur einem einzigen Mann gehören, sich selbst gehört sie nicht.«

»Mag ja alles sein. Es gibt viele Symbole der Unterdrückung der Frau. Aber ist damit jede Frau, die dieses Symbol nutzt, unterdrückt und rückständig oder ein willfähriges Objekt islamistischer Welteroberung? Ich erlebe, dass unter so manchem Kopftuch ein selbstständiger und selbstbewusster und demokratisch denkender Kopf steckt. Für mich zählt darum zuvorderst, ob Zwang im Spiel ist oder nicht. Dieses gilt übrigens auch für einen rechtsstaatlichen Umgang mit dem Kopftuch: Für den Rechtsstaat wird es erst relevant, wenn Zwang im Spiel ist.«

»Okay, es ist ihre Privatsache, in die sich ein demokratischer Staat nicht einmischen darf. Aber wenn eine Lehrerin das Kopftuch an staatlichen Schulen tragen will, ist es nicht mehr ihre Privatsache.«

»Darum hat Berlin als einziges Bundesland ein Neutralitätsgesetz. Es verbietet das Tragen jeglicher religiöser Symbole in hoheitlichen Bereichen des öffentlichen Dienstes.«

»Das finde ich konsequent. So wird keine Religionsgemeinschaft benachteiligt oder bevorzugt.«

»Mir wäre es, ehrlich gesagt, lieber gewesen, wenn wir religiöse Symbole zugelassen hätten. Denn nun haben wir eine Art Berufsverbot im Bildungswesen, also ausgerechnet in dem Bereich, der für junge Frauen aus traditionellen muslimischen Familien eine sehr wichtige Aufstiegsmöglichkeit ist. Denn die Eltern haben zwei, drei Berufe im Kopf, die sie sich für ihre Töchter vorstellen können, typische Frauenberufe. An unseren Fachhochschulen studiert eine große Zahl muslimischer Erzieherinnen – viele mit Kopftuch – Pädagogik und Sozialpädagogik, um weiterzukommen. Denen ist jetzt natürlich der Weg in den Staatsdienst versperrt. Das ist eine dramatische Situation. Aufstiegswillige junge Musliminnen werden ins Nichts gestürzt. Ich bereite gerade mit der Antidiskriminierungsstelle einen Erfahrungsbericht vor, und da zeigt sich, dass die Kopftuchdebatte verheerende Auswirkungen für muslimische Frauen auf dem gesamten Arbeitsmarkt hat. Ich frage mich, wie Konvertitinnen das verarbeiten. Du trittst zum Islam über und siehst das vielleicht als etwas völlig Normales an, aber plötzlich nimmt dich die Umwelt vollkommen anders wahr, nur weil du ein Kopftuch trägst.«

»Das mit dem Berufsverbot war mir in dieser Tragweite nicht bewusst. Das muss uns Feministinnen aufhorchen lassen, denn es verhindert ja genau das, was wir wollen: die Unabhängigkeit von Eltern, Brüdern und Ehemännern.«

Günter lächelt still in sich hinein. »Willst du damit sagen, liebe Cornelia, dass sogar Feministinnen manchmal bereit sind, von ihrem Standpunkt abzurücken?«

Wenn der liebe Günter wüsste, dass ich morgen bei den Mevlevi-Derwischen in der Niederlausitz meinen Kopf bedecken werde, würde er schallend lachen.

Eine Scheicha in der Niederlausitz

Berlin Hauptbahnhof, Samstag, 26. Januar 2008, viertel nach elf. Mein Zug nach Doberlug-Kirchhain in der Niederlausitz startet um 11 Uhr 31. Die Fahrkarte habe ich schon in Bielefeld gekauft. Also bleiben mir noch 16 Minuten Zeit, um vom S-Bahn-Haltepunkt im zweiten Obergeschoss zum Gleis 1 im Untergeschoss dieses neuen Bundesbahn-Palastes aus Glas und Stahl zu kommen. Hier treten sich nicht nur Bahnreisende gegenseitig auf die Füße, sondern auch Touristen auf Besichtigungstour und Flaneure in den Shopping-Malls. Beim eiligen Umsteigen stehen sie überall im Weg. Ich schaffe den langen Abstieg nur deswegen rechtzeitig, weil ich, anstatt langsam Rolltreppe zu fahren, die Treppen zu Fuß hinunter eile.

Im Regional-Express von Angermünde nach Elsterwerda atme ich auf – der Zug ist nahezu leer. Bei Uckro beginnt das Elbe-Elsterland mit dem Naturpark Niederlausitzer Heidelandschaft, dem südlichsten Naturpark in Brandenburg. Eine traumhafte Region für Fahrradferien. Doch im Winter ist es hier eher trostlos und kalt.

Für die 120 Kilometer nach Doberlug-Kirchhain braucht der Regional-Express 100 Minuten. In der Bahnhofshalle weist ein Schild auf die durchgehend geöffnete Gaststätte »Grüner Berg« hin. Für lediglich 4,50 Euro esse ich da Rindsgulasch mit Nudeln. Das teuerste Gericht kostet 6,30 Euro. Die Niedrigpreise lassen vermuten, dass in dieser Gegend die Arbeitslosigkeit hoch ist. Offenbar zu hoch, denn ich bin – in der Mittagszeit – der einzige Gast.

Dass ich richtig geraten habe, bestätigt der Taxiunternehmer, der mich zu den Mevlevi-Sufis in dem acht Kilometer entfernten 300-Seelen-Dorf Trebbus bringt. Er überlebe nur wegen der Krankenfahrten, erzählt er. Private Taxifahrten könne sich hier kaum jemand leisten. Als wir Trebbus erreichen, frage ich ihn, was er von den Sufis hier hält. Nur Gutes! Vor allem weil ihre Gäste, die mit der Bahn anreisen, manchmal ein Taxi nutzen, wie man an mir sieht.

Über Scheich Abdullah Halis Dornbrach, der den Derwisch-Konvent in Trebbus leitet, schreibt die sonst so kritische Ursula Spuler-Stegemann in »Muslime in Deutschland« (S. 136 f.) euphorisch: »Er nahm mit 19 Jahren den Islam an. Zwei Jahre später traf er den Naqschibandiyye-Scheich Zekkeriya (Dörter) Efendi in der Türkei und begab sich in dessen Obhut. Als er ›ausgelernt‹, also die Lehren dieses Ordens bis zur Lehrbefähigung in sich aufgenommen hatte, wurde er von seinem Lehrer an den Scheich eines anderen Ordens verwiesen, um dort sein Wissen und seine Erfahrungen zu vertiefen. 16 Jahre verbrachte er auf diese Weise in Derwisch-Klöstern verschiedener Orden und bekam schließlich für fünf Orden die Lehrerlaubnis [...], eine hohe und verpflichtende Auszeichnung zum Abschluss einer langen Ausbildung. Die Mevleviyye, die er [...] hauptsächlich vertritt, ist ein geistig sehr hoch stehender Orden. Er ist dem großen Sufi-Dichter Jalaluddin Rumi engstens verbunden und für seine Toleranz anderen Religionen gegenüber berühmt.«

Ich war schwer beeindruckt, als ich das las. Und als ich dann auch noch auf der Homepage *www.mevlevi.de* ein Foto von Scheich Abdullah Halis Dornbrach sah, wurde ich geradezu von Ehrfurcht ergriffen: Ein stolzer Mann in einem schwarzen Umhang, mit einem grauen, gestutzten Vollbart und einem hohen, braunen Derwisch-Filzhut, um den (als Zeichen der herausragenden Stellung des Trägers) ein grünes

Band geflochten ist, blickt den Betrachter ernst und würdevoll an. Umso überraschter bin ich, als der Taxifahrer plötzlich auf einen Stall zeigt und ruft: »Da ist er ja, der Chef!« Ein beleibter Mann – Anfang 60, in Schlabberhemd und Schlabberhose, mit einer breitrandigen Brille auf der Nase, einer flachen Kappe auf dem Kopf und nackten Füßen in Schlappen – treibt Schafe und Gänse aus dem Stall. Es scheint ihnen nicht zu gefallen, sich in dem umzäunten Gärtchen einsperren zu lassen; vereint streben sie mit lautem Geschnatter und Geblöke auf die Freiheit hinter dem Gatter zu. »Der Chef« ist trotz seiner Leibesfülle schneller. In letzter Sekunde gelingt es ihm, das Tor zu schließen.

Während ich den Taxifahrer bezahle, ist Scheich Dornbrach verschwunden. Ich schelle am Eingang des Haupthauses der »Mevlevihane« oder »Tekke« – wie die Ordenszentren der Derwisch-Konvente genannt werden. Nuriye Krieg-Dornbrach öffnet. Ich habe schon einige Male mit ihr telefoniert und sie als unkompliziert und herzlich kennengelernt. Dieser Eindruck bestätigt sich, als sie persönlich vor mir steht: eine kleine fröhliche Frau mit Brille und nach hinten gebundenem Kopftuch. Nuriye Krieg-Dornbrach ist etwas älter als ich, Jahrgang 1951. Nach einer Zusatzausbildung als Familientherapeutin arbeitete die gelernte Sozialarbeiterin lange in einer eigenen Praxis in Berlin. Seit 1983 ist sie mit dem Scheich verheiratet, den Islam nahm sie aber erst 1985 an. Warum, wird sie mir morgen erzählen. Jetzt instruiert sie mich über die Umgangsformen hier. Ihr Mann werde mit »Efendi« angeredet und sie mit »Hanimefendi«, weil »wir seit 2003 Scheicha sind«.

»Wer, wir?«

»Ich!« Auch ihr Mann spreche in der ersten Person Plural von sich. Das sei kein Pluralis Majestatis, sondern der arabische Plural der Bescheidenheit. »Er soll uns auch daran erinnern, dass wir nie alleine sind, weil uns immer unsere Engel begleiten. Und auch, weil wir Teil der Umma sind, der Gemeinschaft der Muslime. «

» Für meine Begriffe klingt das aber doch nach Pluralis Majestatis beziehungsweise nach Hierarchie. «

» Unsere Gemeinschaft ist hierarchisch geordnet, das bestreiten wir gar nicht. An der Spitze steht der Scheich. Dies ist notwendig, damit der Einzelne einen verlässlichen Bezugspunkt hat. Bei uns geht es darum, die persönlichen Eigenarten loszulassen. Dann muss man sich auf die stattdessen angebotenen Verhaltensweisen auch verlassen können. Man muss darauf vertrauen können, dass die Regeln, die einzuhalten sind, erprobt und bewährt sind in einer jahrhundertelangen Geschichte von Lehrern und Schülern. «

» Was habe ich mir unter › persönliche Eigenarten loslassen ‹ vorzustellen? «, frage ich.

Viele unserer Eigenarten seien als Reaktionen auf Verletzungen entstanden. » Sie kommen dann nicht aus unserem Wesen, sondern eigentlich aus einer zweiten Schicht, die wir uns als Schutzmantel gegen Verletzungen zugelegt haben. Nur durch das Ablegen dieser Eigenarten können wir uns selbst finden, unser Wesen. «

» Das hört sich ja wie Psychotherapie an. «

» Ein bisschen ist es das auch. Doch bei uns dient alles nicht nur dem Wohle des Einzelnen, sondern auch dem der Gemeinschaft. « Das arabische Wort Tariqa stehe für » religiöse Bruderschaft, Derwischorden «, aber auch für » Art und Weise, Methode, Mittel, Weg «. Auf das Wesentliche verkürzt, könne man es so ausdrücken: » Die Tariqa ist eine Weggemeinschaft, in der jeder freiwillig unter der Anleitung eines Lehrers am gemeinsamen Ziel der Selbstfindung und Gotteserkenntnis arbeitet. «

Jetzt führt mich Hanimefendi zum Gästehaus und zeigt mir unterwegs den Innenhof der Tekke. Ich habe im Internet alte Fotos von dem ehemaligen Bauernhof gesehen: eine Ansammlung von Ruinen auf 3000 Quadratmetern anstelle des ehemals stattlichen Vierseithofes. Die deutschen Mevlevi-Sufis, die das heruntergekommene Anwesen 1992 für 80000 D-Mark erwarben, haben in den vergangenen 16 Jahren – weitestgehend durch Eigenleistung – Wunder vollbracht. Der quadratische Innenhof, 1992 noch eine Müllhalde, ist heute ein begrüntes Atrium mit Teich, Zisterne, Taubenschlag und einem Laubengang, über den man bei Regen trockenen Fußes die Bibliothek und die Studierzimmer des »Instituts für Islam-studien – Sufi-Archiv Deutschland e. V.« im linken Seiten-flügel erreichen kann.

»Hier werden Efendis Muriden ausgebildet«, erklärt Ha-nimefendi.

»Muriden?«

»Schüler und Schülerinnen, die in unseren Derwisch-Kon-vent aufgenommen werden wollen.«

»Frauen auch?«

»Was dachten Sie denn?«

Stimmt, eine dumme Frage! Schließlich bin ich hier bei einer Scheicha zu Gast.

Der Laubengang vor dem linken Seitenflügel endet am Ein-gang zu einer Gartenkammer. Rechts daneben liegt das Gäs-tehaus, das neueste Bauwerk in dem Ensemble, das sich rund um das Atrium schart. Im Untergeschoss gibt es eine Küche und einen Ess- und Aufenthaltsraum. Die sieben Zimmer im Obergeschoss dienen vor allem der Unterbringung von Sufis oder am Sufitum Interessierten, die in der Tekke an Semina-ren oder an einem der Zikr-Abende teilnehmen, die wie heute immer am letzten Samstag im Monat stattfinden; sie werden aber auch an Feriengäste vermietet. Hanimefendi bringt mich in dem einzigen Einzelzimmer unter – umsonst. Das ist mir peinlich, doch als ob er meine Gefühle geahnt hätte, er-zählt Efendi uns noch an diesem Nachmittag folgende Ge-schichte:

Ein muslimischer Geschäftsmann auf der Durchreise sucht eine Übernachtungsmöglichkeit und findet keine, weder in Hotels noch in Pensionen. Auch alle Privatunterkünfte in dieser Stadt sind ausgebucht. Er hat sich soeben entschlossen, weiterzufahren, als er jemanden trifft, der ihn auf eine Privatunterkunft aufmerksam macht, in der nie jemand übernachtet: »Weil alle Gäste nach dem Frühstück Prügel beziehen.« Der Geschäftsmann ist unsäglich müde, darum klopft er an die Tür des vermeintlichen Gewalttäters. Er wird gastfreundlich aufgenommen und mit reichlich Essen und Trinken und einem bequemen Bett versorgt. Nachdem er am nächsten Morgen sein Frühstück verzehrt hat, macht er sich auf die Prügel gefasst. Aber die bleiben aus. »Hier werden doch immer alle Gäste verprügelt – warum ich nicht?«, fragt der Geschäftsmann seinen Gastgeber. Da er keine Bezahlung verlange, erwidert dieser, nervten die Gäste ihn mit Floskeln wie: »Ach, das ist doch nicht nötig! Machen Sie sich keine Umstände!« Das erzeuge so viel Wut in ihm, dass er nicht mehr an sich halten könne. »Sie hingegen haben meine Gastfreundschaft ohne Wenn und Aber angenommen.« Daraus schließt der Gastgeber, dass der Geschäftsmann sich auch an das alte arabische Sprichwort halte: »Ein Gast ist der Gast Gottes.«

Efendi steckt voller Geschichten und Anekdoten. Er erzählt sie in einer türkischen und einer deutschen Fassung, weil die meisten seiner Zikr-Gäste türkischstämmig sind. Wir – Männer, Frauen, Kinder – sitzen in einem großen, orientalisch eingerichteten Raum, dem Versammlungszimmer, auf Kissen, Hockern und Stühlen. Das Sofa beansprucht der Scheich für sich allein. Aha, sein Thron! denke ich. Doch als sich der Raum mehr und mehr mit Menschen füllt, rückt er beiseite, um Platz für die spät angekommenen Gäste zu schaffen.

Ich sitze auf einem Hocker direkt neben dem Sofa und stelle meine Fragen, als es noch relativ leer ist. »Ich war neulich bei den Sufis in der Eifel und habe mich auch im Dorf umgehört. Die Sötenicher, so mein Eindruck, lehnen die Sufis ab. Wie ist es hier?«

»Wir haben uns ja kurz nach der Wende in Trebbus angesiedelt. Da hatten die Leute ohnehin viel Neues zu verkraften. Das Glas war ziemlich voll. Und dann kamen auch noch die Muslime.« Lachend fährt Efendi fort: »Anfangs, wenn Gäste von außerhalb nach dem Weg zur Tekke fragten, hieß es: ›Ach, Sie wollen zu dem Scheich.‹ Es verging nicht viel Zeit, da sagten die Leute im Dorf: ›Ach, Sie wollen zum Scheich.‹ Heute sagen sie: ›Ach, Sie wollen zu unserm Scheich.‹«

Wie zur Bestätigung des freundschaftlichen Verhältnisses zum Dorf erklingen vorm Fenster Musikinstrumente und Gesang, am Haupteingang wird Sturm geläutet. Efendi springt auf: »Die Zemperer!« Alle eilen zur Haustür, die Hanimefendi bereits geöffnet hat. Davor musizieren und singen junge Frauen und Männer in Karnevalsverkleidung. Das sei ein alter sorbischer Fastnachtsbrauch, erklärt Efendi. Burschen und Mädchen ziehen von Tür zu Tür, um Geld und Lebensmittel für ihren »Zemperer-Ball« zu »zempern« oder zu »zampern«, was »erheischen« bedeutet. Mit reichlich Heische bedacht, zieht der ausgelassene Trupp weiter. Danach setzten wir das Interview fort.

Wann und wo er zum Islam übergetreten ist, will ich wissen.

Er sei 1945 in Berlin geboren und auch dort aufgewachsen, sagt Efendi. Den Islam habe er 1965 in Berlin angenommen.

»1965 waren Sie 20 Jahre alt...«

»Knapp 20.«

»Jedenfalls sehr jung.«

»Und doch haben wir genug Zeit gehabt, uns das zu überlegen. Wir haben bereits mit 16 begonnen, uns allmählich vom Christentum zu verabschieden.«

»Sie stammen also aus einer christlichen Familie. Evangelisch oder katholisch?«

»Na ja, das ist nicht ganz so einfach. Unser Vater ist Protestant, unsere Mutter war Katholikin, und wir wurden anfangs katholisch erzogen. Da unsere Mutter mit dem Katholizismus nicht klar kam, wurden wir dann später doch protestantisch erzogen. Und irgendwann haben wir ›Protestant‹ beim Wort genommen und tatsächlich protestiert. Das haben wir unserem Pfarrer zu verdanken. Immer wenn wir im Konfirmationsunterricht eine Frage stellten, zum Beispiel zur Trinität, sagte der Pfarrer: Darauf könne er keine Antwort geben, das sei Gottes Geheimnis, und der Mensch sei nicht dazu da zu fragen, sondern zu glauben.«

»Wie ging's weiter, nachdem Sie sich vom Christentum verabschiedet hatten?«

»Zuerst haben wir uns mit dem Buddhismus befasst und ihn eine Weile praktiziert. Auf einmal hat uns der Hinduismus fasziniert, den wir auch praktizierten. Zum Schluss sind wir auf den Islam gekommen. Wir gehören zur 68er-Generation. Das war damals die übliche Tour, wenn man nicht mehr Christ sein, aber auch kein Atheist werden wollte.«

»Sind Sie nach Indien gereist? Die Heimat des Buddhismus und des Hinduismus zog doch die 68-er magisch an.«

»Nein, nach Indien sind wir damals nicht gefahren, aber in die Türkei. Egal, in welcher Stadt wir dort waren, als Erstes sind uns immer irgendwelche Derwische über den Weg gelaufen.«

»Und das war das Entscheidende für Ihre Bekehrung zum Islam?«

»Nein, eigentlich nicht.« Es sei etwas anderes, »sehr Merkwürdiges« gewesen. Als er zum ersten Mal nach Istanbul reiste, fuhr er mit der Bahn. Kurz vorm Ziel schlief er ein. Im Traum erschien ihm ein Osmane in orientalischer Kleidung mit Turban, der sagte: »Herzlich willkommen in deiner eigentlichen Heimat, mein Sohn.«

Der Muezzin ruft zum Abendgebet. Wir hören keine virtuelle Stimme vom Tonband, sondern eine reale Person, einen Schüler des Scheichs, einen Muriden. Er steht auf dem Flur, der das Haupthaus mit der Moschee verbindet. Ich darf mit zum Gebet in die Moschee, einem etwa 200 Quadratmeter messenden Raum, in dem man bis unter den Giebel schauen kann. Im Vergleich zur Osmanischen Herberge wirkt hier alles schlicht. Die mit Holzpaneelen verkleideten Wände sind weiß gestrichen. An den Balken sind Akzente in Hellgrün gesetzt. Der Holzfußboden ist nicht mit vielen orientalischen Teppichen bedeckt, sondern mit einem einzigen großen Teppich aus ungefärbter Schafwolle.

Ich bin zum ersten Mal bei einem Gemeinschaftsgebet dabei, überhaupt bei einem muslimischen Gebet. Die arabischen Texte, die der Vorbeter vorspricht und die Gemeinde nachspricht, empfinde ich schon als schwierig. Aber sie dann auch noch mit den Bewegungen in Einklang zu bringen, wäre für mich eine nicht zu bewältigende Aufgabe. Sieben Körperhaltungen sind vorgeschrieben:

- aufrechtes Stehen in Richtung Mekka, die Handflächen in Kopfhöhe nach vorn geöffnet;
- aufrechtes Stehen, die Hände zwischen Brust und Nabel verschränkt, die rechte Hand auf dem linken Unterarm;
- Verbeugung in Richtung Mekka, die Hände liegen auf den Knien;
- aufrechtes Stehen, die Hände liegen an den Seiten an;
- niederwerfen, Stirn, Nase, Handflächen, Knie und Zehenspitzen berühren den Boden;
- hinknien, dann auf Unterschenkeln und Füßen aufsitzen, die Hände liegen auf den Knien;
- aufsitzende Körperhaltung beibehalten, den Kopf nach rechts wenden, den Kopf nach links wenden und dabei

zweimal auf Arabisch »Friede sei mit euch und Allahs Gnade« sprechen.

In der Mevlevi-Moschee in Trebbus beten Frauen und Männer zusammen. Das Abendessen wird zwar an getrennten Tischen serviert, aber in einem einzigen Raum, dem Ess- und Aufenthaltszimmer im Gästehaus. Die meisten der türkischstämmigen Familien sind mit dem Auto aus Berlin angereist, und die Frauen haben reichlich Essen mitgebracht. Lauter türkische Spezialitäten. Lecker! Ich werde am Frauentisch so lange mütterlich ermuntert zuzulangen, bis ich wirklich nicht mehr kann. Hier gelten keine vom Schlankheitswahn diktierten Beschränkungen. Ich bin von vielen Genießerinnen umgeben, einige ebenso füllig wie ich.

Fast alle Frauen an diesem Tisch tragen Kopftuch. Aber sie haben nicht den ganzen Körper verhüllt wie die Frau, die nun aus der Küche kommt und mich von der Seite anspricht: »Cornelia Filter?«

»Ja! Müsste ich Sie kennen?«

»Sabriyah Palm. Sie haben mal ein Buch von mir rezensiert. ›Frauengeschichten – Musliminnen in Deutschland erzählen aus ihrem Leben‹.«

Ich erstarre: Vor mir steht Dorothee Palm, die feministische Islamwissenschaftlerin, am ganzen Körper verhüllt.

»Was ich anhabe, ist kein Körperschleier«, beruhigt sie mich. Das sei die Schülerinnen-Tracht, die an besonderen Tagen getragen werde. Jetzt schaue ich genauer hin. Ihr schwarzes Gewand erinnert an ein Nonnen-Habit, doch mehr noch an die weißen Gewänder der Tanzenden Derwische. Ein eng anliegendes Oberteil mit langen Ärmeln, unterhalb der Taille ein weit schwingender Rock. Und auf dem Kopf eine schwarze Kappe, die von einem grünen Tuch gehalten wird.

»Du bist Muridin?« Ich bin immer noch so perplex, dass

ich Dorothee-Sabriyah mit dem unter Feministinnen gebräuchlichen Du anspreche.

Auch sie benutzt sofort das vertraute Du. »Weißt du was, Cornelia? Ich habe an diesem Wochenende überhaupt keine Zeit. Was hältst du davon, wenn wir uns bei mir in Berlin treffen, um in Ruhe miteinander zu reden?«

»Nichts, was ich lieber täte!«

Wir tauschen Visitenkarten aus und verabreden, nächste Woche telefonisch einen Termin zu vereinbaren.

Ein Zikr-Abend in der Trebbuser Mevlevihane ähnelt dem Großen Dhikr in der Osmanischen Herberge. Und doch sind die Unterschiede groß. Schon allein wegen der Teilnehmerzahl. Hier sind es höchstens 40 Personen. Es gibt noch einen anderen – gewaltigen – Unterschied.

Doch bevor ich davon erzähle, unterziehe ich mich einer rituellen Reinigung. Es hat mich niemand dazu gezwungen, oder dies auch nur von mir verlangt. Doch zwei Türkinnen haben mich darum gebeten, damit ich weiß, wie es geht. Sie wollen mir ein Element ihrer Glaubenspraxis zeigen, wollen mich mitnehmen in ihre Welt. Das ist eine Ehre, die man nicht ablehnen kann. Also lasse ich mich in den Waschraum für Frauen führen.

Zuerst muss ich meine Hände bis einschließlich der Handgelenke dreimal waschen, ohne Seife, nur mit Wasser. Dann muss ich meinen Mund dreimal ausspülen. Die Nase zu reinigen, ist ein bisschen eklig. Ich muss meine Hände zu einer Schale formen, diese mit Wasser füllen, meine Nase hineinstecken, Wasser hochziehen und es anschließend ausschnäuzen. Das alles dreimal. Es folgt eine dreimalige Gesichtswaschung. Dann muss dreimal der rechte Unterarm gewaschen werden und danach der linke Unterarm – ebenfalls dreimal. Nur mit nassen Händen über das Kopfhaar zu fahren, wird lediglich einmal verlangt. Ebenso die Befeuchtung der Ohren. Aber beim strapaziösen Schluss, dem schwierigsten Akt dieses Rituals, gilt die heilige Dreizahl wieder. Ich muss, auf einem Bein balancierend, meinen nackten rechten Fuß in das Waschbecken heben, um ihn bis zu den Fußknöcheln dreimal zu waschen. Als ich das beim linken Fuß vorschriftsmäßig wiederholt habe, bin ich schweißgebadet.

Inzwischen haben sich schon alle in der Moschee versammelt. Wir drei sind die letzten, weil ich so lange für das Reinigungsritual gebraucht habe. Wir platzen in eine Diskussion hinein, die um die Frage kreist, ob eine Frau ein gemischtgeschlechtliches Zikr leiten darf. Es geht um Hanimefendi, die kaum wiederzuerkennen ist. Genau wie Efendi hat sie sich in einen schwarzen Mantel gehüllt. Der Scheich hat einen schlichten Filzhut ohne geflochtenes Band aufgesetzt, die Scheicha trägt ein eng um den Kopf gebundenes weißes Kopftuch. Beim Zikr zeigen sich die beiden in ihrer Funktion als Würdenträger, und doch dürfen die anderen mitbestimmen.

Heute Abend sind als neue Gäste einige ältere türkische Männer hier. Für sie ist es schon gewöhnungsbedürftig, wenn eine Frau ein Frauen-Zikr leitet, und nun das. Doch nach kurzer Beratung entscheiden sie sich, die Zikr-Gemeinschaft nicht in eine Frauen- und eine Männergruppe aufzuteilen, und erklären sich damit einverstanden, dass Hanimefendi die Leitung übernimmt. Ich bin von diesem großen Sprung über den eigenen Schatten beeindruckt.

Auf dem weißen Teppich formiert sich ein Kreis. Rechts, von der Gebetsnische aus gesehen, sitzen die Männer und links die Frauen. Ich versuche, mich herauszuhalten, und geselle mich zu den Kindern, die auf Bänken und Schaffellen vor der Rückwand der Moschee spielen. Doch Sabriyah Palm eilt auf mich zu. »Mach mit, Cornelia! Das ist eine unglaublich gute Erfahrung.« Ich zögere, weil ich das Gefühl habe, dass ich eingefangen werden soll. Aber jetzt tritt eine

Deutsche mit einem nach hinten gebundenen Kopftuch hinzu, die gerade erst eingetroffen ist, und stellt sich als Ulrike aus einem Nachbardorf vor. Sie versichert mir, dass hier nicht missioniert wird. Ganz im Gegenteil. Sie nehme seit zwei Jahren alle vier Wochen am Zikr teil, und nie habe sie jemand gefragt, ob sie zum Islam übertreten wolle. Das Kopftuch trage sie nur beim Zikr.

»Was bringt dir das Zikr?«

»Danach fühlt man sich unsäglich leicht.«

Ich gebe nach. Ulrike nimmt mich an die Hand und führt mich zum Kreis. Kurz davor werden wir von Hanimefendi aufgehalten, die mir fünf Kopftücher entgegenstreckt. Ich darf mir eins aussuchen; beim Zikr sei es üblich, seinen Kopf zu bedecken. Auch die Männer bedeckten ihn, aber ich müsse nicht, wenn ich nicht wolle. Ich schaue mich um. Tatsächlich, alle Männer tragen Kappen. Doch soll ich deswegen ein Kopftuch umbinden, dieses verabscheute Symbol für Frauenunterdrückung? Nein, nein, nein!, schreit eine jüngere Cornelia in mir, die für ihren Jähzorn berüchtigt war.

Plötzlich erinnere ich mich an Frau Moll, eine bayerische Bäuerin, bei der ich als Kind meine Ferien verbrachte und die ich selten ohne Kopftuch sah. Ich erinnere mich auch daran, dass Frau Moll, als ich längst erwachsen war, darauf bestand, mich wie zu Kinderzeiten mit einem katholischen Segen zu begrüßen: Ich musste im Türrahmen stehen bleiben, während Frau Moll den Zeige- und Mittelfinger ihrer rechten Hand in eine Weihwasserschale an der Wand neben der Tür tauchte, die Finger benetzte und dann ein Kreuzzeichen auf meine Stirn malte. In meiner Kirchenkampf-Phase hasste ich das, doch ich habe es mir gefallen lassen, weil ich Frau Moll liebte – und weil ich ihr Gast war.

Also gut, denke ich, hier bin ich auch Gast. Ich suche mir das transparenteste Kopftuch aus und lege es mir über den Kopf. Es zubinden? Nein, nein, nein!

Das Zikr in der Trebbuser Mevlevihane läuft geordneter ab als das Große Dhikr in der Osmanischen Herberge. Unter Anleitung von Hanimefendi, die den Rhythmus vorgibt, vollführen wir alle die gleichen Bewegungen: Beugung nach vorne, Beugung nach rechts, Beugung nach links. Als Efendi die Handtrommel zu schlagen beginnt, wird der Rhythmus schneller. In der Osmanischen Herberge konnte ich mich dem Sog entziehen, weil ich außerhalb stand, nicht Teil der Gemeinschaft war. Aber hier befinde ich mich in einem Kreis, in dem die Energie von einem zum anderen überspringt. Und auf einmal skandiere ich mit: » A-llah, A-llah, A-llah, Allah, Allah, Allah, Álla, Álla, Álla, Allá, Allá, Allá. «

Beugung nach vorne, Beugung nach rechts, Beugung nach links. Schneller und schneller. Mein Kopftuch fliegt weg.

» La ilaha illalah. La ilaha illalah. « Beugung nach vorne, Beugung nach rechts, Beugung nach links.

» La ilaha illalah. La ilaha illalah. Álla, Álla, Álla, Allá, Allá, Allá. «

Meine trüben Gedanken sind verschwunden, alle Gedanken, mein Kopf ist leer, nichts belastet mich, ich schwebe, ich bin aus der Zeit getreten. Und dann wagt es doch tatsächlich jemand neben mir zu sagen – Ulrike –, dass es Mitternacht ist und das Zikr beendet. Nein, nein, nein! Sollen die andern doch ins Bett gehen, ich nicht.

... Beugung nach vorne, Beugung nach rechts, Beugung nach links. » La ilaha illalah. La ilaha illalah. La ilaha illalah. La ilaha illalah. «

Mein Handy, das ich auf Reisen als Wecker benutze, surrt und rappelt. Sonntagmorgen, 5 Uhr 30. Wo bin ich? Anscheinend nicht mehr in der Moschee. Aber da war ich doch gerade noch. Ein Traum? Mir dämmert, dass wir nach dem Zikr noch im Versammlungsraum gesessen und Tee getrunken haben. Jetzt fällt mir ein, dass ich gestern Nacht angekündigt habe, am Morgengebet um 6 Uhr morgens teilzunehmen. Doch ich bin so müde, so herrlich müde, so entspannt müde, so sorgenfrei müde, dass ich mich nicht dagegen wehre, als der Schlaf mich wieder einhüllt.

Ich schaffe es gerade noch, um 9 Uhr beim Frühstück in der riesigen Küche im Haupthaus zu erscheinen. Da ich mit einem hoch gelehrten Scheich am Frühstückstisch sitze, ergreife ich die Gelegenheit beim Schopf und bitte ihn um eine Bewertung der Hadithe, die zum Teil extrem frauenfeindlich sind. Nicht nur das von der Rippe. Ich habe inzwischen noch mehr gefunden. Ein Beispiel: »Der Gesandte Gottes ging einmal zum Gebet und traf einige Frauen. Er sagte: ›O ihr Frauen! Gebt Almosen, denn ich habe erkannt, dass ihr die Mehrzahl der Höllenbewohner seid […] ihr sprecht häufig Verwünschungen aus, und ihr seid undankbar gegen eure Ehemänner. Ich kenne niemanden, der von seiner Intelligenz her und seiner Religionsausübung noch unzulänglicher wäre als ihr.‹«

Es gibt 60000 Hadithe, erklärt mir Efendi. Ein einziger Imam soll um 1000 n. Chr. 20000 von ihnen erfunden haben. In den Jahrhunderten danach fälschten auch Rechtsgelehrte ihrem jeweiligen Herrscher zuliebe Hadithe als Legitimation für sein Handeln. »Wie viele insgesamt gefälscht wurden, wissen wir nicht. Aber wir wissen, dass Mohammed in der Zeit seines Wirkens unmöglich so viele Aussprüche getan haben kann. Der Ursprung wurde verfälscht.« Das hatte ich mir doch gleich gedacht!

Nach und nach reisen alle Zikr-Gäste ab. Ich bleibe noch, weil Hanimefendi jetzt Zeit für ein Interview hat. »Haben Sie wegen Efendi den Islam angenommen?«, frage ich sie.

»Ohne unseren Mann wären wir gar nicht auf die Idee gekommen«, erwidert sie in der arabischen Pluralform. »Der Islam stellt sich ja nach außen hin nicht sehr attraktiv dar.

Man hat eher abwehrende Gedanken und Gefühle, wenn man nichts über ihn weiß. Besonders als Frau. Unsere Eltern waren evangelisch, als Kind waren wir gläubig, obwohl wir damals schon Schwierigkeiten mit dem Kreuzestod Jesu hatten. Je älter wir wurden, desto größer wurde die Distanz zum Christentum. Wir sind Jahrgang 51, zu jung für die 68er-Generation. Wir waren alternativ, typisch für die 1970er-Jahre. Wir wollten Gerechtigkeit. Idealistisch, nicht ideologisch. Über die Ideologie sahen wir naiv hinweg, als wir uns kurz hintereinander diversen marxistischen Gruppen anschlossen. Keine hat uns gefallen. Also entschieden wir uns, Sozialarbeiterin zu werden, weil uns das als ein Beruf erschien, in dem sich Gerechtigkeit wenigstens ansatzweise verwirklichen lässt. Später haben wir auch noch eine familientherapeutische Ausbildung gemacht. Nebenbei haben wir uns mit Meditationstechniken und Zen-Buddhismus beschäftigt. Als wir unseren Mann kennenlernten, waren wir 32 Jahre alt und hatten uns Gott wieder angenähert.«

»Sie haben 1983 geheiratet, aber sich erst 1985 zum Islam bekannt. Was hat Sie zwei Jahre zögern lassen?«

»Als wir unseren Mann kennenlernten, fanden wir das ganz toll, was er machte, aber wir haben ihn nur unter der Bedingung geheiratet, dass wir nie Muslima werden müssen. Wir sind ein trotziger Mensch und wussten damals noch nicht, dass der Islam nur eine Fortsetzung der älteren abrahamitischen Buchreligionen Judentum und Christentum ist. Nach und nach begriffen wir: ›Aha, das ist dieselbe Quelle, nur sozusagen die neueste Auflage.‹ Und dann erkannten wir, dass der Islam dem menschlichen Maß angemessener ist als das Christentum mit Jesus als Vorbild. Schon als kleines Mädchen fragten wir uns: ›Mein Gott, wie kann ein Mensch es schaffen, so gut wie Jesus zu werden?‹ Das kann kein Mensch schaffen, das ist nicht menschenmöglich, weil Jesus der Gottessohn sein soll. Als kleines Mädchen fragten wir uns auch: ›Was habe ich mir zuschulden kommen lassen, dass mich Jesus von der Erbsünde erlösen muss?‹ Je länger wir nach unserer Heirat über solche Fragen nachdachten, umso einleuchtender erschien uns der Islam. Nach und nach wurde uns bewusst: ›Das ist ja eine Religion, die Selbstverantwortung verlangt.‹ Der Mensch muss für das, was er tut, nur vor Gott Rechenschaft ablegen, einem rein monotheistischen Gott. Und vor keiner Kirche, die zwischen Gott und den Gläubigen als Vermittlungsinstanz steht.«

»Wie ging es weiter, nachdem Sie 1985 den Islam angenommen hatten?«

»Wir wurden Schülerin von Scheich Sefer Dal. Er war zu der Zeit gerade Großscheich der Dscherrahi-Tariqa in der Türkei. Nach seinem Tod folgten wir dem Weg der Mevlevi-Tariqa unter Anleitung unseres Mannes. Wir lebten damals in der Türkei. Nach unserer Rückkehr nach Deutschland im Jahre 1989 studierten wir Religionswissenschaft und Arabistik. Vor vier Jahren träumte Efendi, dass wir Scheicha werden müssen. Andere träumten es auch. Das hat uns entsetzt: ›Hilfe, was kommt jetzt auf uns zu!?‹ Aber dann dachten wir: ›Wenn so viele meinen, wir sollten es tun, dann tun wir es eben.‹«

»Hat diese Entscheidung Ihr Leben sehr verändert?«

»Im Alltag sind wir ein ganz normaler Mensch. Allerdings ist es eine neue Erfahrung, dass wir, wenn wir spontan handeln, weil wir etwas nicht wissen, automatisch das Richtige tun. Das Zikr erleben wir, seitdem wir Scheicha sind, völlig anders. Dabei spüren wir die geistige Präsenz der anderen Lehrer, der lebenden und der verstorbenen.«

»Als weiblicher Scheich sind Sie eine Ausnahmeerscheinung. Ich habe gelesen, dass der erste bedeutende Sufi-Mystiker eine Frau war: Rabia al-Adawiyya, die im Jahr 801 nach christlicher Zeitrechnung gestorben ist. Danach spielten Frauen keine herausragende Rolle mehr.«

»Doch, doch, doch! Zur Zeit von Maulana Rumi, im 13. Jahrhundert, haben wir gelesen, waren die Frauen gleichberechtigt mitbeteiligt. Erst im Laufe der folgenden Jahrhunderte wurden sie mehr und mehr degradiert. Zeitweilig war ihnen sogar der Zutritt zu den Sufi-Zentren und -Konventen verwehrt.«

»Und wie ist es heute? Sind Sie die einzige Mevlevi-Scheicha?«

»Nein, vermutlich nicht. In den USA gibt es bestimmt mehrere.«

»Und hier in Europa?«

»Das wissen wir nicht. Aber wir wissen, dass es in der Türkei keine Scheicha gibt. Doch da tut sich auch etwas. Dort gibt es eine gemischte Sema'zen-Gruppe.«

»Sema'zen?«

»Das sind diejenigen, die das Ritual des Drehens, den Sema', ausführen. Wir haben hier Sema'-Übungsgruppen. Da wird auch die Drehtechnik des Rituals erlernt. Aber im Vordergrund steht die Klärung und Reinigung des Herzens.«

Berlin Hauptbahnhof, Sonntag, 27. Januar 2008, 16.30 Uhr. Heute ist hier die Hölle los. Alle Wochenend-Kurzurlauber wollen gleichzeitig mit Sack und Pack, Kind und Kegel nach Hause fahren. Auf dem Fahrplan der ICE-Abfahrtszeiten in Richtung Bielefeld wird gewarnt: »Starke Nachfrage, bitte reservieren!« Ich habe nicht reserviert, weil ich nicht wissen konnte, welchen Zug ich erreichen würde. Ich schaffe es trotzdem, im nächsten ICE einen freien Sitz zu finden. Da die Gepäckablage überquillt, müssen mein Gepäck und das meines Nachbarn nun vor und neben uns verstaut werden. Ich habe keine Möglichkeit, meinen Laptop auszupacken. Selbst für ein Buch ist kaum Platz. Doch seltsam, das Tohuwabohu regt mich nicht auf. Das Zikr wirkt noch nach. Ich schaue aus dem Fenster – und fühle mich unsäglich leicht.

Zwischenstopp: Besuch bei einer Schwester im Geiste

Die Mevlevi-Tracht trägt sie nur an besonderen Tagen. Darum bin ich gespannt, was Dorothee Sabriyah Palm heute, an einem ganz normalen Montag, angezogen hat. Bei einem Podiumsgespräch der Evangelischen Kirche im Rheinland trat die bekennende Feministin und gläubige Muslima als kunterbunter Paradiesvogel auf: ein langer, weiter Rock, türkis, weiß, lila und violett gestreift; ein gelber Schal vom ökumenischen Kirchentag über einem lila T-Shirt und ein nach hinten gebundenes blaues Kopftuch. Als sie mir die Tür öffnet, sehe ich, was sie alltags bevorzugt: Kopftuch, Sweatshirt und Hose in gedeckten Farben.

Sabriyah ist Islam- und Religionswissenschaftlerin. Bis vor kurzem verdiente sie ihren Lebensunterhalt als freie Dozentin, Referentin, Beraterin und Autorin. Auf der Homepage der Bundeszentrale für politische Bildung *(www.bpb.de)* wird sie als Expertin empfohlen und steht dort unter anderem für die Themen: Frauen und Islam, Migration und Geschlecht, interkulturelle Erziehung, interkulturelles Zusammenleben, interreligiöser Dialog. An dieser Stelle findet sich auch eine Liste von Sabriyahs Veröffentlichungen, zum Beispiel »Frauengeschichten – Musliminnen in Deutschland erzählen« (2000) und »Dialog der Herzen. Christlich-islamische Paare« (2003). Trotz Qualifikation und Renommee reichte das Geld nie, wie bei vielen Freiberuflern in den Geisteswissenschaften. Letztes Jahr nahm Sabriyah das Angebot an, Islamlehrerin an einer staatlichen Berliner Schule zu wer-

den. Daher bin ich nicht zu ihrem Hauptwohnsitz im Rheinland gefahren, wo sie mit ihrem Mann Abdullah – auch er ein
deutscher Muslim – lebt, sondern nach Berlin.

Sabriyahs kleine Hinterhauswohnung (ein Zimmer, Küche,
Bad) in Wilmersdorf erinnert mich an meine spartanisch eingerichteten Studentinnen-Buden. Wenige gebrauchte Möbel,
mit frischer Farbe aufgepeppt; das Bett hinter einem Schrank
versteckt; an der einen Wand der Schreibtisch und schräg
gegenüber die Sitzecke.

»Eigentlich habe ich immer wie ein Derwisch gelebt«,
erklärt Sabriyah, als sie Tee serviert. »Materieller Besitz hat
mir nie etwas bedeutet.«

»Das kenne ich. Kleines Gepäck, hatte ich mir als Studentin vorgenommen.«

»Nur das, was in einen VW-Bus passt!«

»Du sagst es! Möbel sind Ballast, dachte ich, weil ich
damals ständig umgezogen bin.«

»Ach, ich doch auch! Von einer WG in die andere. Erst gemischtgeschlechtliche und dann nur noch Frauen-WGs.«

»Selbstverständlich!«

Die 1959 in Hamburg geborene Dorothee Sabriyah Palm
ist fünf Jahre jünger als ich, und doch vereinen uns ähnliche
Lebenserfahrungen. Allerdings war ich im Vergleich zu meiner Schwester im Geiste, die mit 17 von zu Hause fortlief,
eher ein braves Mädchen. Ich hätte es nie gewagt, kurz vor
dem Abitur einfach abzuhauen, obwohl mir meine Eltern
gewaltig auf die Nerven gingen. Auch Sabriyah, die damals
noch Dorothee hieß, brach nicht alle Brücken ab. Zwar zog
sie mit 17 in ihre erste WG, aber sie ging weiter zur Schule,
was ihre Eltern besänftigte. Sabriyah war eine gute Schülerin,
sie lernte gern und viel. In ihrer Freizeit jedoch trieb sie sich
in der autonomen Hamburger Szene herum. »Ich war eine
von denen, die die Hafenstraße besetzt haben«, erzählt sie
lachend. »Ich war eine Autonome!«

»Hast du auch die Uniform der Autonomen, schwarze Klamotten, getragen?«

»Nein. Ich bevorzugte orientalische Pumphosen.«

»Warum?«

Das sei eine Art Familientradition. Ihre Großmutter mütterlicherseits war eine Italienerin, die – »wie viele Italiener vor Atatürk« – in Izmir in der Türkei lebte. Dort heiratete sie den Großvater, einen Deutschen. Die beiden betrieben einen »schwunghaften Teppichhandel«. Ihre Großmutter hat Sabriyah nie kennengelernt, aber ihre Großtante Hilde, Großvaters Schwester, die sich nach ihrer Rückkehr aus Izmir in Hamburg niederließ. »Sie hatte ein komplett orientalisch-osmanisch eingerichtetes Zimmer, und es gab immer türkische Leckereien bei ihr. Durch Tante Hilde habe ich ein Faible für den Orient entwickelt.«

»Du kommst anscheinend aus einer großbürgerlichen Familie.«

»Für meine Verhältnisse viel zu bürgerlich.«

Ihre Eltern waren beide Akademiker: die Mutter Philologin mit Doktortitel und der Vater Jurist. Die Mutter arbeitete als Studienrätin und ernährte trotz ihrer vier Kinder – Dorothee und drei ältere Brüder – die sechsköpfige Familie, solange der Vater seine eigene Anwaltskanzlei aufbaute. »Dass eine Frau die Familienernährerin sein kann, hat mich sehr geprägt. Und auch, dass ich als Mädchen höchst willkommen war. Meine Mutter hatte drei Söhne und wollte unbedingt eine Tochter. Gott erfüllte ihr den Wunsch. Deshalb heiße ich Dorothee, ›das Gottesgeschenk‹. Trotzdem erlebte ich eine Kindheit voller Schrecken. Ich hatte Depressionen. Das ist niemandes Schuld. Ich denke, der Hauptgrund ist, dass ich ein Frühchen war und lange allein im Krankenhaus bleiben musste.«

»Keine Gewalt?«

»Nein, keine körperliche!« Aber eine »sehr strenge und

sehr dogmatische« Pfarrgemeinde. Der protestantische Pfarrer habe immer von einem strafenden Gott, einem gnadenlosen Gott, einem allmächtigen Gott gesprochen. Die kleine Dorothee hingegen sehnte sich nach einem »liebevollen, barmherzigen Gott, der oder die oder das mich von allen Seiten umfängt, wie es in einem Psalm heißt«. Dass es diese barmherzige Gottheit, dieses liebevolle göttliche Wesen gibt, habe sie als Kind deutlich gespürt. »Wenn ich total down war, malte ich geradezu manisch ein einziges Motiv: Die Israeliten ziehen durchs Rote Meer. An dieser Geschichte hielt ich mich hoch: Gott teilt das Meer, und sein auserwähltes Volk flieht aus der Sklaverei in die Freiheit. Ich war überzeugt, dass Gott mir das genauso ermöglicht wie den Israeliten. Wenn einer das Meer teilen kann, dachte ich, dann wird er doch wohl mit einem Fingerschnippen ein Kind befreien können.« Sie bat Gott darum, immer wieder, aber nichts geschah. Manchmal haderte sie mit ihm. »Wenn's dich gibt, dann mach endlich was!« Gleichzeitig wusste sie intuitiv, dass Gott existiert, sich aber nicht »auf solche Spielchen« einlässt. Darum beschloss sie, sich selbst zu befreien. Mit 14 Jahren verweigerte sie die Konfirmation, und mit 17 verließ sie ihr Elternhaus. Sabriyah erinnert sich: »Wie Moses durchs Rote Meer bin ich durch die Großstadt Hamburg gewandert und in meine erste WG gezogen.« Als sie 18 war, trat sie dann aus der Kirche aus.

»Wann wurdest du Muslima?«

»Ach, das war ein langer, langer Weg.«

In der alternativen Szene lernte sie Indienläden, Yogazentren und Meditationstechniken kennen. Mit Yoga und Meditationen, aber auch mit dem oft wiederholten Lesen der Bergpredigt bekämpfte sie ihre Depressionen. Sie hörte viel Musik, am liebsten Bach, musizierte selbst und glaubt, dass das damals ihre Art zu beten gewesen sei. Nach dem Abitur stand sie vor der Frage: »Was soll ich jetzt studieren?« Da sie inzwischen »einige muslimische Freundinnen und Freunde aus Nordafrika« hatte, schwankte sie zwischen Afrikanistik und Islamwissenschaft und belegte schließlich beide Fächer. Von Afrikanistik, wo »überwiegend Linguistik« gelehrt wurde, wechselte sie zur vergleichenden Religionswissenschaft. Bei der Islamwissenschaft blieb sie. »Da ging es vor allem um die Kulturgeschichte des Vorderen Orients. Sehr spannend und hochinteressant.«

»Und dadurch bist du zum Islam gekommen«, mutmaße ich.

»Erstmal bin ich wieder in die evangelische Kirche eingetreten.«

»Wie bitte? Ich fasse es nicht!«

»Das kennst du doch auch, diesen typischen Weg autonomer Linker. Sie werden Grüne und versöhnen sich allmählich mit ihren bürgerlichen Anteilen.«

»Du warst bei den Grünen?«

»Du etwa nicht?«

»Ich habe eine Zeitlang mit ihnen geliebäugelt. Doch als nach und nach die grünen Feministinnen enttäuscht die Partei verließen oder von ihren Führungspositionen verdrängt wurden, bin ich lieber autonome Feministin geblieben.«

»So habe ich mich auch immer gesehen. In meinen Feminismus habe ich mir von niemandem reinreden lassen, von Anfang an.«

»Ab wann?«

»Ich war schon mit 17 Feministin!« Und der entscheidende Grund, der sie im Alter von 30 Jahren wieder in den Schoß der evangelischen Kirche zurückführte, sei die feministische Theologie gewesen, die es inzwischen gab. Pfarrerinnen waren nicht mehr die Ausnahme, sondern Normalität. Frauen mussten nicht mehr in der Gemeinde schweigen, sie hatten Mitspracherechte. Außerdem dachte Sabriyah alias Dorothee: »Dieses freie Meditieren ist auf Dauer nichts

für mich. Ich muss mich mit meiner Spiritualität verorten.«
Doch die evangelische Kirche hatte nicht allzu viel Spirituel-
les zu bieten. Schon gar nicht die protestantischen Gottesdienste, die in Norddeutschland ohnehin »etwas karg« und
»ziemlich dröge« sind. »Ich hatte Riesenhunger nach dem
Göttlichen, im Sinne von: den Honig essen und nicht nur
darüber sprechen. Ich hatte das Gefühl, ich bin spirituell am
Verhungern und krieg' im Gottesdienst nur Wassersuppe.
Aber ich wollte einen Braten mit Kartoffeln und Nachtisch.
Und wo gab's diesen Braten, einen Lammbraten mit köst-
licher Rosinensoße? Und wo gab's diesen Nachtisch, das
himmlische Baklawa? Bei den Sufis!«

»Womit wir bei deinem Übertritt zum Islam angekommen
wären.«

»Nein! Ich habe vorgegriffen. Erst muss ich noch etwas
anderes erzählen.«

Während ihres Studiums las Sabriyah ein Buch über Anda-
lusien. Darin stieß sie auf ein ins Deutsche übersetztes Gedicht von Ibn Zaydun (1003–1070). »Dieses Gedicht fand
ich so phantastisch, so anrührend, dass ich dachte: Ich muss
jetzt Arabisch lernen, damit ich es eines Tages im Original
lesen kann! Arabisch ist eine ungeheuer weiche Sprache mit
vielen Synonymen, perfekt für Dichtung, aber schwer zu er-
lernen.« Trotzdem begann Sabriyah, diese für Deutsche so
schwierige Sprache zu lieben. »Sie ergriff mich regelrecht.
Und später bemerkte ich, dass mich der Koran auch in meinem tiefsten Innern berührt.« Zwar habe sie das Arabische
noch nicht genug beherrscht, um ihn zu lesen, aber oft erfahren: »Sogar Menschen, die nie Arabisch gelernt haben, er-
greift der Klang des Korans. Die Melodie dieser Reimprosa.
Dieses ganz außergewöhnliche, auch literarisch einmalige
Werk teilt sich über den Klang mit.« Wenn ihr Mann den
Koran rezitierte oder sie CDs mit gesungenen Koran-Suren
hörte, musste sie »ganz oft« weinen. »Wenn dich das so er-

greift«, dachte sie, »dann ist das für dich die richtige Form, in der sich die göttliche Einheit mitteilt.«

»Göttliche Einheit, was meinst du damit?«

Allah sei etwas Abstraktes, Unvorstellbares, das man nicht in Worte fassen könne, erklärt Sabriyah. »Gleichzeitig aber, wie es im Koran heißt, ist Allah uns ›näher als die Halsschlagader‹.« Daher sei ein Weg, sich davon ergreifen zu lassen, das Lesen der Gottesnamen. Zum Beispiel »ar-rahman, der Barmherzige«. Der Wortstamm von »rahman« sei »rahmah«, und das heiße Gebärmutter. Der Islam kenne kein Gottesbild, nur Gotteserfahrungen. Und eine der elementarsten sei das Rahmah-Gefühl, ein Gefühl des Geborgenseins im Mutterleib. »Darum verwende ich das Femininum ›die göttliche Einheit‹ für Allah.«

»Das gefällt mir.«

»Und warum siehst du dann so skeptisch aus?«

»Du hast vorhin deinen Mann erwähnt, der den Koran rezitierte, als du dich noch nicht zum Islam bekannt hattest. Ihr habt also eine islamisch-christliche Ehe geführt wie die Paare in deinem Buch ›Dialog der Herzen‹.«

»Ja, einige Jahre sogar. Sehr gute Jahre.«

»Jahre, in denen er dich bestimmt beeinflusst hat.«

»Nein, ganz und gar nicht! Wir haben uns bewusst für eine interreligiöse Ehe entschieden. Dass auch ich irgendwann den Islam angenommen habe, war meine individuelle Entscheidung beziehungsweise eine schicksalsmäßige Entwicklung. Ich weiß noch, dass ich zu meinem Mann Abdullah sagte: ›Es gibt viele Religionen, durch die sich die göttliche Einheit mitteilt, aber der Islam scheint für mich die richtige zu sein.‹ Und er entgegnete: ›Das ist wie ein Licht und viele Lampen.‹«

»Das gefällt mir.«

»Warum jetzt?«

»Der Vergleich! Aber ich will endlich wissen, wann und

wo du dein muslimisches Glaubensbekenntnis, die Schaha-da, abgelegt hast.«

Im Jahr 2003 habe sie in einer »spirituellen Krise« ge-steckt, von der Art, die Johannes vom Kreuz als »die dunkle Nacht der Seele« bezeichnete. Da Sabriyah schon einige Male mit Freunden in Trebbus gewesen war, wusste sie »halb unbewusst«: »Die haben da gute Medizin. Das ist ein Ort, wo man liebevoll aufgenommen wird. Egal, in welchem Zu-stand man dort ankommt. Ich bin da klein mit Hut unterm Teppich reingekrochen, mit letzter Kraft, und nach einer Woche habe ich die Tekke aufrecht und frohen Mutes ver-lassen. Nicht, weil die irgendwelche Wunder vollbringen, sondern weil ich bei Efendi und Hanimefendi gelernt habe, wie man Selbstheilungskräfte aktiviert. Diese Selbstheilungs-kräfte sind – in Anführungsstrichen – ›das Göttliche‹ in uns. «

»Langer Rede kurzer Sinn: Du bist in der Mevlevihane in Trebbus zum Islam übergetreten. «

»Ja. «

»Also in einer frauenfreundlichen Atmosphäre. «

»Der Islam ist grundsätzlich eine gute Religion für Frauen. Ich wäre ja bekloppt, wenn ich als Feministin einer frauen-feindlichen Religion beigetreten wäre! Zu Mohammeds Leb-zeiten im 7. Jahrhundert bekamen die Frauen auf der arabi-schen Halbinsel Rechte, von denen sie vorher nicht einmal zu träumen gewagt hätten. Das Recht auf Selbstbestimmung, auf freie Wahl des Ehemanns – Zwangsheirat lässt sich isla-misch nicht begründen –, das Recht auf körperliche Unver-sehrtheit, auf eigenes Vermögen, auf Geschäftsfähigkeit, auf Berufstätigkeit außer Haus. «

»Davon ist aber im heutigen real existierenden Islam nicht viel übrig geblieben. «

»Es ist ganz, ganz wichtig zu unterscheiden: Was ist Reli-gion und was ist Kultur? Wenn ich ein mexikanisches Chris-tentum habe und ein schwedisches, ein afrikanisches und ein indonesisches oder ein indisches und ein deutsches, dann sind die vollkommen unterschiedlich. Und wenn ich nun eine mexikanische Bäuerin zusammen mit einer schwedischen Software-Designerin in einen Topf werfe, auf dem Christentum steht, dann habe ich noch ein Problem: völlig verschiedene Bildungsgrade, Wirtschaftsweisen, Lebenshorizonte, Milieus. Die Kultur ist das Entscheidende!«

Das versucht Sabriyah immer an drei prägnanten Beispielen zu verdeutlichen: an Sumatra, der Sahara und dem Senegal. Die Minangkabau auf Sumatra und die Tuareg in der Sahara sind, erklärt sie, matrizentrische Kulturen. Die Gesellschaftsordnung ist also um die Frau herum organisiert, matrilinear und matrilokal. Matrilinear heißt: Das Erbe läuft von der Mutter auf die Tochter, und die Mütter suchen die Männer für ihre Töchter aus. Matrilokal bedeutet: Der Mann zieht nach der Heirat ins Haus oder Zelt seiner Frau. »Wohlgemerkt, die Minangkabau und die Tuareg sind Muslime!« Im Senegal gebe es Gegenden, in denen die Frauen barbusig herumlaufen, auch muslimische Frauen. »Weil das einfach die regionale Kultur ist. Der Busen der Frau ist dort überhaupt nicht als Sexualobjekt für den Mann besetzt. Die Brüste einer Frau sind einfach die ›Trinkflasche‹ fürs Baby.«

»Diese drei Beispiele sind vermutlich die absoluten Ausnahmen, oder nicht?«

»Es gibt nur wenige matrizentrische Kulturen. Diejenigen, in die der Islam kam, blieben matrizentrisch. Und die patriarchal geprägten Kulturen, in die er kam, blieben – ich sag' jetzt mal provozierend: trotz Islam – patriarchal. Die Kultur ist das Entscheidende und auch das Trennende. Als ich mein Buch über christlich-islamische Paare geschrieben habe, war ich noch Christin. Damals ist mir klar geworden, dass ich mit einem arabischen Christen als Ehemann garantiert viel größere Probleme gehabt hätte als mit meinem norddeutschen

Muslim, der auch noch regional aus der gleichen Ecke kommt wie ich.«

»Du sagtest eben, dass der Islam frauenfreundlich ist. Ist das nicht eher der Koran? Die Hadithe sind es vielfach nicht. Sie beginnen ja meist mit ›Allahs Gesandter wurde einmal gefragt‹ oder ›Allahs Gesandter hat gesagt‹. Das erinnert mich an die katholische Kirche, die auch viel sagt, was nicht in der Bibel steht. Die Lehre von der Erbsünde beispielsweise entspricht keineswegs dem O-Ton der hebräischen Bibel. Dort kommt zwar durch den Sündenfall des ersten Menschenpaares die Sünde in die Welt, aber sie wird nicht bei der Zeugung durch geschlechtliche Begierde als Erbsünde von Generation zu Generation übertragen. Diese sexualfeindliche Lehre hat der Christenheit – und allen voran den christlichen Evastöchtern – im vierten Jahrhundert der Kirchenvater Augustinus eingebrockt, der überzeugt war, dass eine Jungfrau im Himmelreich mehr willkommen ist als eine Mutter. Im Koran wird die Vertreibung aus dem Paradies nicht von Eva verursacht, die – vom Teufel in Gestalt einer Schlange verführt – Adam dazu verlockt, Früchte des verbotenen Baumes zu essen. Im Koran heißt es lediglich: ›Aber Satan ließ sie straucheln und vertrieb sie von wo sie weilten.‹ Beide ließ er straucheln! Wer zuerst von dem Baum aß, erfährt man nicht. Dennoch klingen manche Hadithe so, als ob die muslimischen Evastöchter auch mit der Erbsünde infiziert wären.«

Sabriyah entgegnet leidenschaftlich: »Die ganze Leibfeindlichkeit hat im Islam nichts zu suchen. Keine Leibfeindlichkeit, keine sündige Eva, keine Erbsünde, keine unreine Frau. Das alles gibt es im Islam nicht!!!!!!! Sieben Ausrufezeichen! Sollte das trotzdem im islamischen Gewand daherkommen, dann ist es das bedauerliche Phänomen der patriarchalen Verhältnisse, die den Islam in vielen Ländern überformt haben. Es gibt tatsächlich heutzutage Muslime, die der Meinung sind, das mit Eva und der Rippe stünde im Koran, und die Frau wäre überhaupt schuld, und Sexualität wäre unrein, igitt. Nein, Quark! Ganz großer Quark!«

»Ich habe schon Efendi zu den Hadithen befragt. Er sagte, dass ein beträchtlicher Teil gefälscht ist. Aber wird nicht auch der Koran verfälschend übersetzt?«

»Frauenfeindliche Äußerungen können nicht von Mohammed stammen! Man weiß aus allen Überlieferungen, dass der Prophet immer liebevoll zu Frauen war. Und wenn er das mal nicht sein konnte, weil eine Frau ihn wütend gemacht hat, dann ist er einfach weggegangen in sein stilles Kämmerlein. Er hat niemals eine Frau geschlagen. Nie, nimmer, nicht! Auch diese Stelle im Koran ›schlagt sie‹ und so weiter ...«

»Das ist die Sure 4 ...«

»... du kennst dich ja richtig aus.«

»Na ja, das kann man so nicht sagen. Ich kenne lediglich die Sure 4 recht gut, weil sie ›Die Frauen‹ heißt. Und in Vers 34 steht in der von Murad Wilfried Hofmann überarbeiteten Reclam-Übersetzung von Max Henning sinngemäß: ›Wenn eure Frauen widerspenstig sind, warnt sie, meidet sie in den Schlafgemächern und schlagt sie.‹ In der arabisch-deutschen Koran-Ausgabe von Maulana Sadr-ud-Din, dem ersten Imam der Berliner Moschee, steht: ›Wenn gar nichts hilft, dann züchtigt sie.‹«

»Das ist so nicht übersetzbar, wird aber dennoch so übersetzt. Absichtlich falsch? In frauenfeindlicher Absicht? Könnte frau vermuten. Aber ich sage mal versöhnlich: aus patriarchalem Gewohnheitsdenken. Nach dem Motto: ›Weil, so schließt er messerscharf, nicht sein kann, was nicht sein darf.‹ Und Frauen ›dürfen‹ nach diesem Denken einfach nicht von Gott dem Mann gleichgestellt sein. Von der Wortwurzel ›daraba‹ gibt es 20 Ableitungen. Im Kontext dieser Sure kann es nicht mit ›schlagen‹ oder ›züchtigen‹ übersetzt werden, sondern muss mit ›trennen‹ übersetzt werden. Also: ›Trennt euch, wenn es gar nicht mehr geht.‹«

Wenn man den Koran interpretiere, fährt Sabriyah fort, seien immer drei Ebenen zu beachten:

Erstens die wörtliche Ebene. Dazu gehöre etwa das Gebot: »›Verrichtet fünfmal am Tag das Gebet!‹ Das ist klar, da gibt's nicht viel dran zu deuten.«

Zweitens die Ebene der historischen Umstände: Wann spricht Gott durch Mohammed zu wem? Wenn er zu den Wüstenarabern auf der arabischen Halbinsel im 7. Jahrhundert spreche, müsse man sich die Lebensumstände vergegenwärtigen. Das gelte auch für den Koran-Vers, in dem Allah zu den Männern sagt: »Eure Frauen sind wie ein Saatfeld oder ein Acker.« Das klinge – von heute aus betrachtet – ziemlich sexistisch. »Aber die Wüstenaraber im 7. Jahrhundert wussten sofort, damit ist eine Oase gemeint, das Schönste und Kostbarste, was es im Leben gibt. Ein Garten in der Wüste, das sind die Frauen für euch!«

Die dritte Ebene sei der »übertragbare Kern«: »Wenn da steht, man soll die Sklaven freilassen, bedeutet das für heutige Zeiten: ›Unternehmer, beutet die euch anvertrauten Arbeitskräfte nicht aus!‹«

»Mir fällt da sofort eine andere Variante ein: ›Freier, beutet keine Zwangsprostituierten aus!‹«

»Du hast recht, Cornelia! Frauenfeindlichkeit passt eigentlich zu keiner Religion, die an einen liebevollen Gott, an ein einfühlsames göttliches Wesen, an eine barmherzige göttliche Einheit glaubt. Wenn wir davon ausgehen, dass er, es oder sie alle Geschöpfe geschaffen hat, jedes einzelne liebt und keines von ihnen misshandelt sehen will, dann kann eine Religion gar nicht frauenfeindlich sein. Das große Problem ist, dass die meisten muslimischen Frauen keinen Zugang zu den Texten haben und nur die Männer die Interpretations- und Definitionsmacht.«

»Ich habe gerade ›Nehmt den Männern den Koran!‹ von Nahed Selim gelesen, einer aus Ägypten stammenden Holländerin und gläubigen Muslima, die aus einer feministischen Perspektive über den Islam schreibt. Ich kenne auch islamkritische bzw. männerkritische Bücher von Fatima Mernissi, der bekannten Soziologin aus Marokko, die auch eine muslimische Feministin ist. Aber das sind Ausnahmen. Es gibt offenbar wenige gebildete Musliminnen, die den Männern die Interpretations- und Definitionsmacht streitig machen könnten.«

»Gott sei Dank ändert sich das langsam. Aber den meisten Frauen in islamischen Ländern geht es vordringlich darum, zu überleben. Sie betreiben Subsistenzwirtschaft und sind schon froh, wenn sie es schaffen, ein Kind von vielen Kindern zur Schule zu schicken. Sie selbst können nicht lesen und schreiben. Von solchen Frauen kann man keine kritische Koran-Analyse erwarten. Bildung ist der Schlüssel.«

Sabriyah schaut auf ihre Uhr. Eigentlich hatte sie nur eine Stunde Zeit, doch nun sind schon anderthalb Stunden vergangen.

»Eine Frage noch, die leidige Frage nach dem Kopftuch!«, bitte ich. »Der deutsche Konvertit Mohammed Herzog hat mir glaubwürdig versichert, dass das Wort Kopftuch oder Kopfschleier im Koran überhaupt nicht vorkommt.«

»Islam heißt ›Gottergebenheit‹. Es war wirklich eine neue Lebensweise auf der arabischen Halbinsel. Wie schon gesagt, die Frauen wurden rechtlich erheblich besser gestellt, und für die ersten Muslime und Muslimas war der Hauptzweck des Lebens nicht mehr sozusagen ›Sex and Drugs and Rock'n' Roll‹, wenn sie begannen, an ein ewiges Leben zu glauben.«

Mit »Sex and Drugs and Rock'n' Roll« spielt Sabriyah auch auf die vielen Prostituierten vor allem in Mekka an. In Medina seien es weniger gewesen, erklärt sie, bevor sie auf eine auch von Mohammed Herzog erwähnte Koran-Sure zu sprechen kommt, die ausdrücklich an die Frauen des Prophe-ten gerichtet ist. »An Frauen, die Vorbilder waren, Lehrerin-nen, die hinausgingen aus dem geschützten Bereich der ersten Moschee in Medina, um die Kinder der Muslime zu unter-richten, damals noch eine Minderheit. Die Frauen des Pro-pheten wurden ständig von nicht-muslimischen Männern angegrapscht, beleidigt und bedroht. Also heißt es sinnge-mäß in dieser Sure: Zieht euch etwas von den großen Um-schlagtüchern, die damals Frauen wie Männer trugen, über euren Kopf, über euren Hals und über euer Dekolleté, damit ihr nicht belästigt werdet!«

Eine andere Sure mit einer allgemeinen Kleidervorschrift für beide Geschlechter, die sich wegen der neuen Gotterge-benheit nicht mehr aufreizend kleiden oder benehmen soll-ten, beginne mit dem Satz: »Oh, ihr gläubigen Männer, senkt eure Blicke zu Boden und verhaltet euch sittsam!« Und dann erst werde an die gläubigen Frauen appelliert, dies ebenfalls zu tun. »Die Sexualität wird nicht verteufelt, aber man soll ihr einen gebührenden Platz einräumen – mehr nicht. Beide Geschlechter!«

»Und was ist der auf heute übertragbare Kern der Kleider-vorschriften von damals?«

»Das muss man wieder kulturell unterscheiden. Ich bin ja Norddeutsche, und kein norddeutscher Mann würde über mein schütteres graubraunes Haar in Ekstase geraten. Das ist allerdings im Orient ganz anders. Erstens haben orientali-sche Frauen wundervolle Haare. Zweitens ist Frauenhaar im Orient wie auch in Südeuropa das Sexualsymbol überhaupt. Egal, warum und weshalb – es ist Tatsache, dass in den patri-archalen Kulturen des Mittelmeerraums offenes Haar so ge-deutet wird, dass die Frau bereit ist. Das ist einfach Fakt.«

»Ich bin mit der katholischen Ordensfrau Schwester Lea Ackermann befreundet, Gründerin und Leiterin der Opfer-schutzorganisation ›Solwodi‹ (Solidarity with Women in

Distress – Solidarität mit Frauen in Not). Lea wird häufig zu Talkshows eingeladen und dort meist gefragt, warum sie keinen Schleier trägt. Dann nennt sie immer die drei folgenden Gründe:

Erstens ist das Nonnenhabit die Tracht mittelalterlicher Witwen; weder sei sie Witwe, noch lebe sie im Mittelalter.

Zweitens will sie sich durch ihre Kleidung nicht als Unberührbare oder gar Heilige von anderen Frauen abheben.

Drittens sollen die Männer, die in der katholischen Kirche ohnehin alles zu sagen haben, ihr nicht auch noch vorschreiben dürfen, was sie anzuziehen hat.«

»Es hat aber einen Vorteil, wenn ich mich durch züchtige Kleidung entpersonalisiere. Dann stehe ich als Sexualobjekt überhaupt nicht mehr zur Verfügung. Das finde ich ganz fein. Da schlägt mein feministisches Herz richtig hoch«, sagt Sabriyah lachend. »Manche Frauen verhüllen sich halt gern.«

»So individualistisch argumentiert auch die sogenannte Sexindustrie, die gebetsmühlenartig behauptet, manche Frauen enthüllen und prostituieren sich gern. Beide Varianten, enthüllt und verhüllt, sind patriarchale Projektionen. Das müsste man doch bekämpfen und für die freie Frau kämpfen. Eine weder entsexualisierte noch pornografisierte Frau, sondern eine Frau, die einfach nur als Mensch gesehen wird beziehungsweise – religiös argumentiert – als ein Geschöpf, das von der göttlichen Einheit geliebt wird.«

»Ist dir eigentlich klar, Cornelia, dass viele Muslimas mit sehr strengem Kopftuch, unterm Kinn gebunden und so weiter, ähnlich denken wie du? Oft beklagen sie sich bei mir: ›Nur weil die Männer sich nicht beherrschen können, müssen wir uns verhüllen. Das ist unerhört!‹ Und da stimme ich ihnen völlig zu. Andererseits bin ich einfach pragmatisch, indem ich mich frage: Wie fühle ich mich am wohlsten? Ich lebe nun mal im Patriarchat…«

»…und du trägst ja auch keine Sack-und-Asche-Kleidung. Ganz im Gegenteil, habe ich auf einem Veranstaltungsfoto im Internet gesehen.«

»Aber am wohlsten fühle ich mich in unserer Ordenskleidung. Übrigens, die ist Unisex, also für beide Geschlechter gleich.«

»Das gefällt mir. Ein gleichberechtigter Schluss!«

Eine weitere Stunde ist vergangen, Zeit zu gehen. Nein, einen Moment muss ich noch bleiben, weil Sabriyah mich unbedingt auf einen anderen Aspekt der Kopfbedeckung hinweisen will.

»Was passiert, wenn ich mich Allah betend, meditierend oder flehentlich zuwende oder durch Tanz und Ritual, Gesang und Ekstase? Unser Körper reflektiert bestimmte energetische Zustände, und es gibt Punkte am Körper, die sozusagen Einfallstore darstellen. Die Inder nennen sie Chakren. Und ein sehr wichtiges dieser Energiezentren befindet sich oben auf dem Schädeldach, da, wo die Fontanelle beim Neugeborenen sitzt. Ein sehr empfindlicher Punkt, und wenn man den nicht bedeckt, geht's einem meistens nicht so gut. Ich merke auch, gerade in einer Großstadt wie Berlin, dass ich, wenn ich rausgehe und nichts auf dem Kopf habe, mich schutzloser und ausgelieferter fühle. Der Mensch fühlt sich mit Kopfbedeckung grundsätzlich ›behüteter‹ – Männer wie Frauen. Auch muslimische Männer sollen ja ihren Kopf bedecken. Um das Behütetsein geht es auch, wenn man an einem Zikr teilnimmt. Das Bedecken hilft beim Konzentrieren. Es hilft, äußere Einflüsse abzuschirmen. Es hilft bei der Zuwendung zu der inneren, spirituellen Dimension. Deshalb wird die Bedeckung dieses Teils des Kopfes außerordentlich empfohlen – sowohl Männern als auch Frauen.«

»Jetzt verstehe ich, warum mir Hanimefendi empfohlen hat, beim Zikr ein Kopftuch zu tragen. Das geschah gewissermaßen aus energetischen Gründen.«

»Genau!« Sabriyah erhebt sich. »Jetzt kriegst du noch ein gleichberechtigtes Schlusswort, das dir noch mehr gefallen wird als unsere Unisex-Ordenskleidung. Muzaffer Ozak Efendi, er ruhe in Frieden, antwortete auf die Frage, was der Unterschied zwischen Männern und Frauen ist: ›Ein Mann ist die Seele verkleidet als Mann, und eine Frau ist die Seele verkleidet als Frau.‹«

Meine Gastgeberin bringt mich nach unten. Auf dem Hinterhof umarmen wir uns zum Abschied.

»Sei unbesorgt, Cornelia!«, sagt Sabriyah. »Ich bin seit 31 Jahren Feministin, und ich bleibe es so lange, bis es diese schrecklichen UNO-Zahlen nicht mehr gibt.«

Ich weiß sofort, was sie meint. »Frauen besitzen lediglich ein Prozent des globalen Vermögens.«

»80 Prozent aller Flüchtlinge weltweit sind Frauen.«

»70 Prozent der Armen sind weiblich.«

»70 Prozent der unbezahlten Arbeit wird von Frauen verrichtet.«

»Zwei Drittel aller Analphabeten sind weiblich.«

Ja, so sind wir, wir Schwestern im Geiste! Erst tratschen wir, dann streiten wir, und letztendlich singen wir wieder unisono unser trauriges Feministinnen-Lied …

Mainz – Weiberfastnacht
einmal anders

»Sehr geehrte Frau Filter, ich kann diese Mail nur in meinem Namen schreiben, weiß aber noch von einer zweiten Konvertitin, die sich, so wie ich auch, gerne mit Ihnen treffen würde.« Diese Nachricht von Gaby, die an der Johannes-Gutenberg-Universität in Mainz Politik- und Islamwissenschaft studiert, erreichte mich am 23. Januar 2008.

Ich war Gaby eine Woche zuvor auf einer Veranstaltung der Muslimischen Hochschulgemeinde zum Thema »Der Mann im Islam – Pascha oder Partner?« fast begegnet. Sie moderierte, und ich wollte sie im Anschluss ansprechen. Doch sie musste früher weg, um den letzten Zug zu ihrem Heimatort zu erreichen. Ferishta, eine gebürtige Muslima, sprang als Moderatorin ein. Sie war sehr hilfsbereit und bot mir nach der Veranstaltung an, den Kontakt zu Gaby und anderen konvertierten Studentinnen herzustellen. Wir vereinbarten, dass ich ihr eine E-Mail mit der Beschreibung meines Buchprojekts und einen Kurzlebenslauf schicke, die sie dann weiterleitet. Oh je, dachte ich auf der Rückfahrt nach Bielefeld, wenn Ferishtas Glaubensschwestern lesen, dass ich *Emma*-Autorin bin, wird das nie was. Weit gefehlt! Am 28. Januar meldete sich auch noch Mira per Mail:

»Sehr geehrte Frau Filter, ich studiere auch an der Uni Mainz, mache zurzeit jedoch Baby-Pause. Ich bin Konvertitin und bereit, mit Ihnen zu sprechen – jedoch eher skeptisch, da ich als *Emma*-Leserin Ihren Artikel über KonvertitInnen in der Oktober-Ausgabe 2006 kenne und diesen alles andere als objektiv fand. Stimmungsmache möchte ich mit meinen Gesprächsbeiträgen nicht unterstützen. Kann ich jedoch davon ausgehen, dass Vorurteile nicht meine/unsere Beiträge verfärben, spreche ich gern mit Ihnen. Interessant wird es mit Sicherheit...«

Eine *Emma*-Leserin! Wer hätte das gedacht? Ich empfand Respekt: Sie hatte sich maßlos über mich geärgert und war trotzdem gesprächsbereit. Ich war aber auch beunruhigt: Durch den Artikel »Die KonvertitInnen sind im Kommen« in der September/Oktober-Ausgabe (5/2006) von *Emma* hatte ich mir schon mehrere Absagen eingehandelt.

Doch zunächst einmal möchten Gaby, Mira und Raschida – die dritte im Bunde – nur ein Vorgespräch mit mir führen. Erst danach wollen sie sich definitiv entscheiden.

Wir verabreden uns für Dienstag, 29. Januar, um 16 Uhr vor dem Raum P 5 im Philosophicum. Es dauert lange, bis ich mich zu dem breiten Flur im Erdgeschoss des dritten Gebäudes durchgefragt habe. Nahezu alle Tische und Stühle hier sind von Studierenden belegt, die miteinander diskutieren oder vor ihren Laptops hocken. Ich okkupiere den letzten freien Tisch an einem der großen Seitenfenster.

Nach und nach trudeln sie ein. Zuerst Gaby (33), eine sensible Intellektuelle in einem dunklen Hosenkleid und mit einem auf arabische Art gebundenen Schal als Kopftuch. Dann Raschida (25), ein fröhlicher Irrwisch mit einem modisch schwarz-weiß gestreiften Kopfschleier, der auf ihre Schultern hinabfällt. Zuletzt Mira (28), eine große, sportliche Frau in einem Anorak über langen Hosen und mit einem in die Stirn gezogenen Kopftuch, dessen Enden sie um ihren Hals gewickelt und im Nacken verknotet hat. Mira schiebt einen Kinderwagen. Darin liegt ihre kleine Tochter, sechs Monate alt. Die junge Mutter wird von den Studierenden an den anderen Tischen freudig begrüßt. Weil sie Baby-Pause macht, war sie schon lange nicht mehr hier.

Nachdem Mira sich gesetzt hat, fangen wir, wie ich befürchtet hatte, sofort an zu streiten. Sie hat meinen *Emma*-Artikel erneut gelesen und einen Internet-Ausdruck mitgebracht. »Ich gebe ja zu, dass der Text streckenweise polemisch ist«, versuche ich zu beschwichtigen. »Aber darin geht es doch vorwiegend um Konvertierte in Spitzenfunktionen muslimischer Verbände sowie um sogenannte Radikale und kaum um ganz normale Menschen, die zum Islam übergetreten sind. Menschen wie Sie.«

Die in dem Artikel »Sonja B.« genannte Konvertitin sei so ein normaler Mensch, und ich hätte sie trotzdem diffamiert, wirft Mira mir vor. Ich rechtfertige mich damit, dass Sonja B. als alleinerziehende Mutter eines Säuglings damals eine Person von öffentlichem Interesse war und in den Medien Furore machte. Denn sie stand im Verdacht, ein Selbstmordattentat zu planen. Außerdem hatten Recherchen des *Spiegel* ergeben, dass die vermutlich geistig Verwirrte nach der Trennung von ihrem muslimischen Ehemann ständig umzog. Nachbarn soll sie von ihrer Angst erzählt haben, jemand könne ihr das Kind wegnehmen.

Mira liest aus meinem Artikel vor: »Schützt diese verängstigte, vereinsamte Frau sich etwa mit der schwarzen Ganzkörperverhüllung, unter der sie nicht erkannt wird, vor der Verfolgung durch ihren Mann und seine Glaubensbrüder? Hofft Sonja B., dass ihr wenigstens Allah noch als Freund geblieben ist? Sehnt sie sich nach dem Paradies, weil das Leben auf Erden die Hölle für sie ist? Wir wissen es nicht. Aber wir wissen, dass in Kreisen von Islamisten die Heirat mit einer Deutschen als sicherer Weg zum Aufenthaltsstatus gilt.«

Da werde unterstellt, sagt Mira, dass alle ausländischen Muslime mit deutschen Ehefrauen Islamisten sind, die nicht aus Liebe geheiratet haben, sondern aus kaltem Kalkül.

Es stellt sich heraus, dass diese Passage Mira verletzt hat, weil sie mit einem muslimischen Sudanesen verheiratet ist.

Raschida sieht das alles nicht so streng. Erstens findet sie, dass meine Fragen zu Sonja B. berechtigt sind. Und zweitens ist sie der Meinung, dass man in einer Demokratie Kritik aushalten muss. »Die Muslime sind mir in Bezug auf sich selbst nicht kritisch genug.« Gaby ist skeptisch. Sie macht bei meinem Buch nur unter der Bedingung mit, dass es zum Abbau von Vorurteilen beiträgt: »Bitte, seien Sie so kritisch, wie Sie wollen, aber geben Sie uns eine Stimme, die unsere eigene ist! Auch wenn das in diesen Zeiten bedeutet, gegen den Strom der allgemeinen Medienhetze zu schwimmen.«

So reden wir noch eine Weile hin und her. Irgendwie finden wir aber dann doch zusammen. Wohl weil wir uns immerhin so sympathisch sind, dass wir beschließen, einander zu duzen. Da die Zeit heute nicht mehr reichen wird, verabreden wir uns für übermorgen, an Weiberfastnacht, zur gleichen Zeit am gleichen Ort. Da Raschida dann nicht kann, soll sie heute den Anfang machen und erzählen, wie und warum sie Muslimin geworden ist. Mira kommt als zweite dran, weil beide aus der ehemaligen DDR stammen: Raschida aus Erfurt und Mira aus Halle. Die eine war sieben und die andere neun Jahre alt, als die Mauer fiel. Beide haben atheistische Eltern, hatten aber außerhalb der Familie Kontakt zu Christen. Also viele Gemeinsamkeiten. Doch zum Islam führten sie unterschiedliche Wege.

Raschida hatte als Kind Epilepsie, musste vier Jahre lang Medikamente nehmen und wurde schließlich geheilt, eine Seltenheit bei dieser Erkrankung. Das erfüllte sie mit großer Dankbarkeit. »Ich dachte, jemand hält seine Hand über mich.« Auch wegen anderer Glücksfälle war Raschida dankbar. »Ich habe alle Gliedmaßen; ich habe keinen Elternteil durch Scheidung oder Tod verloren; bis heute ist niemand gestorben, der mir am Herzen liegt.« Aber bei wem sollte sie sich bedanken? Der Weihnachtsmann, von dem ihr weisgemacht worden war, »dass er auf einen aufpasst, wenn man lieb ist«, schien ihr nicht der richtige Adressat zu sein. Dann schon eher der christliche Gott. Ihn lernte sie kennen, als sie in eine evangelische Schule kam.

»Obwohl meine Mutter überzeugte Atheistin ist, hat sie mich dorthin geschickt. Diese Schule war einfach besser als staatliche Schulen.«

Doch am Christentum störte Raschida die Dreifaltigkeit. »Der Islam besaß größere Anziehungskraft für mich. Wegen des rein monotheistischen Gottes, bei dem ich meine Dankbarkeit loswerden konnte.«

»Wo und wie bist du denn mit dem Islam in Kontakt gekommen?«, frage ich.

Raschida lacht. »Als Kind, durch einen DDR-Film aus den 1950er-Jahren: Die Geschichte vom kleinen Muck.« Dieses Märchen von Wilhelm Hauff spielt in einem nicht näher benannten orientalischen Land. »Ach, der schöne Orient!«, schwärmt Raschida. »In dem Film haben immer alle ›beim Barte des Propheten‹ gesagt und sich niedergeworfen. Das gefiel mir.«

Später wurde der Islam in der Schule behandelt, allerdings nur kurz. Doch Raschida sah Fernsehfilme über den Islam. Das war zu Beginn ihrer Pubertät, »so mit elf, zwölf«. »Komischerweise habe ich die negative Berichterstattung über Islamismus und Terrorismus nie wahrgenommen.« Stattdessen schwelgte sie in poetisch klingenden arabischen Ausdrücken: »Allah, Mohammed, Koran, Hadsch, Kaaba.«

»Kanntest du denn Muslime, mit denen du über deine Faszination hättest reden können?«, will ich wissen.

»Nein! In unserer Stadt lebten keine Muslime, wenigstens nicht sichtbar. Nur eine einzige Frau, die Kopftuch trug, fiel als Muslima auf. Negativ. Sogar mir. Wenn ich sie sah, dachte ich: Warum muss die sich 'ne Extrawurst braten? Kann die sich nicht anpassen? Die fühlt sich wohl als was Tolles!«

So denke ihre Großmutter in Halle auch, mischt sich Mira ein. »Du ziehst das Kopftuch ja nicht mal im Garten aus. Nach dem Motto: Guckt alle her!«, schimpft die Oma, wenn die Enkelin sie besucht. »Ich verstehe das nicht, dass sie so argumentiert. Wie soll ich das als was Tolles empfinden, wenn mich die Leute anstarren, gereizt reagieren oder peinlich berührt weggucken?«

Raschida gesteht, dass ihr anfangs dieses negative Interesse am Kopftuch durchaus gefiel. »Ich war damals noch so eitel, dass ich immer eine Bühne brauchte… Aber ich sollte doch wohl nacheinander erzählen und da fortfahren, wo ich unterbrochen wurde, oder?«

Mira und ich nicken schuldbewusst.

Ihre Eltern, berichtet Raschida, sind sehr tolerant. Als ihre Tochter 16 Jahre alt war, merkten sie, dass ihr Interesse für den Islam keine vorübergehende pubertäre Phase war. Der Vater brachte Raschida Broschüren über islamische Länder mit, und ihre Mutter schenkte ihr Bücher über den Islam, auch den Koran. »Meine Eltern unterstützen mich, weil sie mich lieben.«

Ihre Mutter las auch die Magisterarbeit, an der Raschida gerade schreibt, über Volksglauben und Heiligenkult in der Türkei sowie über Muttergöttinnen und Matriarchat. Dadurch beschäftigt sich Raschida zum ersten Mal in ihrem Leben mit Feminismus. Das freut mich. Gleichzeitig wundere ich mich darüber, dass sie Sunnitin und nicht Sufi ist. Das würde doch viel eher zu dem Thema ihrer Magisterarbeit passen. Das Sufitum ist in der Türkei als Volksglaube weit verbreitet. Dort gibt es auch viele Aleviten. Doch die meisten türkischen Muslime sind Sunniten, weltweit 80 Prozent. Das sind die Sufis auch, die nur durch ihre Mystik und Heiligenverehrung vom sunnitischen Islam abweichen.

»Viele fragen mich«, erzählt Raschida, »warum ich mir ausgerechnet eine strenge Religion mit vielen Regeln ausgesucht habe. Gerade deswegen!« Die Wende empfand sie als chaotisch und gefährlich. »Plötzlich wurde die DDR – mein behütetes Nest – mit Drogen, Spielautomaten, Prostitution und sexistischen Plakaten überflutet.«

»Aber das gab's doch alles vorher schon, bloß nicht so offen«, wendet Mira ein.

»Davon hatte ich keine Ahnung. Ich fühlte mich von den westlichen Neuerungen bedroht.« Sie sei streng erzogen worden, nicht von ihren Eltern, aber von einer bewunderten Lehrerin in der Grundschule. »Sie hat mich von 1989 bis 1993 unterrichtet. Ordnung und Disziplin waren für sie höchste Werte.« So sei es auch im Islam. »Mir geben Regeln Halt«, erklärt Raschida. Und sie bringen ihr Freude. »Ich habe jetzt fünfmal am Tag einen Termin mit Gott!«

Jetzt besteht Mira auf Disziplin. »Du hast deine Entwicklung vom Kindesalter bis heute geschildert. Ich würd' gern wissen, wann du das Glaubensbekenntnis gesprochen hast.«

»Mit 19«, antwortet Raschida und berichtet, dass sie sich vorgenommen hatte, mit dem Übertritt so lange zu warten, »bis ich das mit dem Beten kann und bereit bin, mich mit dem Kopftuch zu zeigen«. Sie wollte sich vorher auch noch mit den wichtigsten Schriften der fünf Weltreligionen auseinandersetzen, um die Gewissheit zu haben, dass der Islam die richtige Religion für sie ist. Und den Koran wollte sie so intensiv studieren, bis sie sich sicher war, mit allen Suren einverstanden zu sein und dazu stehen zu können. Aber dann – »dann hat's mich auf einmal überwältigt. Im Fernsehen lief eine Sendung über Kinder, die Koran-Suren zu rezitieren lernten. Ein Junge hat das so schön gemacht, so unglaublich schön! In diesem Augenblick habe ich nicht mehr rational das Für und Wider abgewogen. Ich dachte nur noch: Etwas so Erhabenes, Berührendes, Zeitloses kann nur von Gott kommen. Also habe ich mich niedergeworfen und dreimal das Glaubensbekenntnis gesprochen.«

»Alle Konvertierten«, meldet sich Gaby zu Wort, »haben einen eigenen Ansatzpunkt, der sie besonders berührt oder fasziniert. Bei mir war es der wissenschaftliche Aspekt im Koran.«

»Der wissenschaftliche Aspekt?«, frage ich verwundert nach.

»Ja! Es ist sogar wissenschaftlich erwiesen, dass der Koran unter allen heiligen Schriften die einzige ist, die keine historischen oder naturwissenschaftlichen Fehler enthält.«

»Nicht nur auf die Entstehungszeit und die Zeit davor bezogen«, ergänzt Mira. »Auch was Jahrhunderte später oder erst vor einigen Jahren entdeckt worden ist, findet sich im Koran.«

»Das Ordnungsprinzip von Makro- und Mikrokosmos«, erklärt Gaby, »die Bahnen, auf denen sich die Planeten um die Sonne und der Mond um die Erde bewegen; der Vorgang der Befruchtung einer Eizelle; die Entwicklungsstadien eines Embryos und so weiter und so fort.« Es werde ja oft unterstellt, dass der Koran nicht offenbart worden sei, sondern frei erfunden oder irgendwo abgeschrieben. Für sie sei der Wissenschaftsaspekt im Koran der eindeutige Beweis für das Gegenteil. »Wie soll sich jemand wissenschaftliche Erkenntnisse ausdenken können, die im 7. Jahrhundert noch gar nicht gemacht worden waren? Für mich war klar: Das muss etwas Göttliches sein!«

»Und was war dein Ansatzpunkt?«, frage ich jetzt Mira.

»Nicht der Koran – die Hadithe. Aber sollte ich nicht von Anfang an erzählen?«

»Nur zu! Du bist ja als zweite dran.«

Mira, die wie Raschida in einem atheistischen Elternhaus aufwuchs, glaubte als Kind nichts. Allerdings besuchte sie ab der fünften Klasse die Christenlehre in einer evangelischen Kirche in Halle. Ihre Eltern hatten nichts dagegen, sie schenkten ihrer Tochter sogar eine Kinderbibel. Mira kann nicht so recht erklären, was sie am Christentum anzog. Es war weniger eine Glaubenssehnsucht als eher die Sehnsucht nach Gerechtigkeit und Frieden auf Erden. »Ich habe alle gefragt, die an Gott glaubten: ›Warum passiert so viel Schlimmes? Wie kann jemand das zulassen, der die Möglichkeit hat, es zu verhindern?‹« Da ihr niemand eine schlüssige Antwort darauf gab, verdrängte sie ihr Gottesproblem und konzentrierte sich auf ihre Ausbildung.

Mit 16, nach der zehnten Klasse, verließ Mira Elternhaus und Heimatstadt, weil sie ihr Abitur im Westen, am Bielefelder Oberstufenkolleg machen wollte. Anschließend ließ sie sich zur Buchhändlerin ausbilden und entschloss sich nach der Abschlussprüfung, Islamwissenschaft in Mainz zu studieren. Ihren Mann lernte sie bei der Wohnungssuche kennen. Antworten auf die quälenden Fragen nach der Gerechtigkeit Gottes bekam sie von ihm. Alle Naturkatastrophen, alle Kriege, alle Gewalt auf dieser Erde seien Prüfungen, in denen sich der Mensch bewähren müsse, sagte er. »Ich glaube inzwischen, dass man seine eigenen Proben hat und auch Teil der Proben von anderen ist. So erkläre ich mir auch, dass Gott zulässt, was unschuldigen Kindern angetan wird: Missbrauch, Folter, Mord. Sie sind Teil der Probe eines anderen Menschen und werden im Paradies dafür entschädigt, dass sie so leiden mussten. Dieser Gedanke, auf den mich mein Mann gebracht hat, tröstet mich sehr.«

»Dein Mann hat dich dazu überredet, den Islam anzunehmen«, behaupte ich provokativ.

»Unsinn, ich lasse mich doch nicht unter Druck setzen! Ich hatte keine Ahnung vom Islam. Aber mir war wichtig zu wissen, was mein Mann glaubt.« Darum versuchte sie, den Koran zu lesen. Das fiel ihr schwer, sie fand keinen Zugang dazu. Zumal ihr Mann Mira erklärte, dass der Koran nur in einem reinen Zustand gelesen werden dürfe. »Im Sommer nicht in kurzen Hosen, nicht ungewaschen, nicht während der Periode. Obwohl ich noch nicht Muslima war, dachte ich: Diesen Respekt solltest du dem Koran erweisen.« Und so kam es, dass sie immer, wenn sie sich der Lektüre widmen wollte, gerade kurze Hosen trug oder nicht geduscht hatte. Auch mit den Hadithen hatte sie Schwierigkeiten, vor allem mit den arabischen Namen. »A kommt zu B und erzählt, er habe gehört, dass C gesagt hat. Und außerdem muss man ja auch noch, immer wenn der Prophet erwähnt wird, ›salalahu alahi wa sallam‹ sagen, ›Friede sei auf ihm!‹ auf Arabisch.« Darum habe es zwei Jahre gedauert, bis langsam der Glaube in ihr gewachsen sei. »Durch mühsames Lesen und durch den vorgelebten Glauben meines Mannes.« Sie hörte ihm gebannt zu, wenn er die Überlieferungen – also die Hadithe – mündlich nacherzählte. »Das hat mich regelrecht ergriffen.«

»Was genau?«, frage ich.

»Dass der Islam so lebensnah ist. Dass es wirklich zu jedem alltäglichen Problem eine Hilfestellung des Propheten gibt, ›salalahu alahi wa sallam‹. Dadurch ist mein Glaube entstanden.«

»Hast du das Glaubensbekenntnis gesprochen, nachdem du das erkanntest?«

»Nein! Ich dachte genau wie Raschida, dass ich erst den Koran verstanden haben muss, dass ich erst die Texte für die Gebete auswendig können muss, dass ich erst das Kopftuch akzeptieren muss – für mich, weil ich es aus Überzeugung tragen wollte und nicht als lästige Pflicht. Und dann, vor drei Jahren, dachte ich: Was du dir da auferlegst, ist alles Quatsch. Du glaubst doch an Allah, dann bekenn dich auch zu ihm!«

»Du hast dich anscheinend auch nach Regeln gesehnt. Hältst du dich denn an alle, die im Koran und in den Hadithen stehen?«

Sie sei erst seit drei Jahren Muslima und habe noch nicht das Wissen, das sie gerne hätte, um alle Regeln zu kennen oder auszulegen. Zum Beispiel die Geschlechtertrennung. Mira zögert: »Was ich jetzt sage, klingt ziemlich radikal, doch ich sage es trotzdem: Ich gebe Männern nicht die Hand.«

»Also, Mira, man kann's auch übertreiben!«, rege ich mich auf.

Gaby versucht zu vermitteln und schildert, wie sie es damit hält. »Ich gebe deutschen Männern die Hand, weil es im Westen in der Regel als eine Geste der Höflichkeit verstanden wird. Aber wenn ich weiß, der ist Moslem, tue ich es nicht, weil der anders darüber denkt.«

Mira ergänzt: »Wenn ich einem Deutschen, den ich öfter sehe – dem Chef meiner Bank oder meinem Frauenarzt –, unbedacht die Hand gegeben habe, sage ich mir auch: Mein Gott, davon sterbe ich nicht! Aber beim nächsten Mal versuche ich zu erklären, warum es mir eigentlich verboten ist.« An mich gewandt, fährt Mira fort: Gaby sei schon seit acht Jahren Muslima, ihr hingegen fehle die Erfahrung, um sich wie Gaby zuzugestehen, manche Regeln freier auszulegen. Auch dieses Beispiel: »Ich liebe Musik, aber Hadithe sagen, dass Musik verboten ist. Sie zerstört die Sensibilität für den Koran, hat mir ein Glaubensbruder erklärt. Was heißt das ganz konkret für mich: Darf ich jetzt gar keine Musik mehr hören oder einfach nur weniger? Darüber bin ich mir noch nicht so recht im Klaren. Doch bei Allah zählt die Absicht eines Menschen. Und er weiß, hoffe ich, dass ich mir Mühe gebe, seinen Ge- und Verboten zu folgen.«

Ich will Gaby nach ihrer Geschichte fragen – da schaut sie auf ihre Armbanduhr. Sie muss ihren letzten Zug erreichen und vorher noch dringend in die Uni-Bibliothek. Auch Raschida hat es eilig, der Abgabetermin für ihre Magisterarbeit naht. Und auf Mira wartet ihr Mann. Daher vertagen wir uns auf übermorgen – leider ohne Raschida.

Ich mache mich auf den Weg in die Mainzer Altstadt. Mein Ziel ist das Gutenberg-Museum gegenüber dem Dom. Um diese Zeit ist es längst geschlossen, aber ich will ja auch nur einen Blick darauf werfen. Nicht auf den Neubau, sondern auf das Renaissance-Gebäude »Zum Römischen Kaiser« daneben. Unter dessen Dach ist das Stadtschreiberdomizil untergebracht, ein Apartment, in dem seit 1984 jeweils für ein Jahr die Mainzer Stadtschreiber wohnen: renommierte deutschsprachige Schriftsteller(innen) aus dem In- und Ausland. 2007 erhielt der aus Bulgarien stammende Immigrant Ilija Trojanow das Amt. Eigentlich müsste er noch in Mainz sein, weil das Stadtschreiber-Jahr erst Anfang Februar endet. Hinter den Dachgiebelfenstern brennt kein Licht. Aber mir reicht es sowieso, hier unten zu stehen und mir vorzustellen, dass das Stadtschreiberdomizil da oben den »derzeit bekanntesten Konvertiten Deutschlands« beherbergt. Ständig werde ich stolz darauf hingewiesen: »Der Trojanow ist einer von uns!« Das wurde er durch sein 2004 erschienenes Büchlein »Zu den heiligen Quellen des Islam« mit dem Untertitel »Als Pilger nach Mekka und Medina«. Es ist der autobiografische Bericht seiner Pilgerreise (Hadsch), die er antrat, nachdem er den Islam angenommen hatte.

Zur Hadsch, die einmal im Leben für jeden Gläubigen verpflichtend vorgeschrieben ist, sind nur Muslime, Männer wie Frauen, zugelassen. Das kontrolliert das saudi-arabische Königshaus durch Visa. Heutzutage sind es alljährlich zwei Millionen Pilger – Tendenz steigend. Früher, als es weniger waren, ging es nicht so bürokratisch zu. Da gelang es nicht-muslimischen Hadsch-Autoren leichter, sich als Pilger einzuschleichen – auch dem britischen Offizier, Forscher und Abenteurer Sir Richard Francis Burton (1821–1890), über den Trojanow seinen Bestseller »Der Weltensammler« schrieb und 2006 veröffentlichte, also zwei Jahre nach der Insider-Reportage über die Hadsch.

Ich glaube nicht, dass Trojanows Pilgerreise nach Mekka und Medina nur der Recherche für den Burton-Roman diente. Ich bin mir sicher, dass seine Konversion aus Überzeugung geschah. Im Gegensatz zu vielen von Geburt an muslimischen Hadschis beteiligte sich Trojanow zur Vorbereitung sogar monatelang an reinigenden Gebeten und Ritualen. Aber das muss ja nicht heißen, dass er heute noch praktizierender Muslim ist. In einer SWR-Pressemitteilung vom 14. Mai 2007 über den Mainzer Stadtschreiber heißt es, dass er fünf Sprachen spricht und sich gleich in zwei Religionen zu Hause fühlt: »dem Christentum und dem Islam«. Das erscheint mir merkwürdig. Einerseits, weil keine der beiden Religionen diese Form von Interreligiosität billigt, und andererseits, weil er dann nirgendwo wirklich zu Hause ist. Im Klappentext meiner Taschenbuch-Ausgabe von »Zu den heiligen Quellen des Islam« (2006) steht jedenfalls: »Ilija Trojananow sieht sich als Reisender zwischen den Welten, als Suchender zwischen den Kulturen und Religionen.«

Als sich Richard Francis Burton 1853 zur Hadsch aufmachte, fuhr er zuerst mit dem Schiff, dann ritt er auf Kamelen. Ilija Trojanow, der 2003 nach Mekka und Medina pilgerte, reiste mit dem Flugzeug. Er hatte sich einer Pilgergruppe aus Bombay angeschlossen, wo er damals lebte. In Mekka angekommen, hüllten sich die Reisegefährten in weiße Tücher. Diese nivellieren alle Unterschiede und sollen den Pilgern bewusst machen, dass sie die Umma sind, eine Gemeinschaft von Gleichen, ob dunkel- oder hellhäutig, reich oder arm, Mann oder Frau. Denn wahrhaftig: An der Hadsch dürfen beide Geschlechter gemeinsam teilnehmen – seit jeher!

Ilija Trojanow berührte es zutiefst, als er ein Gleicher unter Gleichen, siebenmal die Kaaba umrundete, den schwarzen Kubus auf dem Innenhof der Großen Moschee in der heiligen Stadt Mekka. Er spürte, dass der sich spiralförmig um das

Herz des Islam bewegende Menschenstrom der Zeit Dauer verleiht – einen Hauch von Ewigkeit. Allerdings irritierte ihn, dass einige Pilger die Hadsch nur als lästige Pflicht absolvierten, ohne sich in das Umma-Gefühl zu versenken. Sie telefonierten mit ihren Handys und ließen sich auf Sänften um die Kaaba tragen, was nur Alten und Kranken erlaubt ist – diese Pilger aber waren jung und gar nicht kränklich.

Die Gemeinschaftsgebete am Berg Arafat in der gleichnamigen Ebene versöhnten Trojanow wieder, denn dort »stand keiner der zwei Millionen außerhalb des Gebets«.

Das blanke Entsetzen packte ihn aber in Mina, wo am zehnten Tag des Monats Zuul Hijjah (Monat der Hadsch) eine Steinsäule stellvertretend für den Teufel mit kleinen Kieselsteinen beworfen werden muss. Ilija Trojanow: »Um viertel nach zehn in der Früh – Zeitungsberichte bestätigten die Gerüchte – wurden auf einer der Brücken, die zur Teufelsäule führen, 22 Pilger zu Tode getrampelt. Um viertel vor zehn stand ich nahe der Säule und dachte: So fühlt es sich an, wenn man zerdrückt wird.« (S. 104) Noch schlimmer war es am elften Tag in Muzdalifah, »wo man drei Säulen zu attackieren und das Gedränge somit dreimal zu erdulden hat«. (S. 118) In Muzdalifah wurden zudem nicht nur Säulen mit Kieselsteinen beworfen, sondern auch Menschen. Aus Versehen – und auch aus Rücksichtslosigkeit.

Am Ende seiner Reportage berichtet Ilija Trojanow über die Begegnung mit zwei britischen Konvertiten in der Abflughalle: »Sie hatten die Hadsch ähnlich erlebt wie ich: überwältigend an der Kaaba, intensiv am Berg Arafat und ernüchternd im Alltag. Sie empfanden das Verhalten vieler Moslems als Zumutung, die Handys, das Drängeln, die Unhöflichkeit. ›Lack of civility‹, meinte der eine.« (S. 152) Mangel an Zivilisiertheit – ein hartes Urteil. Denn unter diesem Mangel leiden ja nicht nur Muslime. Drängeln, Handys und Unhöflichkeit sind eigentlich für die zeitgenössische westliche Welt typisch und infolge der Globalisierung anscheinend auch an den Heiligen Stätten des Islam angekommen.

Im Interkulturellen Haus in Berlin-Schöneberg durfte ich am Abend des 10. Dezember 2007 nach dem Interview mit Mohammed Herzog an seinem interreligiösen Gesprächskreis teilnehmen. Aus aktuellem Anlass zeigte der Amir eine ZDF-Dokumentation über die Hadsch, die immer in den ersten zwei Wochen des zwölften Monats Zuul Hijjah stattfindet, nach islamischer Zeitrechnung im Jahr 2007 ab Mitte Dezember. Bei der Diskussion im Anschluss an die Filmvorführung sagte ein deutscher Konvertit in der interreligiösen Runde, dass er (wie Ilija Trojanow) im Jahr 2003 an der Hadsch teilgenommen habe. Dabei sei ihm zum ersten Mal so richtig bewusst geworden, wie vielfältig die Umma ist, weil die in ihr vereinten Gläubigen aus unterschiedlichen Kulturkreisen und extrem gegensätzlichen Lebensverhältnissen stammen. Das illustrierte er an einem Beispiel:

Seine Berliner Pilgergruppe war in einem Hotel in Mekka untergebracht worden, zusammen mit anderen Pilgergruppen, auch aus schwarzafrikanischen Ländern. Ein Prinz der saudischen Königsfamilie, die alljährlich die Hadsch logistisch organisiert, spendierte den Berlinern eines Morgens ein opulentes westeuropäisches Frühstücksbüfett, von dem sich auch die anderen Pilgergruppen in dem Hotel bedienen durften. »Ich werde niemals den alten schwarzen Mann vergessen – ich glaube, er kam aus dem Sudan –, der völlig ratlos vor dem Büfett stand. Dieser Greis hatte noch nie westliche Speisen gesehen und auch noch nie mit Messer und Gabel gegessen. Wahrscheinlich hatte er für die Pilgerfahrt sein Leben lang gespart.«

»Kampf der Kulturen« lautet der deutsche Titel eines Buchs des amerikanischen Politikprofessors Samuel P. Huntington, das 1996 weltweit Aufsehen erregte. Huntingtons These: Die zukünftigen globalen Konflikte werden nicht mehr auf politischen, ideologischen oder ökonomischen Gegensätzen beruhen, sondern durch die Gegensätze zwischen den großen Weltkulturen verursacht – vor allem zwischen der islamischen und der westlichen Welt. Huntington verkennt, lehrt das Beispiel von dem alten Sudanesen, dass auch die Umma gespalten ist. Nicht nur in die beiden großen religiösen Gruppen Sunniten und Schiiten und diverse kleine Gruppen, sondern auch durch kulturelle Unterschiede, die auf nationalen und regionalen Traditionen beruhen, sowie durch einen alle Kulturen übergreifenden Gegensatz – den zwischen arm und reich.

Zu den Mobiltelefonen auf der Hadsch erzählte der Glaubensbruder des Amirs folgende Begebenheit: Einer der fünf Männer, mit denen er sich ein Hotelzimmer teilte, war ein Gebrauchtwagenhändler.»Der telefonierte und simste ständig mit seinem Handy. Ich war total entnervt und fragte ihn: ›Können Sie mal eine Pause einlegen?‹« Nein, konnte er nicht! Dies sei seine sechste Hadsch, rechtfertigte er sich. Bei jeder habe er sich vorgenommen, ein ehrlicher Mensch zu werden und keine Tachos mehr zu manipulieren.»Er versicherte mir: ›Dieses Mal schaff ich's!‹ Darum sei er gerade dabei, seinen Betrieb telefonisch umzustrukturieren.«

»Wenn det stimmt, is et jut«, sagte Mohammed Herzog. Doch finde er es verwerflich, sechsmal zur Hadsch zu fahren. Nur eine einzige Pilgerreise sei Pflicht. Mit dem Geld für die fünf zusätzlichen Pilgerfahrten des Gebrauchtwagenhändlers wäre besser die Hadsch für fünf Muslime zu finanzieren, die sie sich nicht leisten können. Außerdem bezweifelte der Amir, dass sich der Gebrauchtwagenhändler an alle Regeln gehalten hatte, ohne die die Hadsch ungültig ist. Der Koran sage, dass ein Pilger sich vorher durch besondere Rituale und Gebete innerlich reinigen muss. Das Geld für die Reise müsse der Pilger auf ehrliche Art verdient haben. Er dürfe keine

Schulden haben. Er habe dafür zu sorgen, dass seine Familie während seiner Abwesenheit gut versorgt ist. Mehr noch: Wenn ein Nachbar Not leide, habe dieser Anspruch auf das Geld, das der Pilger in die Reise zu den Heiligen Stätten investieren will.

Wenn man mit dem Idealismus eines frisch Konvertierten zu den Heiligen Stätten pilgert, ist man wahrscheinlich über den Niedergang des islamischen Gerechtigkeitsideals und der Solidarität in der Umma erschrockener als ein erfahrener Gläubiger. Ilija Trojanow jedenfalls saß der Schrecken noch ein Jahr später in den Gliedern. In der Zwischenzeit war der Reisende zwischen den Welten von Bombay nach Kapstadt umgezogen, wo er am 11. Zuul Hijjah 1424 (1. Februar 2004) den »Nachklang« zu seinem Erlebnisbericht schrieb, »am Tag von Id al-Adha, an dem die Zeitungen erneut von Toten bei der Steinigung berichten und der Imam der ältesten Moschee des südlichen Afrika dazu aufruft, für die sichere Rückkehr der Hadschis zu beten«. Dennoch sehnte sich Trojanow nach der Hadsch. Zwar sei die Erinnerung daran in den Hintergrund gerückt; nur gelegentlich komme ihm seine Pilgerreise wieder in den Sinn, »für einige intensive Momente«. Aber dann sei er ganz und gar von einem alten Spruch erfüllt, der lautet: »Du hast nicht richtig gelebt, ehe du nicht auf der Hadsch warst.« (S. 166)

Die Schweizer Schriftstellerin Isabelle Eberhardt (1877–1904) hat wohl richtig gelebt, denn sie war Ende des 19. Jahrhunderts auf der Hadsch. Diese unkonventionelle Konvertitin war hoch gebildet und sprach sechs Sprachen, darunter Arabisch. Sie trug die Haare kurz, kleidete sich wie ein Mann und ließ sich von niemandem einengen. Auf eigene Faust erkundete sie die Städte Nordafrikas, sie lebte bei Beduinen und ritt allein durch die Sahara. Es ist anzunehmen, dass eines von Eberhardts Konversionsmotiven Abenteuerlust war. Das wird auch bei Ilija Trojanow eine Rolle gespielt haben. Und ebenso bei Susanne Osthoff, der im Winter 2005 bekanntesten Konvertitin Deutschlands.

Vom 25. November bis 18. Dezember 2005 hatten Geiselnehmer die 42-jährige Archäologin aus Bayern im Irak gefangen gehalten. Nach ihrer Freilassung wurde sie mit Vorwürfen überhäuft. Wie kann eine Frau sich allein in Krisengebieten herumtreiben? Wie kann eine Mutter ihre Tochter in die Obhut von Freunden geben, um sich durch gefährliche Abenteuer selbst zu verwirklichen? Wie kann eine Deutsche einen jordanischen Muslim heiraten? Wie kann eine Katholikin aus einem oberbayerischen Dorf zum Islam übertreten? Wie kann eine Geisel sich nicht an die medialen Regeln halten und sich in einem Versteck erholen, statt Interviews zu geben? Wie kann man nur, Frau Osthoff!

Als eines der wenigen Printmedien ergriff die *Süddeutsche Zeitung* Partei für die Verfemte. Ende November 2005 druckte sie erneut einen Artikel von Manfred Hummel über die Hüterin der Vergangenheit und der Zukunft ab, der erstmals am 12. März 2004 erschienen war. Darin heißt es, dass Susanne Osthoffs Liebe zum Irak durch ihr Studium entstand: Archäologie mit Spezialgebiet Vorderasien. Sie hatte bei Barthel Hrouda, dem Nestor dieser Disziplin, an der Münchner Ludwig-Maximilians-Universität studiert und mit ihm an diversen Grabungen im Irak teilgenommen. Auch nach Abschluss ihres Studiums hatte sie immer wieder auf der Suche nach Überresten der babylonischen Hochkultur im irakischen Wüstensand »mitgebuddelt«.

»In der Nacht fällt das untypische Stahlblau ihrer Augen nicht so auf«, schreibt Manfred Hummel. »Gefährliche Strecken legt Susanne Osthoff auch deshalb gerne im Schutz der Dunkelheit zurück. Bei Frauen sind die Grenzposten ohnehin etwas entgegenkommender. Ihre Mienen hellen sich sogar auf, wenn sie arabische Laute vernehmen. Die 41-Jährige spricht fließend arabisch, seit sie mit einem jordanischen Araber verheiratet war. Sonne und Wüstensand tun ein Übriges, um dem Outfit einheimische Patina zu verpassen. All die Camouflage würde aber nicht garantieren, dass die gefährlichen Aktionen der Susanne Osthoff Aussicht auf Erfolg haben. Die Frau hat auch noch Mut. Nur so ist es zu erklären, dass sie mitten im Irak-Krieg als erste Zivilperson mit drei Tonnen Erstversorgungs-Medikamenten von Jordanien aus in Richtung Bagdad aufbricht. Durch Bombenhagel und Granatfeuer.«

Nach dem Ende der offiziellen Kampfhandlungen war Susanne Osthoff wieder mit einem Lastwagen unterwegs, um 50 Kisten mit dringend benötigten Medikamenten in ein Krankenhaus im Süden des Iraks zu bringen. Dort litten die Menschen an Schwarzfieber. Für diese Hilfsaktion verlieh die *Süddeutsche Zeitung* der Couragierten schon 2003 den Tassilo-Preis.

Hummels Artikel endet mit dem Absatz: »Die rastlose Susanne Osthoff ist bereits wieder ›unten‹. Sie will verwitweten und verletzten Frauen helfen, mit der irakischen Dichterin Amal Al-Jubouri in Bagdad eine deutsche Schule aufbauen und das deutsch-arabische Kulturzentrum ›West-östlicher Diwan‹ unterstützen – am besten alles auf einmal.«

Als ich in meinem Hotelbett liege, lese ich noch ein wenig in »Persönlicher Bericht einer Pilgerreise nach Mekka und Medina« von Richard Francis Burton (deutsche Neuauflage von 2005). Kein Wunder, dass sich die Eindrücke dieses Tages im Traum mit meiner Lektüre vermischen. Ich träume von einer Karawane. Auf dem ersten und dem letzten Kamel reiten zwei Frauen, die sich in der Wüste auskennen: als Vorhut Isabelle Eberhardt und als Nachhut Susanne Osthoff. Auf den drei Kamelen dazwischen sitzen »meine drei Mädels« von der Uni Mainz. Raschida, Mira und Gaby haben mir erzählt, dass sie sich sehnlich wünschen, an der Hadsch teilzunehmen, aber dafür fehle ihnen das Geld. In meinem Traum haben sie es geschafft, eine Mitreit-Gelegenheit aufzutreiben. Über den fünf Frauen wölbt sich ein »in seiner unbefleckten Schönheit schrecklicher« Himmel. Ein »umbarmherziges Licht« blendet sie. Wie »ein Löwe mit flammendem Atem« erhitzt der heiße Wind ihre Haut. »Rundherum liegen driftende Sandhaufen, geschundene Felsen, die schieren Skelette von Bergen und harte ununterbrochene Ebenen. Was kann aufregender sein? Was erhabener? Das Herz einer Frau geht lebhaft in ihrer Brust bei dem Gedanken, ihre schwächliche Kraft mit der Natur zu messen und triumphierend aus der Prüfung hervorzugehen. Dies erklärt das arabische Sprichwort, ›zu reisen ist Sieg‹.« Wie passend ist doch Burtons Text, wenn man auf S. 24 nur das Wort »Mann« durch »Frau« ersetzt.

»Weiberfastnacht«. Dieses Wort klingt für mich wie Poesie. Es weckt Erinnerungen an meine alte Liebe zu Köln. Zwar wohne ich schon lange nicht mehr in der närrischen Domstadt, aber ich feiere nach wie vor Weiberfastnacht, sogar in der karnevalsfreien Zone Bielefeld. Irgendeine Kneipe findet sich immer, in der Frauen die Herrschaft über die Theke übernommen haben. Doch heute werde ich nicht schunkeln, weil ich mit Gaby und Mira verabredet bin. Aber vielleicht kann ich mich ja abends noch ein wenig ins Getümmel stürzen. Es ist 14 Uhr, in Köln tobt um diese Zeit schon seit drei Stunden der Bär. Warum hier nicht? Mainz ist doch auch eine Karnevalshochburg! Die liebenswürdige Empfangsdame im Hotel erklärt mir, dass in Mainz mehr Wert auf den Sitzungskarneval gelegt werde als auf den Straßenkarneval. Der werde eigentlich nur am Rosenmontag gefeiert. »Aber in der Altstadt ist am Abend was los«, tröstet sie mich. Helau und Alaaf!, jubele ich innerlich.

Die Lust an Weiberfastnacht vergeht mir, als ich die *Mainzer Zeitung* lese. Unten auf der ersten Lokalseite prangt die Überschrift: »Suche nach Triebtäter geht weiter.« Seit Mitte November 2007 habe ein Mann, von dem jede Spur fehle, drei Frauen vergewaltigt; zuletzt am 18. Januar eine Studentin auf dem Campus, einen Tag, nachdem ich in der Mainzer Uni war. »Wenn er zuschlug, war es immer dunkel.«

16 Uhr. Heute sitzt Gaby bereits am verabredeten Tisch. Mira hat wieder ihre kleine Tochter dabei und wird von einer Kommilitonin aufgehalten, die das Baby noch nicht gesehen hat. Darum beginnen Gaby und ich schon mit dem Interview – sie wollte ja ohnehin noch ihren Weg zum Islam schildern.

Gaby wuchs in einer Kleinstadt in der Südpfalz auf, erzählt sie. Ihre Eltern »haben mit Religion nichts am Hut«. Die Tochter war nicht unbedingt areligiös, bevor sie Muslima wurde. »Mit dem christlichen Gott hatte ich immer Probleme, vor allem damit, was die Kirchen aus ihm gemacht haben. Aber ich wusste, es muss etwas Göttliches geben.« Als Jugendliche interessierte sie sich sehr für das Judentum. Nicht aus religiösen Gründen. Es lag eher daran, dass »ab der fünften Klasse im Geschichtsunterricht nur noch das Dritte Reich und der Zweite Weltkrieg« durchgenommen wurden. »Wir sind regelrecht indoktriniert worden. Man hat uns ein schlechtes Gewissen eingeredet.« Darum reifte in Gaby der Wunsch, unbelastet von der Vergangenheit heutige Juden kennenzulernen, zu erfahren, was sie denken, wie sie leben, ob sie glauben. Nach dem Abitur ging sie für ein Jahr nach Amerika, wo sie »vielen liberalen Juden« begegnet ist. »Wir hatten ein gutes Verhältnis.«

Nach ihrer Rückkehr ließ sich Gaby in Frankfurt nieder, um Betriebswirtschaft zu studieren. Sie wohnte in einem Studentenheim, in dem auch einige Muslime lebten. »Wie das dann so ist. In der Gemeinschaftsküche kommt man zwangsläufig miteinander ins Gespräch.« Und so lernte sie ihren Mann kennen, einen Ägypter. Die beiden heirateten. Ein Jahr später trat sie zum Islam über. Nicht ihres Mannes wegen, versichert sie, sie entschied sich vor allem wegen des Korans dazu. »Glaube in dem Sinne, dass man eine Beziehung zu Gott aufbaut, kommt nicht auf einmal wie eine Erleuchtung. Er kommt mit der Zeit, er kommt mit dem Wissen. Wenn man nichts weiß, kommt er nicht. Das ist ja auch die wichtigste Pflicht im Islam: Man soll sich Wissen aneignen, von Kindesbeinen an bis zum Tod. Bei mir kam der Glaube erst, als sich mir der Koran erschloss. Mit den ersten paar Seiten konnte ich überhaupt nichts anfangen. Aber ich habe es wieder versucht, wieder und wieder. Und auf einmal hatte ich ihn ganz gelesen. Ich las ihn noch mal und noch mal. Jetzt, da ich ihn schon so oft gelesen habe, entdecke ich immer wieder etwas Neues.«

Gaby konvertierte in Dubai. »Dort sind wir zum Gericht gegangen, und ich habe eine schöne Urkunde bekommen. In der steht, wer ich bin, wer Zeuge war und was gesagt wurde. Auf Arabisch. Damals konnte ich es nicht lesen, aber heute.« Gleich nach ihrem Übertritt zog sie mit ihrem Mann (von dem sie inzwischen geschieden ist) für ein Jahr nach Ägypten. Dort zu leben, empfand sie als »überwältigend«: »1999 gab es in Deutschland so gut wie keine Literatur über den Islam. Der Wissensstand war gleich null. In meiner Schule waren zwar 60 Prozent aller Schüler Muslime, aber wir anderen haben davon überhaupt nichts mitbekommen; außer dass die muslimischen Schüler an den Feiertagen am Ende des Monats Ramadan fehlten. In Ägypten hingegen ist alles religiös. Wenn man in eine Behörde geht, wird da vielleicht gerade gebetet. Wenn man Taxi fährt, hört der Taxifahrer Koran-Rezitationen auf seinem Kassettenrekorder. Und, und, und. In Ägypten konnte ich den Islam ganz anders aufnehmen als hier.« Im Jahr 2000 kehrten Gaby und ihr Mann nach Deutschland zurück, wo sie mehr oder weniger auf sich allein gestellt war. »Ich hatte Fragen über Fragen und wusste nicht, wohin damit. Wo krieg' ich mein Fleisch her? Wo kann ich muslimische Kleidung kaufen? Wo finde ich muslimische Ärzte?« Immerhin sei nach dem 11. September 2001 eine Unmenge Literatur über den Islam erschienen. »Das macht vieles leichter.«

Ich wundere mich. »Du studierst doch Islamwissenschaft!«

»Das hat nichts mit Glauben und Glaubenspraxis zu tun.«

»Hast du dich denn keiner Moschee-Gemeinde angeschlossen?«

»Nein. Am Anfang ja, aber da habe ich zu viel Unislamisches gesehen. Das will ich mir nicht antun. Als Frau muss ich glücklicherweise nicht zum Beten in die Moschee. Wenn ich ein Mann wäre, hätte ich ein echtes Problem. Gott sei Dank kann ich zu Hause beten. Ich wohne bei meinen Eltern, die haben nichts dagegen. Was mir fehlt, ist das Gemeinschaftsgebet. Und die Gemeinschaft überhaupt, der soziale Zusammenhang.«

»Das klingt ganz schön einsam.«

Gaby lächelt traurig.

»Wie verbringst du eigentlich deine Freizeit? Hat sich dein Freizeitverhalten sehr verändert, seit du Muslima bist?«

»Eigentlich nicht. Aber ich kann momentan nicht so, wie ich möchte. Ich wohne wegen Geldmangels bei meinen Eltern. Früher bin ich Snowboard gefahren, doch das ist einfach zu teuer. Ich hätte auch gern ein eigenes Pferd. Wieder eine Geldfrage, meine Religion verbietet es mir nicht. Ich habe früher viel Sport gemacht und mach's immer noch. Ich jogge und gehe schwimmen. Reiten kann ich bei meiner Tante, sie hat zwei Pferde. Ins Kino gehe ich, wenn mich ein Film interessiert. Aber das kommt immer seltener vor. Mit diesen ganzen seichten Sachen kann ich nichts anfangen. Ich war schon immer ein politischer Mensch, und jetzt bin ich das vielleicht noch mehr geworden. Mich stoßen auch die freizügigen Szenen ab. Nicht nur aus religiösen Gründen, sondern auch, weil diese Szenen oft sexistisch sind.«

»Da denkst du ja wie eine Feministin. Die Frauenbewegung kämpft seit ihren Anfängen dagegen, dass Frauen zu Sexualobjekten degradiert werden.«

»Das weiß ich, und in diesem Punkt sind wir uns völlig einig. Wir gebildeten jungen Musliminnen sagen ja auch: Wir wollen nicht wegen Mini-Röckchen einen Job bekommen, sondern wegen unserer klugen Köpfe. Darum kleiden wir uns so, wie ich hier sitze. Wir sind das beste Beispiel für Anti-Sexismus.«

Mira kommt mit dem Kinderwagen und setzt sich zu uns an den Tisch. »Wir sind emanzipiert, auf jeden Fall!«, versichert sie. Sie habe es früher schon »ganz, ganz wichtig« gefunden, dass Frauen durch eine Berufsausbildung unabhängig sein müssen. Das finde sie immer noch. »Wenn eine Frau zu Hause bleiben will, okay, dann soll sie es. Aber es ist nicht richtig, dass sie zu ihrem Mann sagt, wenn der arbeitslos ist oder finanzielle Schwierigkeiten hat: ›Mach mal, geh mal, tu mal, schaff das Geld ran!‹ Nur weil im Koran steht, dass der Mann der Familienernährer ist.«

»Aber da steht nicht«, wirft Gaby ein, »dass Frauen nicht berufstätig sein dürfen.«

»Genau!«, stimmt Mira zu. Sie und ihr Mann verstehen sich als Team. »Als er arbeitslos war, habe ich neben dem Studium gejobbt, und er hat mich abends gefragt: ›Was möchtest du morgen essen?‹ Er hat gekocht, geputzt, Wäsche gewaschen, eingekauft, er hat den Haushalt geschmissen. Jetzt hat er wieder Arbeit, und ich bin zu Hause. Natürlich auch wegen der Kleinen. Die nimmt einen total in Anspruch.«

Gaby will auf jeden Fall berufstätig sein, auch falls sie heiraten und Mutter werden sollte. Sie überlegt zu promovieren, aber ob sie im Anschluss eine Stelle findet, sei fraglich, weil sie Kopftuch trägt. »Das heißt, keine Stelle zu bekommen oder nur eine, wo man nichts verdient.«

Mira bestätigt das. Sie bezweifelt, dass sie jemals wieder als Buchhändlerin arbeiten kann; es sei denn, sie eröffnet ihre eigene Buchhandlung. Aber eigentlich hat sie vor, nach Abschluss ihres Studiums Deutsch als Fremdsprache an Volkshochschulen zu unterrichten. »Werden die sagen: ›Gut, die Frau kann Arabisch und Türkisch, die nehmen wir.‹ Oder sagen sie: ›Die Frau trägt Kopftuch, die kommt nicht infrage‹? Man weiß es einfach nicht.«

»Was ist eurer Meinung nach der Grund für die Diskriminierung von Kopftuchträgerinnen auf dem Arbeitsmarkt?«

»Nicht nur auf dem Arbeitsmarkt, auch bei der Wohnungssuche«, ergänzt Mira. »Es wird unterstellt, dass Musliminnen das Kopftuch aufgezwungen wird oder dass sie es als islamistische Flagge tragen.«

»Ich glaube«, meint Gaby, »dass hier in Deutschland ganz selten einmal eine Frau dazu gezwungen wird, Kopftuch zu tragen. Zumindest nicht unter Androhung von Strafe.«

»Aber Lehrer und Lehrerinnen berichten«, wende ich ein, »dass immer mehr muslimische Mädchen mit Kopftuch in die Schule kommen, immer mehr jüngere Mädchen schon vor der Pubertät. Das kann doch keine freiwillige Entscheidung sein.«

»Das ist eher der familiäre Druck oder einfach eine Erwartungshaltung«, erklärt Gaby. »Vielleicht hoffen die Eltern ja, dass ihre Tochter, wenn sie früh daran gewöhnt wird, das Kopftuch später freiwillig trägt.«

»Aber das ist doch auch Zwang, wenn auch ein subtiler«, erwidere ich.

»Nein!«, widerspricht Gaby. »Geht es den Eltern tatsächlich um Freiwilligkeit, müssen sie damit rechnen, dass ihre

Tochter das Kopftuch ablegt, zum Beispiel aus Trotz in der Pubertät.« Gaby kann sich noch einen anderen Grund dafür vorstellen, dass kleine Mädchen verhüllt werden: »Um das Kind vor Schaden zu bewahren.«

Mira versteht sofort, was ihre Glaubensschwester meint: »Ich sehe tagtäglich Mädchen, die acht oder neun Jahre alt sind, aber wie 13 aussehen und gestylt sind wie 20-Jährige. Es ist schlimm: Mini-Rock, bauchfrei, Netzstrümpfe, geschminkt, die Haare hochgesteckt. Wenn man weiß, dass es kranke Männer gibt, die auf Lolitas abfahren, muss man das ja nicht auch noch provozieren. Zugegeben, das klingt gemein. Eigentlich sollte jeder Mensch so rumlaufen dürfen, wie er will, ohne dass ein anderer ihn attackiert. Trotzdem finde ich, dass man lieber mit allem rechnen sollte. Vor allem aber meine ich: Das sind Kinder, die sollen so unbeschwert wie möglich ihre Kindheit leben und nicht sexy Erwachsene imitieren.«

»Das sehe ich genauso«, stimme ich zu. »Anscheinend werden die kleinen Mädchen von heute durch eine psychologisch ausgefeilte Werbung immer früher darauf gedrillt, dem sogenannten Sex-Markt zur Verfügung zu stehen, der noch mehr verlockende Produkte bereit hält.«

»Aber wie soll ich meine kleine Tochter davor schützen?«, fragt sich Mira.

»Auf keinen Fall dadurch, dass du sie schon früh an ein Kopftuch gewöhnst!«, rät Gaby. »Dafür sollte sie sich bewusst, aus eigener Überzeugung entscheiden.«

»Ich will sie ja auch gar nicht früh an ein Kopftuch gewöhnen. Aber ich möchte schon versuchen, Grenzen zu ziehen, ohne sie völlig einzuschränken. Also lieber eine lange Hose als einen Rock oder ein Kleid. Und wenn's dann unbedingt ein Röckchen oder Kleidchen sein muss, dann nur mit Leggins drunter!« Aber, fährt Mira fort, »wir sind Deutsche. Stellt euch mal eine Muslimin vor, die aus einem Land kommt, wo Sexualgewalt unter den Teppich gekehrt wird und nicht die Medien beherrscht wie hier! Diese Frau glaubt naiv: ›In meinem Land tun Männer Kindern so was nicht an.‹ Und dann sitzt sie in Deutschland vor dem Fernseher und kriegt mit: Schon wieder ist einer wegen sexuellen Missbrauchs verknackt worden, schon wieder sind tote Mädchen aufgefunden worden. Ist doch klar, dass diese Muslimin beschließt: ›Meine Tochter trägt mit fünf schon Kopftuch.‹ Musliminnen empfinden das Kopftuch als Schutz. Auch ich empfinde es als Schutz. Und du schreibst in deinem Konvertiten-Artikel, Cornelia, das werde deutschen Frauen von ihren islamistischen Ehemännern eingeredet!«

Ehe ich mich dazu äußert kann, kommt Mira mir mit einem selbstkritischen Eingeständnis zuvor. »Ich war früher genauso radikal wie du. Für mich gab's nur Schwarz und Weiß, nichts dazwischen. Meine Mama hat mich ständig ermahnt: ›Mira, das geht nicht! Menschen sind nicht gut oder böse, sie sind beides, mal so und mal so. Aber für dich ist jemand, der einmal Mist gebaut hat, für immer und ewig gestorben.‹« Sie versuche sich diese »Arroganz« abzugewöhnen, vor allem in Bezug auf das Kopftuch. »Ich wusste ja selbst nicht, ob ich es tragen wollte, und wenn, ab wann. Und jetzt, da ich mich dafür entschieden habe, tue ich manchmal so, als ob ich nie gezweifelt hätte. Aber ehrlich, ich bin inzwischen davon überzeugt, dass man denen, die es tragen wollen, helfen sollte und die anderen, die noch unsicher sind, darin bestätigen, dass sie es auch noch mit 80 umbinden können.« Mira seufzt. »Na ja...«

»Was? Sag' es!«

»Ich habe eine konvertierte Freundin, die kein Kopftuch trägt, sondern bauchfreie Hüfthosen. Dafür habe ich kein Verständnis. Ich arbeite an mir, damit ich dazu komme, jedem seinen eigenen Weg zuzugestehen. Aber wenn jemand sagt, ich genieße meine jungen Jahre, und irgendwann, wenn ich schrumpelig bin und mich ohnehin kein Mann mehr begehrt, verhülle ich mich – dann stoße ich an die Grenzen meiner Toleranz. Man sollte sich nicht nur die Rosinen rauspicken und alles, was mit Mühe verbunden ist, auf später verschieben.«

»Man darf auch nicht vergessen«, sagt Gaby, »dass das Kopftuch nicht nur ein Kleidungsstück ist, sondern vielmehr ein Verhalten. Ich sehe viele Frauen, die zwar Kopftuch tragen, sich aber nicht islamisch verhalten. Islamisch meint hier zum Beispiel: In der Öffentlichkeit nicht auffallend laut lachen oder reden. Wie es ja heute jeder macht. Halt einfach rücksichtslos oder unhöflich sein. Ein Muslim zeichnet sich vor allem durch seine Höflichkeit aus. Da haben viele noch sehr viel zu lernen.«

»Aber im Prinzip bezweifelst du nicht, dass auch Musliminnen ohne Kopftuch gläubige Musliminnen sein können. Oder?«

Gaby erzählt, dass ihre Mutter früher in einer Bücherei gearbeitet hat, in der sich viele türkische Musliminnen Bücher ausliehen. »Die tragen alle kein Kopftuch«, habe die Mutter der Tochter unter die Nase gerieben, »und die sind so was von gläubig!« Nichts dagegen, sagt Gaby, völlig okay. »Aber ich möchte es bitteschön tragen dürfen. Jeder darf rumlaufen, wie er will, aber mit diesem Stückchen Stoff auf dem Kopf werde ich behandelt, als ob ich der größte Verbrecher aller Zeiten wäre.« Bei drei konvertierten Glaubensschwestern habe sie miterlebt, dass die Eltern anfangs gar nichts dagegen hatten. Aber als die Töchter dann mit Kopftuch erschienen, hieß es: »Lass dich nicht mehr hier blicken, solange du dieses Ding auf dem Kopf hast!« Eine von ihnen sei sogar enterbt worden.

»Wenn eine Tochter zu Hause mit Kopftuch auftaucht«, sagt Mira, »wird das als genauso schlimm empfunden wie früher das Bekenntnis eines Sohnes zur Homosexualität.«

»Genau!«, bestätigt Gaby. »Wie sollen wir das unseren Verwandten beibringen, was werden die Nachbarn sagen?« – mit solchen Fragen sei auch sie konfrontiert worden. »Meine Eltern sind sehr bekannt in meiner Heimatstadt. Ich wohne bei ihnen, wir haben ein sehr gutes Verhältnis; aber ich vermeide es, mich mit meinen Eltern in der Öffentlichkeit zu zeigen, um ihnen das Gerede zu ersparen.«

»Das kenne ich auch«, sagt Mira. Ihre Eltern finden es »anstrengend«, mit ihr durch die Stadt zu gehen. »Nur weil Frauen das Recht erstritten haben, Hosen und kurze Haare tragen zu dürfen, und das für richtig und wichtig halten, müssen dies doch nicht alle tun, oder? Man verteufelt doch Frauen mit langen Haaren und Röcken oder Kleidern auch nicht. Warum also die Frauen, die Kopftuch tragen? Wir sollten endlich einmal offensiv auftreten«, schlägt Mira vor. »Wie die Frauenbewegung, die auf Demos skandierte: ›Mein Bauch gehört mir!‹ Wir skandieren dann: ›Mein Kopf gehört mir!‹«

Musliminnen könnten sich ohnehin eine Menge von der Frauenbewegung abgucken, meint Gaby. »Mohammed, Friede sei auf ihm, wollte die Lage der Frauen verbessern. Den Wüstenarabern in der Frühzeit des Islam gefiel das ganz und gar nicht. Wo gab's denn so was? Die Frauen durften auf einmal mitreden und waren in allem gleichgestellt. Und heute? Sie werden nach wie vor unterdrückt. Oft wissen sie gar nichts von den Rechten, die der Prophet ihnen eingeräumt hat. Würden sie sich dieser Rechte bewusst und begännen sie, diese einzuklagen wie die Frauenbewegung, dann hätten die muslimischen Männer echt ein Problem.«

Nach diesem kämpferischen Schlusswort steht Gaby auf, sie muss gehen. Sie moderiert wieder eine Veranstaltung der Muslimischen Hochschulgemeinde, dieses Mal zum Thema Charakter und Bildung im Islam.

»Wo findet das statt?«, fragt Mira.

»Hörsaal 16, Forum 6.«

»Es ist schon dunkel. Wir gehen mit!«, insistiert Mira. »Ich beschütze euch«, verkündet sie und ballt scherzhaft ihre rechte Faust.

»Hast du etwa eine Waffe unter deinem Kopftuch versteckt?«, frage ich auch im Scherz.

»Nein, aber ich habe früher Taekwondo und Kickboxen gemacht.« Das ist ernst gemeint, denn Mira überlegt, wieder damit anzufangen, wenn sie eine Trainingsgruppe für muslimische Frauen findet.

Am Forum 6 verabschieden wir uns von Gaby. Mira und ich beschließen, gemeinsam mit dem Bus zum Hauptbahnhof zu fahren. Ihre kleine Tochter schlummert friedlich im Kinderwagen, während wir an der Haltestelle auf den Bus warten und Mira mir erzählt, wie sie tagtäglich wegen ihres Kopftuchs diskriminiert wird.

Positiv reagierten eigentlich nur Glaubensschwestern, deutsche und ausländische, auf das Kopftuch. »Die grüßen mich freundlich, wenn ich ihnen auf dem Campus oder in der Stadt begegne. Das gibt mir das Gefühl von Gemeinschaft.« Diejenigen unter den deutschen Nicht-Muslimen, die sich nicht feindselig verhielten, sagten meist, anscheinend wohlgesonnen: »Ach, Sie sprechen aber gut Deutsch!« Bei den Aggressiven, die sich auf einer Parkbank extra breit machen, wenn sie sich dazusetzen möchte, warte sie immer auf den Ausruf: »Gehen Sie doch dahin zurück, woher Sie kommen!« Das sei ihr noch nicht passiert, aber etwas genauso Schlimmes, wenn nicht Schlimmeres:

Mira stieg einmal in eine voll besetzte Straßenbahn und sah, dass nur noch ein Platz in einer Vierer-Sitzgruppe frei war. Doch ein großer Mann, Ende 50, der auf dem gegenüberliegenden Sitz saß, hatte eines seiner langen Beine so raumgreifend über das andere geschlagen, dass er den freien Platz blockierte.

»Entschuldigen Sie bitte«, sagte Mira, »ich möchte mich da hinsetzen.«

Der Mann reagierte nicht und schaute demonstrativ gelangweilt aus dem Fenster.

»Hallo«, wagte Mira einen erneuten Vorstoß, »könnten Sie wohl Ihre Beine etwas zurückziehen?«

Der Mann hielt es nicht einmal der Mühe wert, ihr seinen Kopf zuzuwenden, als er verkündete: »Mit solchen wie Ihnen rede ich nicht!«

Was soll ich tun?, fragte sich Mira, klein beigeben und die Flucht ergreifen? Nein! Sie schob die Beine des Mannes weg. Und fühlte plötzlich links und rechts eine Ohrfeige. In den Schrecksekunden nach dem Blitzangriff unfähig, selbst zu protestieren, wartete sie auf den Protest der anderen Fahrgäste. Die einzige, die eine Reaktion zeigte, war die junge Frau neben dem Mann. Eine Studentin, schloss Mira aus den Karteikarten auf ihrem Schoß. Die junge Frau hob den Blick und starrte den Mann aufgebracht an.

»Glotzen Sie nicht so!«, brüllte er.

Die Straßenbahn stoppte an der nächsten Haltestelle. Eine Frau mittleren Alters stieg ein. Der Mann zog sofort seine Beine zurück und sagte übertrieben höflich: »Bitte, meine Dame, setzen Sie sich doch!«

Der Bus kommt und ist rappelvoll. Ich frage mich, wie Mira mit dem Kinderwagen Platz finden will. Sie ist daran gewöhnt, den Wagen ohne Hilfe hineinzuheben. Als ich mich endlich in den Bus gezwängt habe, hat Mira sich schon nach vorne durchgedrängelt und einen Freiraum erobert. Sie reckt sich und winkt mir triumphierend lächelnd zu. Jetzt sieht man ihr an, dass sie früher Taekwondo-Kämpferin und Kickboxerin war. In diesem Augenblick, hier in dem überfüllten

Bus, erscheint sie mir unglaublich stark – »unkaputtbar«, würden die Autonomen sagen, mit denen Dorothee Sabriyah Palm die Hamburger Hafenstraße besetzte. Mira, diese Amazone mit Kopftuch, würde einen Vergewaltiger ganz bestimmt das Fürchten lehren, denke ich und bin stolz auf sie.

Als ich ins Hotel komme, erklärt die Empfangsdame gerade zwei Hotelgästen, wo in der Altstadt am meisten los ist. »Wollen Sie auch dahin?«, fragt sie mich, nachdem sich die beiden Männer unternehmungslustig auf den Weg gemacht haben. »Nein! Mir ist heute nicht nach Feiern.«

In meinem Zimmer hole ich ein Bier aus der Minibar, mache es mir in einem Sessel bequem und denke an meine erste Kölner Weiberfastnacht im Februar 1987: ab 11 Uhr 11 auf dem »Alter Markt« (in Köln sagt aus unerfindlichen Gründen keiner: »auf dem alten Markt«). Beim Schunkeln hatte mich links eine als Clown verkleidete Frau aus dem Arbeiterviertel Ehrenfeld untergehakt, die schwesterlich ihr Kölsch aus einem Fässchen auf Rädern mit den Umstehenden teilte, und rechts eine Dame mit Nerz aus dem Villenvorort Rodenkirchen, die aus ihrer Krokodilleder-Handtasche eine Flasche Eckes-Edelkirsch zog und sie herumreichte. Mit diesen beiden so gegensätzlichen Frauen an meinen Seiten, fühlte ich, »der Immi« (so wurden damals in Köln alle Immigranten genannt, einerlei, woher sie kamen), mich erstmals voll integriert.

Inzwischen soll die Kölner Weiberfastnacht verkommen sein, habe ich gehört: Sie sei nicht mehr ein feuchtfröhliches Frauenfest, sondern eine Anmach-Börse für One-Night-Stands und Seitensprünge. Die ersten Anzeichen dieses Niedergangs erlebte ich bei meiner letzten Weiberfastnacht in Köln. Nach Einbruch der Dunkelheit reinigten Kehrmaschinen die Straßen. Trotz des Krachs war ein dumpfer, gespenstischer Klang von Pauken zu hören. Wie für einen Totentanz

Verkleidete schlugen sie bei ihrem Zug durch die Innenstadt. Wir, meine Freundin Rita und ich, folgten den Pauken, magisch angezogen. Ungefähr am Hansaring blieben wir im Männergewimmel vor einer Kneipe stecken. Wir hatten uns gerade entschlossen, ein Kölsch zu trinken, als ein junger Typ mit geballter Faust auf uns zuschoss und sie in Ritas Gesicht rammte. Nur weil sie eine Außenseiterin ist! Eine Lesbierin, die es wagt, wie Männer Frauen zu lieben und zugleich auch noch wie ein Mann auszusehen. Irgendwie erinnert mich diese Begebenheit an Miras Erlebnis in der Straßenbahn. Heute will mir das Bier nicht so recht schmecken. Ich lasse das halbvolle Glas stehen und gehe ins Bett.

Zu Hause warten zwei E-Mails auf mich, eine von Mira und eine von Gaby.

Mira schreibt:

»Hallo Cornelia, ich hoffe, du bist gut in der (meiner alten) Heimat angekommen!!! ☺☺ Grüß mir Bielefeld!

Ich wollte noch etwas loswerden. Als Fazit gilt festzuhalten: Nicht unsere Männer diskriminieren/unterdrücken uns – sondern die Gesellschaft, die uns erstens akzeptierte Unmündigkeit gegenüber unseren Männern und zweitens Terrorgedanken/-sympathie und somit eine Distanzierung von Emanzipation und Grundgesetz unterstellt. Dass dies alles in Problemen bei der Arbeits- und Wohnungssuche endet und zum Teil in Beschimpfungen und Provokationen, habe ich bzw. haben wir ja erzählt.

Viele Grüße, gutes Gelingen und alles Gute – bis hoffentlich bald!

Mira «

Gaby schreibt:

»Hallo Cornelia, in unseren Diskussionen stellt sich immer mehr heraus, dass wir auch eine ›feministische‹ Revolution brauchen, allerdings ohne unsere Kopftücher zu verbrennen oder so etwas in der Art. So wie die Frauenbewegung in den 6oer- und 7oer-Jahren die Frauenrechte forderte, so müssen wir muslimischen Frauen unsere Rechte, die wir theoretisch besitzen, wieder einklagen. Jede von uns kann daher nur Bewunderung für den Mut und das Engagement von Frau Schwarzer empfinden.

Alles Liebe

Gaby«

Ich bin schon wieder stolz.

(Keine) Islamisten im Odenwald

Ich bin mal wieder auf dem Weg in die Provinz. Dieses Mal geht's in den Odenwald. Die Schabels haben mich eingeladen, sie in Brensbach zu besuchen. Abdulqadir Schabel (49) ist deutscher Konvertit, Fatana Schabel (45) eine aus Afghanistan stammende gebürtige Muslima und eigentlich auch Konvertitin. Sie wuchs in einer westlich orientierten Familie auf und fand ihren Weg zum Islam erst, als sie schon erwachsen war. Doch das wird sie später selbst erzählen. Noch sitze ich in einem Regionalzug von Frankfurt nach Reinheim, von wo aus ich mit dem Bus nach Brensbach weiterfahren werde.

Der gelernte Buchbinder Abdulqadir Schabel ist Abteilungsleiter in einer großen Druckerei. In seiner knappen Freizeit reist er als ehrenamtlicher Islam-Referent kreuz und quer durch Deutschland. Am 17. Januar 2008 hielt er auf Einladung der Muslimischen Hochschulgemeinde im Forum 6 der Mainzer Uni den bereits erwähnten Vortrag (siehe S. 111) »Der Mann im Islam – Pascha oder Partner?«. Als ich den Hinweis darauf im Internet fand, kam mir der Name Schabel bekannt vor. Ich meinte, mich zu erinnern, ihn im Zusammenhang mit dem umstrittenen Haus des Islam (HDI) im Odenwald gehört zu haben. Vorurteilsbeladen setzte ich mich im Hörsaal 16 in eine der hinteren Reihen – und kam aus dem Staunen nicht heraus. Abdulqadir Schabel entpuppte sich als emanzipierter Mann. Seine Frau Fatana, die ihn stets zu Vorträgen begleitet, erwies sich als Rebellin gegen das muslimische Patriarchat. Und auch einige Studentinnen mit Kopftuch schienen bereit zu sein, die Paschas von ihren Thronen zu stürzen. Anfangs allerdings hielt sich meine Begeisterung noch in Grenzen.

Zunächst erzählte Abdulqadir Schabel das, was ich schon wusste. Gott hat Mann und Frau aus einer Seele geschaffen. Der Mensch ist von Gott von vornherein als Paar angelegt. Der Sündenfall wird dem einen Geschlecht nicht mehr als dem anderen angelastet. Kurzum: »Aus dem Koran lässt sich keine Benachteiligung oder Vorrangstellung ableiten.« So weit, so gut. Doch dann stutzte ich. Vor Gott seien Mann und Frau »absolut gleichwertig«, sagte Abdulqadir Schabel. Bei dem Wort »gleich*wertig*« läuten bei uns Feministinnen alle Alarmglocken, weil es nicht »gleich*berechtigt*«, sondern »ungleich« bedeutet. Auch bei kritischen Katholikinnen läuten sie, weil die katholische Männerkirche mit der gleichwertigen Ungleichheit von Mann und Frau eine Rollenverteilung rechtfertigt, die Frauen vom Priesteramt ausschließt und sie auf Mutterschaft nach dem Vorbild Mariens festlegt. Dies sei eine wichtige Aufgabe, wenn nicht die allerwichtigste für eine Frau, predigte Papst Johannes Paul II. Ähnlich wie der verstorbene Papst sprach Abdulqadir Schabel von einer »sich ergänzenden Verschiedenheit«: »Aus den biologischen Unterschieden resultiert die Aufgabenverteilung. Weil nur die Frau Kinder gebären kann, wird dem muslimischen Mann die Pflicht auferlegt, allein den Lebensunterhalt für die Familie zu bestreiten.«

Ich lehnte mich gelangweilt zurück und döste ein wenig. Aber dann war plötzlich von einer »Emanzipationsbewegung unter muslimischen Frauen«, die seit zehn Jahren ihre Rechte einfordert, die Rede. Sofort war ich hellwach, obwohl ich schon viel über die islamischen Frauenrechte gehört hatte. Aber noch nie aus dem Mund eines Mannes!

Der Koran gebe jedem Geschlecht sein Recht an die Hand,

auf das es sich berufen könne, sagte Abdulqadir Schabel. Im Koran stehe auch: »Liebe und Gerechtigkeit ist oberstes Prinzip einer Ehe.« Das schließe Bevormundung und Unterdrückung von vornherein aus. Der Prophet habe das vorgelebt. Mohammed sei 25 Jahre mit seiner ersten Frau Khadijah verheiratet gewesen, einer selbstständigen Kauffrau aus Mekka, die wesentlich älter war als er. »Sie führten eine monogame Ehe, was damals in der Stammeskultur auf der arabischen Halbinsel sehr ungewöhnlich war.« Mohammed habe Khadijah nie geschlagen, er habe ihr bei der Haus- und Erziehungsarbeit geholfen und sich vor allen wichtigen Entscheidungen mit ihr beraten. Auch mit seinen späteren Frauen habe er partnerschaftliche Beziehungen geführt.

Der Prophet habe, ergänzte Fatana Schabel, nach Khadijahs Tod das von ihm favorisierte Prinzip der Einehe aus politischen Gründen aufgegeben, um durch arrangierte Heiraten feindlich gesonnene Stämme zu befrieden. Aber alle elf Nachfolgerinnen seiner über alles geliebten ersten Ehefrau, »die erste Muslima überhaupt«, seien ebenfalls »hervorragende Persönlichkeiten« gewesen.

Rechte und Pflichten, fuhr Abdulqadir Schabel fort, seien im Koran für den Konfliktfall definiert. Eigentlich jedoch sollten Mann und Frau sich gegenseitig schützen und stützen. »Gott fordert uns auf, eine Umma zu bilden, eine Gemeinschaft der Muslime, die Gutes tut, Frieden schafft und Gerechtigkeit praktiziert. Gerechtigkeit ist im Islam das Maß aller Dinge. Das gilt auch für die eheliche Gemeinschaft.« Doch dazu müssten beide Eheleute beitragen – auch der Mann, der sich oft davor drücke.

»Genau!«, rief eine Studentin mit Kopftuch. »Im Streit müssen wir Frauen immer klein beigeben.«

Das sei meist ein Bildungsproblem, entgegnete Abdulqadir Schabel und wies auf die nationalen und regionalen Traditionen hin, die den Islam verfälschen. »Wenn ich den Koran nicht in seiner Ursprungsfassung auf Arabisch lesen kann, wenn ich ihn nicht interpretieren kann, werde ich nichts verändern.«

»Alle Bildung nützt nichts«, insistierte die Studentin, »wenn ein Mann zum Pascha erzogen worden ist. Wir muslimischen Frauen brauchen eine Umerziehung muslimischer Männer.«

Das sehe er genauso, erwiderte Abdulqadir Schabel. »Da sollten wir auch unsere Imame in die Pflicht nehmen. Über diese Geschlechterthemen muss endlich beim Freitagsgebet gesprochen werden.«

»Ausgerechnet beim Freitagsgebet!«, schimpfte eine andere Studentin. »Da höre ich nur frauenfeindliche Hadithe. Ich höre, dass Männer Rechte haben. Von Frauenrechten höre ich nie was.«

»Der Imam darf dich nicht beleidigen«, eiferte sich Fatana Schabel: »Tu was dagegen! Die Nicht-Muslime lachen über uns. Schande!«

Zum ersten Mal meldete sich ein junger Mann zu Wort: »Was soll sie denn dagegen tun? Sie ist in einem anderen Raum!«

»Eine Muslima, die sich ihrer Rechte bewusst ist«, erwiderte Fatana Schabel leidenschaftlich, »sollte sich weigern, in Moscheen mit Geschlechtertrennung zu gehen.«

»Welche Moschee auch immer«, regte sich eine dritte Studentin auf, »in allen wird uns eingeredet, dass die Rollenverteilung durch Gott legitimiert ist. Das hat Ihr Mann doch auch behauptet.«

»Aber nur in Bezug auf die Ernährerrolle des Mannes«, verteidigte ihn die erste Studentin. »Und er hat gesagt, dass es nicht islamisch ist, zu unterdrücken oder sich unterdrücken zu lassen.«

»Eben!«, stimmte Fatana Schabel zu. »Wenn wir Muslimas uns nicht mehr unterdrücken ließen, würden wir auch unsere Söhne nicht mehr zu Paschas erziehen.« Sie selbst habe drei Söhne im Alter von 22, 20 und sechs Jahren. Weil ihr Mann in Deutschland groß geworden sei und die religiöse Erziehung des Islam nicht kenne, habe sie die Hauptverantwortung dafür übernommen. »Sonst haben wir alles zusammen gemacht.« Vom Windelnwechseln über Fläschchenwärmen bis Putzen und Wäschewaschen. Das ungewöhnliche Vorbild eines die sogenannten »Frauenarbeiten« verrichtenden Vaters hatte zur Folge, »dass mir heute alle drei Söhne im Haushalt helfen«.

Ihr Mann stimmte zu. Niemals sei allein die Mutter schuld, wenn aus einem Sohn ein Pascha werde. Der Vater sei stets mitbeteiligt, weil er dem Sohn das traditionell patriarchale Paschatum vorlebe. »Ich als Konvertit bin nicht von dem Mantel der Traditionen umfangen. Ich habe keine Probleme mit einem gemischtgeschlechtlichen Miteinander ...«

»...das die Voraussetzung dafür ist«, ergänzte seine Frau, »dass Muslime und Muslimas lernen, miteinander zu kommunizieren. Muslimische Frauen und muslimische Männer leben in getrennten Welten, bevor sie einander heiraten. Auch die gebildeten jungen Leute hier!«

Zustimmendes Geraune der Frauen im Hörsaal 16, betretenes Schweigen der Männer, denen Fatana Schabel nun verbal die Ohren lang zog. »Ein muslimischer Student redet lieber mit einem christlichen oder einem atheistischen Kommilitonen als mit einer Glaubensschwester. Wie soll er dann eine gute islamische Ehe führen, eine partnerschaftliche Ehe?«

Nach dieser beeindruckenden Veranstaltung fragte ich Abdulqadir Schabel, ob er zu einem Interview für mein Konvertiten-Buch bereit ist, obwohl ich – das gab ich offen zu – eine feministische Journalistin bin, die für *Emma* schreibt. Das schien ihn nicht zu schrecken. »Ich habe nichts dagegen«, sagte er und gab mir seine Visitenkarte. »Aber«, schränkte er ein, »meine Frau muss das entscheiden.«

Die beiden sind ein attraktives Paar. Er ist ein großer, schlanker Mann mit braunem Haar, braunem Bart und braunen Augen, ernst und sanftmütig zugleich. Sie ist eine Schönheit, was trotz Verschleierung nicht zu übersehen war. Sie trug kein Kopftuch, sondern einen weinroten Kopfschleier, der auf ihre Schultern fiel, gradlinig wie bei einer ägyptischen Sphinx. Auf mich wirkte Fatana Schabel, während ich direkt vor ihr stand, genauso rätselhaft. Ihre schwarzen Augen unter schwarzen Brauen musterten mich kühl. Ich sagte mein Sprüchlein auf; beim Stichwort *Emma* zogen sich ihre Pupillen eine Schrecksekunde lang zusammen. Doch dann sagte sie völlig gelassen, ich solle ihr in einer E-Mail mein Buchprojekt erläutern. Und tatsächlich – ich wurde eingeladen.

Zwanzig Kilometer von Brensbach entfernt liegt Lützelbach. Ein ehemaliges Hotel an der Schillerstraße ist seit 1983 das Haus des Islam (HDI): ein Zentrum für neue Muslime und die Muslimische Jugend in Deutschland (MJD). Die Islamismus-Expertin Claudia Dantschke schrieb im Juli 2007 auf der Website der Bundeszentrale für politische Bildung *(www.bpb.de)*:

»Die MJD ist eine bundesweit organisierte deutschsprachige Organisation für muslimische Jugendliche zwischen 13 und 30 Jahren aus eher bildungsorientierten und sozial integrierten Schichten, darunter auch zahlreiche Jugendliche bikultureller Herkunft sowie Konvertiten. Die MJD wurde 1994 nach dem Vorbild der britischen Young Muslims unter Leitung des Vereins ›Haus des Islam – HDI‹ (Lützelbach) gegründet. Der erste Amir und Vorsitzende der MJD war Muhammad Siddiq (Wolfgang Borgfeld), ein deutscher Konvertit und Leiter des HDI. Offiziell gilt die MJD als unabhängiger Jugendverband, aber der Verein HDI ist bis heute Pate der MJD, u.a. bei der Veranstaltung der jährlichen MJD-Meetings oder der Brüder- und Schwestern-Lager. Personelle Verflechtungen zwischen der MJD und Organisationen der Muslimbruderschaft, das regelmäßige Auftreten verschiedener Autoritäten dieses Spektrums als Referenten auf MJD-Veranstaltungen und die von der MJD über ihren Buchverlag Greenpalace verbreitete religiöse Literatur haben der MJD wohl nicht zu Unrecht den Ruf einer inoffiziellen Jugend- und Eliteorganisation dieses politisch-islamischen Spektrums verschafft, deren Interessen in Deutschland laut Verfassungsschutz von der ›Islamischen Gemeinschaft in Deutschland e. V.‹ (IGD) vertreten werden, die unter dem Einfluss der ägyptischen Muslimbruderschaft steht.«

Texte wie dieser finden sich reihenweise im Web, wenn man bei der Internet-Suchmaschine Google »Haus des Islam (HDI)« eingibt. So wies das Landesamt für Verfassungsschutz Baden-Württemberg im Januar 2007 auf seiner Homepage auf Broschüren mit »offenbar verfassungsfeindlicher Zielsetzung« hin, die beim Tag der offenen Moschee im Islamischen Zentrum Stuttgart auslagen. Eine sei gemeinsam vom Islamischen Zentrum München und dem Haus des Islam in Lützelbach herausgegeben worden. Der Leiter des HDI Muhammad Siddiq, steht in einer Fußnote, sei Mitglied im European Council for Fatwa and Research, »dessen Vorsitzender Yusuf al Qaradawi ist, der bedeutende Ideengeber der Muslimbruderschaft«.

Die Muslimbruderschaft (MB) ist eine internationale islamistische Bewegung, die der Volksschullehrer Hassan al-Banna 1928 in Ägypten gründete, wodurch er »zum wichtigsten Wegbereiter des politischen Islams im 20. Jahrhundert wurde«, so das Standardwerk »Islam in der Gegenwart«. Al-Banna und seine Anhänger strebten eine »Erneuerung, Einigung und damit Stärkung« der Umma »auf der Grundlage einer politischen Interpretation des Islams an, deren Kernstück die Scharia sein sollte« (5. aktualisierte und erweiterte Auflage 2005, S. 683).

Auf der Themenseite »Islamismus« unter *www.verfassungsschutz-bw.de* findet sich auch ein Hinweis auf den Konvertiten Ahmad von Denffer, »der den Verfassungsschutzbehörden durch Verbindungen zu (Unter-)Organisationen der ›Muslimbruderschaft‹ (MB) hinlänglich bekannt ist«. Auf einer Veranstaltung der Muslimischen Hochschulgruppe Mannheim am 17. Juni 2004 habe er gesagt: Es gebe nur eine richtige Religion, den Islam. Dieser kenne keine Trennung von Kirche und Staat. Der Islam sei das Fundament für alles im politischen und privaten Leben eines Muslims. Letztendlich werde die Politik auf dem Weg zur einzigen Religion untergehen, da sie nicht mehr benötigt werde. Die momentane Situation allerdings erfordere die Geduld der Muslime. Die zurzeit existierende eingeschränkte Religionsausübung sei jedoch nur ein Übergangsstadium. Eine Lösung dieses Problems könne keine politische, sondern nur eine islamische, gottgegebene Lösung sein. Alle Ziele seien diesem einen Ziel unterzuordnen. Fazit des baden-württembergischen Verfassungsschutzes: »Die im Rahmen der Veranstaltung gemachten Äußerungen stellen wesentliche Grundsätze der freiheitlichen demokratischen Grundordnung in Frage, so unter anderem die Trennung von Staat und Religion sowie fundamentalste Grundrechte – die Religionsfreiheit und den Gleichheitsgrundsatz.«

Ahmad von Denffer gehört zu den Gründern einer deutschen Muslim-Gemeinschaft, die 1983 das Hotel in Lützelbach mit finanzieller Hilfe ausländischer Muslime erwarb, um daraus ein Haus des Islam zu machen. Diese Gemeinschaft wurde am 1. Januar 1982 in Leicester, England, aus der Taufe gehoben – mit dem Ziel, »durch die islamische Bewegung die deutschsprachigen Menschen zur völligen Hingabe an Allah und zu völligem Gehorsam Allah und seinem Propheten gegenüber zu führen«. Das steht in einem 1982 erschienenen Büchlein von Ahmad von Denffer mit dem Titel »Briefe an meine Brüder«. (S. 46)

Die 13 Briefe wurden im Eigenverlag des HDI-Vereins herausgegeben, der damals, 1982, noch seinen Sitz in Aachen hatte. Den Einband gestaltete laut Impressum Abdulqadir Schabel. Auch in den Folgejahren fand ich seinen Namen vor meiner Abreise immer mal wieder im Zusammenhang mit dem HDI im Internet. Allerdings nicht in Texten über Islamismus, sondern in Veranstaltungsankündigungen, in denen er als HDI-Referent vorgestellt wird. Doch auf seiner Visitenkarte steht schlicht »Islam-Referent«. Hat er sich vom HDI losgesagt? Ich werde ihn danach fragen.

Inzwischen bin ich von der Bahn in den Bus umgestiegen. Während der Dauerregen, der mich seit Bielefeld begleitet, gegen das Seitenfenster neben mir pladdert, studiere ich den Städteatlas Odenwaldkreis. Ich habe ihn in Reinheim gekauft, statt mich vorher, was schlauer gewesen wäre, an einem Internet-Stadtplan zu orientieren. Spät, zu spät stelle ich fest, dass die Straße, in der die Schabels wohnen, gar nicht in Brensbach, sondern in dem eingemeindeten Dorf Wersau liegt. Schade, ich hätte besser ein Hotelzimmer am Dorfrand gebucht, statt in einem Gasthof im Zentrum der verschlafenen Kleinstadt Brensbach abzusteigen.

Die nette Wirtin informiert mich darüber, dass der nächste Bus nach Wersau erst nach 17 Uhr fährt, und um die Zeit soll ich doch bereits bei den Schabels sein. Nein, in Brensbach gibt es keine Taxis, nur in Reinheim! Doch der Weg nach Wersau, tröstet sie mich, ist nicht weit: »Bloß ein Kilometer« – bis zum Ortseingang. Die Schabels allerdings wohnen in einem Neubaugebiet am Ortsausgang, was zwei weitere Kilometer Fußweg bedeutet. Auf halber Strecke gesellt sich zum strömenden Regen auch noch stürmischer Wind, dem mein Taschenknirps nicht gewachsen ist; ich klappe ihn lieber zu. In der Ortsmitte fährt ein Bus aus Brensbach an mir vorbei. Grimmig schaue ich ihm nach.

Als ich bei den Schabels ankomme, fühle ich mich wie ein mit Wasser vollgesogener Schwamm. Ich schäme mich für meinen desolaten Zustand, als mir ein junger Mann, der mittlere Sohn, Samir, die Tür öffnet und mich freundlich hereinbittet. Seine Mutter tritt hinzu. »Warum haben Sie nicht angerufen? Wir hätten Sie doch abholen können!«, sagt Fatana Schabel, die eine großzügige Gastgeberin ist und es mir sogar gestatten würde, ihr Haus mit Schuhen zu betreten. Doch ich ziehe sie höflich aus, weil sie schmutzig und nass sind, aber vor allem, weil ich mich mit meinen neuen Puschen aus hauchzartem Leder beliebt machen will, die ich im Orient-Laden der Tekke in Trebbus erstanden habe.

Heute trägt Fatana Schabel ihr langes schwarzes Haar offen, kombiniert mit einem weiten Pulli und bequemen Hosen. Ihr Mann gehört wegen einer schweren Erkältung und Fieber eigentlich ins Bett. »Sie hätten doch absagen können.« Nein, hätten sie nicht! Gastfreundschaft und Zuverlässigkeit zählen in dem islamischen Leben, das diese beiden führen, mehr als eine Erkältung.

Wir setzen uns ins Wohnzimmer; ein großer, heller Raum, in dem die warmen Farben Orange und Weinrot vorherrschen, eingerichtet in einem modernen, keineswegs überladenen orientalischen Stil. Samir serviert Tee. Dann stelle ich mein Aufnahmegerät an und bitte Abdulqadir Schabel, erzählen, wie er zum Islam kam – beziehungsweise wie der Islam ihn fand.

Abdulqadir Schabel, der früher Gerhard hieß, ist Jahrgang 1958 und stammt aus einer Arbeiterfamilie. Seine Mutter war streng katholisch erzogen worden, »mit viel Zwang«.

Der Vater war ein »protestantischer Heißsporn«. Die beiden »mussten« nach dem Moralkodex der 1950er-Jahre heiraten, weil ein Kind unterwegs war, Abdulqadir Schabels älterer Bruder. Da es damals noch keine ökumenischen Trauungen gab, heirateten sie evangelisch, weshalb die Mutter aus der katholischen Kirche austreten und zum Protestantismus übertreten musste. »Das hat sie tief verletzt. Wir sind dann auch nicht sehr religiös oder traditionell christlich erzogen worden. Protestantische Taufe, Weihnachten und Ostern Geschenke austauschen, Konfirmandenunterricht, das war's.« Die Eltern gehörten zu der um ihre Jugend betrogenen Kriegsgeneration, die in der jungen Bundesrepublik mit nichts anfing. Die Generation, die nur eines wollte: »Häusle bauen und einen bescheidenen Wohlstand erwirtschaften.« Beide, Mutter und Vater, arbeiteten, und ihre Söhne führten ein »ziemlich freies Leben«. So kam es, dass Abdulqadir Schabel sich in seiner Schule als einziger mit der Unterschrift seiner Eltern vom Religionsunterricht abmeldete. Am Konfirmandenunterricht nahm er teil, auch an der Konfirmation, aber: »Eine Woche später bin ich aus der Kirche ausgetreten.« Da war er 14.

Auf die Frage, wie er zum Islam kam, antwortet er meist: »Gott hat mich geschubst.« Damit meint Abdulqadir Schabel glückliche Zufälle, die allerdings immer auch mit Entscheidungen verbunden waren. Als ihm während des Konfirmandenunterrichts angeboten wurde, Mitglied in einer evangelischen Jugendgruppe zu werden, hatte er eigentlich keine Lust, entschied sich dann aber doch dafür. »In dieser Gruppe waren auch Christen, aber vor allem Hippies. 1972, das war ja die auslaufende Hippie-Zeit.« Diese Jugendgruppe beschäftigte sich viel mit Esoterik: »Buddhismus, Hinduismus, Magie. Alles, was es auf dem esoterischen Markt gab. Fünf, sechs Leute trafen sich regelmäßig und liehen sich gegenseitig Bücher aus.« Und sie reisten per Anhalter durch Europa und Nordafrika. »In Marokko fiel mir auf, dass wir hier in Deutschland im Gegensatz zu den Marokkanern sehr ängstlich und zwanghaft im Umgang miteinander sind.« Er sei sechs Wochen durch Marokko getrampt und oft von Familienvätern, die ihn mitnahmen, nach Hause eingeladen worden. Jeweils zwei, drei Tage lang lebte er bei wildfremden Menschen. Wenn die Familie Söhne in seinem Alter hatte, zeigten diese ihm die Umgebung. Solch großzügige Gastfreundschaft war für ihn eine völlig neue Erfahrung. Noch etwas fiel ihm in Marokko auf: die Allgegenwärtigkeit Gottes. »In Ritualen, Umgangsformen, in der Sprache – er ist immer da.«

Die anderen Gruppenmitglieder hatten auf ihren Reisen durch Nordafrika ähnliches erlebt. Darum besorgten sie sich gemeinsam eine Übersetzung des Korans – auch dies eine Entscheidung mit gravierenden Folgen. »Ich war ein Suchender und stellte mir die Frage: Gibt es Gott oder nicht? Ich schaute mir die Schöpfung an und dachte: Es muss jemanden geben, der das alles geschaffen hat, den Makro- und Mikrokosmos, in vollkommener Harmonie. Aber der Mensch, wie passt der Mensch da hinein?, fragte ich mich. Er raubt, mordet, vergewaltigt und zerstört. Wenn Gott existiert und er den Menschen so schwach erschaffen hat, dachte ich, dann muss es eine Rechtleitung geben. Wenn Gott existiert und er gerecht ist, dann muss diese Rechtleitung so klar und einfach sein, so logisch nachvollziehbar, dass jeder Mensch sie versteht und auch umsetzen kann. Und als ich den Koran las, war es genau das.« Im Ramadan 1979 fastete er zum ersten Mal und lernte in dieser Zeit die Gebete. Danach lebte er zwei Jahre wie ein Muslim und reiste noch viel, unter anderem nach Palästina und Jordanien. Sein offizielles Glaubensbekenntnis legte er 1981 in Mannheim ab.

»Im Nachhinein kann ich nur sagen: Wenn Gott mich nicht geschubst hätte, wäre ich heute kein Muslim.«

»Und Sie hätten Ihre Frau nicht kennengelernt.«

»Richtig!«

»Frau Schabel, Sie haben mir in Mainz durch Ihren Kampf-geist imponiert. Könnte man Sie als feministische Muslima bezeichnen?«

»Na ja, es kommt darauf an, aus welcher Perspektive man mich sieht. Wenn jemand sehr patriarchalisch aufgewachsen ist, mag er mich vielleicht für eine Feministin halten. Ich selbst sehe mich nicht so. Ich bin wie ich bin. Ich hatte eine emanzipierte Mutter und einen wunderbaren, gerechten, frauenfördernden Vater. Er war Ingenieur und hatte in Ame-rika studiert. Meine Mutter war auch Akademikerin und westlich orientiert.«

»Da Ihre Eltern säkular waren, sind Sie im Grunde ja auch eine Konvertitin, Frau Schabel.«

»Säkular ist übertrieben. Die beiden waren muslimisch, aber nicht islamisch.«

»Wie habe ich das zu verstehen?«

»Islamisch ist, wenn man sich zu dieser Religion bewusst bekennt und sie auch ausübt. Muslimisch sein heißt, dass man in die religiöse Tradition hinein geboren wurde, aber nicht unbedingt die islamische Lebensweise praktiziert. Für mich bedeutet das, nicht nur zu beten und zu fasten, sondern sich zu bemühen, ein gottgefälliges Leben zu führen. Ich beginne meinen Tag mit Gott und beende ihn mit Gott. In jeder alltäglichen Situation bin ich mir bewusst, dass er mich beobachtet. Und ich versuche, so zu leben, dass er mit mir zufrieden ist.«

»Dazu gehört anscheinend auch, für Frauenrechte zu strei-ten.«

»Ja! Aber nicht wie eine autonome Feministin im westli-chen Sinne. Es geht um die Rechte, die Gott uns Muslimin-nen durch den Propheten geschenkt hat und die uns verwei-gert werden.«

»Warum und wann bekannten Sie sich bewusst zum Islam?«

Ihre Eltern, erzählt Fatana Schabel, »haben nicht viel mit Gott kommuniziert«, doch die muslimischen Feste wurden gefeiert, und die Kinder – Fatana hat drei Brüder und eine zehn Jahre jüngere Schwester – nahmen am Koranunterricht teil. Aber: »Bis zu meinem 17. Lebensjahr hatte ich noch nie gebetet. Als mein Vater mich einmal darum bat, mit ihm zu beten, kamen mir die Tränen, weil ich es nicht konnte.«

Die Familie lebte damals in Saudi-Arabien, doch Fatana Schabel wahrte weiter Distanz zum Islam. Allerdings begann sie, Bücher über ihn zu lesen. Und siehe da: »Alles Gute kommt aus dem Westen!« Jedenfalls bewahrheitete sich diese Behauptung ausnahmsweise tatsächlich – in Gestalt eines Büchleins über Frauen und Frauenrechte im Islam. »Ich weiß nicht mehr den Namen des Autors, aber er war ein Amerikaner.« Seitdem sie dieses Buch gelesen hatte, ertappte sie sich dabei, dass sie bei jedem neuen Buch, das sie in die Hand nahm, »erstmal überprüfte, was da über Frauen steht«. Nach und nach, zunehmend bewusster, beschäftigte sie sich »auch mit anderen Aspekten des Islam«. Und dann, mit 21, nahm sie, die seit Jahren in Mekka lebte, zum ersten Mal an der Hadsch teil. Und das war gewissermaßen ihre Konversion. »Ein unbeschreiblich schönes Erlebnis für Körper, Geist und Seele!«

»Sie haben sich also erst verstandesmäßig dem Islam angenähert, und der letzte Kick sozusagen, der ganzheitliche Kick kam durch die Hadsch.«

»Gott möchte ja«, sagt Abdulqadir Schabel, »von uns durch Überzeugung überzeugt werden. Wenn man sich dem Islam nähern will, ist auch der Verstand gefragt, nicht nur das Herz.«

»Ich bevorzuge ›Seele‹ statt ›Herz‹«, entgegnet Fatana Schabel. »Die Seele ist entscheidend. Sie ist das, was für die

Ewigkeit gedacht ist. Sie leidet, wenn wir nur für Äußerlichkeiten leben. Karriere, Statussymbole, Schönheit, Wellness, Partys, Fun. Ich habe diese Innerlichkeit, dieses Seelische durch die Hadsch gefunden, eine unglaubliche Ruhe. Und diese Erfahrung hat mich absolut überzeugt. Doch darauf folgte ein langer Prozess. Mein Verstand war schon vor der Hadsch auf den Islam ausgerichtet, aber so richtig rege wurde er erst danach, als ich mich intensiv mit dem Koran und den Überlieferungen auseinanderzusetzen begann. Erst als ich mir diese beiden Quellen unseres Glaubens einigermaßen erschlossen hatte und mir bewusst geworden war, dass man mit Körper, Geist und Seele mit Gott ist und er mit uns, immer, jede Minute – erst dann sagte ich mir: Ich bin bereit, die islamische Lebensweise zu leben. Und damit geht's mir bis heute gut. Wenn's mir mal nicht gutgeht, liegt es daran, dass ich nicht so lebe, wie der Islam es von mir verlangt. Zum Beispiel, wenn mein Mann und ich uns streiten. Währenddessen wissen wir ganz genau, wie wir uns eigentlich verhalten sollten. «

» Gar nicht streiten? Das wäre doch unrealistisch! «

» Das verlangt der Prophet auch nicht von uns «, erklärt Fatana Schabel. » Er verlangt, dass wir uns nach spätestens drei Tagen wieder versöhnt haben müssen. «

» Sehr lebensnah «, räume ich ein.

» Genau das meinte ich ja vorhin mit einer Rechtleitung, die nachvollziehbar und praktikabel ist «, sagt Abdulqadir Schabel.

» Praktikabler als das deutsche Scheidungsrecht beispielsweise, das es einem so schwer macht, sich scheiden zu lassen «, ergänzt Fatana Schabel und erzählt, dass sie und ihr Mann fünf Monate islamisch verheiratet waren, bevor sie standesamtlich heirateten. » Das haben wir erst getan, als wir uns sicher waren, dass wir zusammenbleiben wollen. Wir haben uns ja erst in der Ehe kennengelernt. «

Ich fasse es nicht. »Vorher kannten Sie sich überhaupt nicht? Sie sind doch beide westlich orientierte Menschen!«

In erster Linie, erwidert Fatana Schabel, seien sie und ihr Mann Menschen, die sich bewusst entschieden hätten, islamisch zu leben. Beide, unabhängig voneinander, hatten beschlossen: »Gott hat einen Ehepartner für uns. Und wenn ich ihm eines Tages begegne, werde ich einfach ›ja!‹ zu ihm sagen.«

Dass es zu dieser Begegnung kam, sei wieder einer dieser schicksalhaften Zufälle gewesen, erzählt Abdulqadir Schabel. 1984 ergab sich für ihn die Gelegenheit zu einer kleinen Pilgerfahrt (der Umra, die man jederzeit außerhalb des Hadsch-Monats Zuul Hijahh machen kann). In Mekka übernachtete er bei einem Bekannten, der eines Abends zu ihm sagte: »Ich möchte dich nicht unverheiratet nach Deutschland zurückkehren lassen.« Dieser Bekannte war mit einem schottischen Konvertiten befreundet, »ein Nachbar der Familie meiner Frau«. Er stellte den Kontakt her, Abdulqadir und Fatana wurden einander vorgestellt und beschlossen zu heiraten. So klingt diese ungewöhnliche Liebesgeschichte in seiner Version – ihre Version ist etwas detaillierter.

Sie habe sich im Ramadan 1984 für die islamische Lebensweise entschieden, erzählt Fatana Schabel. Damals sei sie 22 gewesen und bereit zu heiraten, denn: »Der Koran hat mich erkennen lassen, dass es wichtig ist, eine Partnerschaft einzugehen und eine Familie zu gründen.« Aber wen heiraten? Da hatte sie sehr konkrete Vorstellungen, unrealistische nach der Meinung ihrer Familie. Denn es sollte unbedingt ein Konvertit sein und auf keinen Fall ein gebürtiger Muslim. Grund: »Der versteht ja seine Tradition als Islam, ein Konvertit hingegen hat den Islam ganz rein kennengelernt, vom Ursprung her, aus dem Koran.«

»Und damit auch die Frauenrechte?«

»Ja!« So jedenfalls wünschte sie es sich. Und ihr Wunsch

ging unverhofft in Erfüllung, als am Ende des Monats Ramadan 1984 Abdulqadir Schabel vor ihrer Haustür stand. »Gleich nach dem Ramadan haben wir uns verlobt und zwei Monate später geheiratet.«

Samir hat im Esszimmer den Tisch gedeckt, er bittet uns zum Abendessen. Erneut bin ich beschämt über die Gastfreundschaft, die einer Unbekannten und nicht sonderlich Vertrauenswürdigen wie mir gewährt wird. Es gibt verschiedene Salate, orientalische Dips, eingelegtes Gemüse – alles selbst gemacht. »Aber das wäre doch nicht nötig gewesen!«, rufe ich aus (und höre innerlich Scheich Halis Dornbrach spöttisch lachen). Es habe nicht viel Mühe bereitet, beruhigt mich Fatana Schabel. Sie liebe es, Gäste zu bewirten. Oft treffen sich Nachbarinnen hier zum Frühstück. Ein islamisches Leben zu führen bedeute nicht, sich von allen anderen abzuschotten. Das wäre ja langweilig. Sie findet den Kontakt zu Andersdenkenden und Andersgläubigen »belebend und bereichernd«.

Fatana Schabel steht auf, um nach ihrem jüngsten Sohn zu schauen. Unterdessen erzählt mir ihr Mann, dass in ihrem Neubaugebiet im Grunde alle Außenseiter sind: Zugezogene. Doch er und seine Frau haben sich von Anfang an bemüht, auch das Vertrauen der Alteingesessenen zu gewinnen. Fatana und Abdulqadir Schabel engagierten sich im Kindergarten und im Elternbeirat der Grundschule. Sie hatten immer ein offenes Haus – bis zum 11. September 2001. »Danach begann diese fatale Schläfer-Diskussion«, erklärt Fatana Schabel, die ohne den Jüngsten, Idris, zurückgekehrt ist, der sich, ebenfalls erkältet, ins Bett zurückgezogen hat. »Plötzlich wurde getuschelt, dass wir möglicherweise Schläfer sind.« Als ihrem Mann das zu Ohren kam, sei er sofort zum Bürgermeister gegangen, und dieser habe eingewilligt, eine Informationsveranstaltung im Rathaus zu organisieren. 70 Dörfler kamen, nicht alle wohlgesonnen. Doch der Pfarrer ergriff Partei für die Schabels und ebenso der Bürgermeister, der bekräftigte, »dass wir eine ganz normale Familie sind«. Die Schabels versicherten das auch. »Wir sind keine Terroristen, haben wir erklärt. Wir sind einfache Muslime und ein Teil dieser Gesellschaft. Und das wollen wir auch bleiben.«

Nun komme ich mir wie eine Verräterin vor. Denn ich muss sie endlich stellen, die Frage, vor der ich mich so lange gedrückt habe, die beleidigende, verletzende und doch notwendige Frage: Herr Schabel, sind Sie ein Islamist? Nein, so direkt spreche ich dieses heikle Thema dann doch nicht an! Ich bevorzuge einen vorsichtigen Umweg. »Ich habe ein bisschen im Internet gesurft, bevor ich hierher kam. Dabei fiel mir auf, dass Ihr Name manchmal im Zusammenhang mit dem Haus des Islam auftaucht.«

Abdulqadir Schabel erwidert gelassen: »Mit dem HDI habe ich eigentlich gar nichts mehr zu tun, außer dass wir am Freitagsgebet teilnehmen. Früher habe ich im Namen des HDI Vorträge gehalten. Aber da wird man leicht in eine Schublade gesteckt, nach dem Motto: Der wird von der türkischen Milli Görüs finanziert oder vom wahhabitischen Saudi-Arabien gesteuert. Deswegen habe ich mich vom Haus des Islam gelöst. Doch ich verleugne nicht, dass da meine Wurzeln sind. Ich bin da gewissermaßen groß geworden, nachdem ich mich als junger Mann zum Islam bekannt hatte.«

»Ich habe da nie Wurzeln schlagen können«, sagt Fatana Schabel. »Das HDI mag ein wunderbares Zentrum und eine große Hilfe für neue Muslime sein. Doch ich möchte auch Umgang mit Nicht-Muslimen haben. Die Gefahr ist, dass man einsam wird und den Kontakt zur Gesellschaft verliert, wenn man zu einem Zentrum gehört, einer Moschee-Gemeinde oder zu einer muslimischen Organisation. Darum sind wir seit 15 Jahren freie und unabhängige Islam-Referenten.«

»Man könnte Ihnen trotzdem unterstellen, dass Sie, wie Ahmad von Denffer es 1982 in einem seiner Briefe an die Brüder formuliert hat, die deutschen Nicht-Muslime zur völligen Hingabe an Allah bewegen wollen.«

Abdulqadir Schabel lacht. »Wissen Sie was? In unseren Veranstaltungen sitzen zu 90 Prozent Muslime mit Migrationshintergrund. Wenn überhaupt, missionieren wir die. Aber es geht uns gar nicht um Mission, es geht uns um Information über den Islam. Von den circa 3,5 Millionen gebürtigen Muslimen hier in Deutschland gehen zehn Prozent in die Moschee, höchstens ein bis zwei Prozent setzen sich wirklich mit ihrer Religion auseinander. Der Rest folgt der Tradition. Diese traditionsgebundenen Muslime wollen wir erreichen …«

»… damit sie den Sprung in die Neuzeit wagen«, ergänzt Fatana Schabel. »Darum ermuntern wir die jungen Muslime, die zu unseren Vorträgen kommen, nicht auf ihre Eltern zu hören. Der Islam, erklären wir diesen jungen Menschen, ist eine Religion, die Überzeugung voraussetzt und nicht vererbt wird. ›Lebt den Islam und nicht die Tradition eurer Eltern!‹«

»Es steht im Koran«, erklärt mir Abdulqadir Schabel, »dass man seine Eltern ehren muss und ihnen nicht widersprechen darf, es sei denn, sie verlangen etwas, das gegen den Islam ist. Wir ermutigen junge Leute dazu, auch mal ›nein‹ zu sagen und den harten Weg einzuschlagen.«

»Mit welchem Ziel?«

»Integration!«

»Bisher dachte ich, dass Konvertiten Brücken zwischen der muslimischen Minderheit und der deutschen Mehrheitsgesellschaft bauen. Aber Sie bauen offenbar auch Brücken zwischen den Muslimen und dem Islam.«

»Ja, durchaus«, entgegnet Abdulqadir Schabel. »Als ich Muslim geworden war und in Moscheen ging, sagten die alten Männer dort: ›Gleich ins Paradies!‹«

163

»Was meinten sie damit?«

»Dass die Annäherung an den Islam für einen Konvertiten so schwer ist, dass ihm allein wegen der Mühe, die er sich macht, ein Platz im Himmel gebührt. Ich jedoch meine, dass man es als Konvertit leichter hat, die Essenz des Islam zu erkennen, weil man diesen ganzen Ballast von Traditionen nicht mit sich herumschleppt. Darum ist man als Konvertit so etwas wie eine neutrale Person mit einer Vermittlerrolle. Nicht nur zwischen dem Islam und den Muslimen, sondern auch zwischen den Muslimen. Eigentlich dürfte es das nicht geben, aber unter Muslimen gibt es einen latenten Rassismus, Vorbehalte gegen Nationen: arabisch, türkisch, pakistanisch, afghanisch und so weiter.«

»Überspitzt formuliert«, sagt Fatana Schabel, »sind die Konvertiten die vernünftigeren Muslime.« Allerdings fehle ihnen die Herzenswärme gebürtiger Muslime. Dieser Mangel sei typisch deutsch. »Das merkt man sofort, wenn man eine Familie besucht, in der beide, Mann und Frau, Konvertiten sind. Sie bemühen sich, gastfreundlich zu sein. Sie sind genau wie wir orientalisch eingerichtet. Aber es fehlt an Atmosphäre. Die Herzlichkeit ist nicht da.«

»Was auch noch eine Rolle spielt«, erklärt Abdulqadir Schabel: »Wir Konvertiten leben über ganz Deutschland verstreut, ohne den Kontakt miteinander zu pflegen, weil wir Individualisten und Einzelgänger sind. Wenn man sich unsere Lebensgeschichten betrachtet, sind wir Menschen mit einem Weg, den wir – in Anführungsstrichen – ›außerhalb der Gesellschaft‹ beschritten haben. Wir sind Aussteiger und Randfiguren.«

»Wir geborenen Muslime hingegen«, ergänzt Fatana Schabel, »sind familien- und gemeinschaftsorientiert. Was die Konvertiten sehr genießen, ohne es selbst leben zu können. Sie haben das nicht gelernt. Wie auch immer, wir ergänzen uns. Die Mischung ist gut!«

Mein Aufnahmegerät stoppt, die zweite Kassette ist voll, ich habe keine dritte dabei. Es ist ohnehin Zeit zu gehen, nur noch fünf Minuten bis Mitternacht. Der letzte Bus steht längst in der Garage. Ein Taxi aus Reinheim würde nicht kommen, um mich von Wersau nach Brensbach zu bringen. Aber es hat aufgehört zu regnen. Also Puschen aus, Schuhe an und ab! Doch zu Fuß nach Brensbach zu gehen wird mir nicht gestattet. Abdulqadir Schabel, der sich wegen Fiebers kaum noch auf den Beinen halten kann, macht sein Auto startklar. Fatana Schabel hilft mir in den Mantel und sagt, dass sie mir etwas gestehen muss. Fereshda Ludin, die durch alle Gerichtsinstanzen dafür kämpfte, als Lehrerin im Staatsdienst Kopftuch tragen zu dürfen – was wir *Emma*-Frauen mit all unserer journalistischen Power zu verhindern versuchten –, ist ihre eigene Schwester.

»Ich habe Fereshda erzählt, dass Sie kommen.«

»Und was hat sie gesagt?«

»Dass ich Sie wieder ausladen soll! Einer *Emma*-Journalistin könne man nicht trauen.«

»Warum sagen Sie mir das jetzt erst?«

»Ich wollte Sie nicht verunsichern. Ich wollte, dass Sie einen schönen Abend bei uns verbringen.«

Ich bin mal wieder gerührt.

Schwarze Abbayas im Ruhrgebiet

Pierre Vogel alias Abu Hamsa ist ein Star. Wenn er einen Vortrag hält, stehen die Menschen Schlange – auch an diesem Sonntagnachmittag, Anfang März 2008 in Bochum. Veranstaltungsbeginn ist 16 Uhr 30, ab 16 Uhr ist Einlass. Bereits eine halbe Stunde vorher herrscht dichtes Gedränge auf dem Vorhof der Islamischen Gemeinde, deren Moschee laut Homepage Platz für 400 Gläubige bietet. Dies scheint aber zu wenig, wenn es jetzt schon so voll ist.

Ein Star wollte Pierre Vogel eigentlich als Leichtschwergewichtler im Boxring werden. Doch nachdem er mit 23 Jahren zum Islam übergetreten war, gab er seine vielversprechende Karriere als Berufsboxer auf. Inzwischen ist er 29 und wohl der charismatischste der jungen Prediger »eines radikalen deutschen Islam« (*Die Zeit*) und noch erfolgreicher als sein Freund Abdul Adhim in Berlin-Neukölln. Unter dem Stichwort »Live-Konversionen« stellt er seine Bekehrungserfolge auf Video im Internet zur Schau: bis zu sieben Übertritte pro Veranstaltung – oft spontan, aus purer Begeisterung für den Kölner Gastwirtssohn, den seine Kritiker mit dem Rattenfänger von Hameln vergleichen. Nicht nur Konvertiten folgen Pierre Vogel in Scharen. Er rühmt sich, auch zahlreiche säkulare Muslime zum wahren Glauben zurückgeführt zu haben, Männer und Frauen.

Die Moschee an der Dibergstraße im Bochumer Stadtteil Ehrenfeld war früher eine KFZ-Werkstatt. Als Gebetssaal und heute Nachmittag als Vortragssaal dient eine Halle an der Stirnseite des Vorhofs. Vor dem Eingang sind Schuhe aufgereiht. Männerschuhe. Die großen Fenster stehen weit offen, Männer schauen heraus. Auch der Vorhof ist mit Männern gefüllt – die jungen in engen Jeans, mit Gel im Haar und ohne Bart sind eigentlich nicht islamisch korrekt gekleidet. Konvertiten und Konvertierungswillige sind hier wohl in der Minderheit. Jedenfalls entdecke ich nur zwei, drei Männer, die gebürtige Deutsche sein könnten. Wo sind die Frauen, einerlei welcher Herkunft? Im Internet sind die Vorträge von Pierre Vogel meist in türkischen Hochzeitssälen zu sehen, immer mindestens zur Hälfte mit Frauen besetzt, die entweder hinter den Männern sitzen oder in durch einen Gang getrennten Stuhlreihen daneben. Hier allerdings, so scheint es, müssen Frauen draußen bleiben.

Ach, da sind ja ein paar! Die Köpfe mit streng gebundenen Tüchern verhüllt, die Körper unter langen Mänteln verborgen, verkaufen sie vor dem Nebengebäude linkerhand orientalische Gerichte, Kuchen und Getränke. Vor dem Nebengebäude gegenüber sind die Herren der Schöpfung am Werk. Sie grillen Lammfleisch und bringen T-Shirts und Baseball-Caps mit der Aufschrift »I love my Prophet« an den Mann. Besser würde »It's a Man's World« passen, denke ich, als ich auf den Gebetssaal zustrebe, um mir einen Platz zu sichern. Da umrundet eine junge Türkin mit Kopftuch und langem Mantel eilends den Kuchenstand. Sie hält mich auf und fragt mich freundlich, wohin ich will.

»Zu Pierre Vogel!«

Sie lächelt beschämt. »Es tut mir leid. In den Gebetssaal dürfen nur Männer.«

»Auf Ihrer Homepage steht doch ›Nichtmuslime sind willkommen‹!«

»Für die gelten die gleichen Regeln«, erwidert sie. »Kommen Sie mit! Ich bringe Sie zu den Frauen.«

An einem Häuschen mit Toiletten und Waschräumen vorbei führt sie mich um das Hauptgebäude herum zu einer Seitentür. Im Korridor dahinter muss ich meine Schuhe ausziehen und in ein Regal zu vielen anderen Frauen- und Kinderschuhen stellen. Jetzt betreten wir einen niedrigen, kahlen, von Leuchtstoffröhren erhellten Raum. Der einzige Wandschmuck sind Buntstiftzeichnungen von Kinderhand und eine arabische Kalligrafie. Auf dem orientalischen Teppichboden, dessen Farben in dem kalten Neonlicht fahl wirken, sitzen verschleierte Frauen – keine Konvertitinnen, so weit ich es erkennen kann – und plaudern miteinander. Sie müssen auf den Nachwuchs aufpassen. Die Säuglinge werden auf dem Schoß gewiegt, die älteren Kinder toben herum. Augenscheinlich fühlen sich alle wohl – nur ich nicht. »Wie sollen wir hier Pierre Vogel sehen?«, frage ich meine Begleiterin.

Diese Frage ist ihr unangenehm. »Ihn zu sehen ist leider nicht möglich. Wir haben keine Videoübertragungsanlage. Aber wir haben das!« Sie zeigt auf einen Lautsprecher oberhalb der Kalligrafie. »Ich muss jetzt wieder Kuchen verkaufen. Machen Sie es sich bequem!« Weg ist sie.

Kaum, dass ich mich auf dem Teppichboden niedergelassen habe, soll gebetet werden. Die Frauen erheben sich und stellen sich vor der Kalligrafie auf, die, wie ich nun verstehe, die Gebetsnische ersetzt und die Richtung nach Mekka anzeigt. Es ist erst 15 Uhr 45. In diesem Frauengefängnis halte ich es nicht aus. Ich kehre in die Männerwelt auf dem Vorhof zurück. Dort stehe ich etwas verloren herum. Die junge Türkin verlässt den Kuchenstand erneut und nimmt sich meiner gastfreundlich an. Ich berichte ihr von meinem Buchprojekt. Erstens sei ich gekommen, um Pierre Vogel live zu erleben, und zweitens, um mit ihm einen Interview-Termin zu vereinbaren. »Mein Mann gehört zum Organisationsteam, er wird Ihnen helfen«, sagt sie, winkt ihn heran und trägt ihm mein

Anliegen vor. Pierre Vogel vor dem Vortrag abzufangen sei schwierig, bedauert er. »Ich hole ihn erst kurz vorher vom Bahnhof ab. Aber ich bemühe mich, es zu arrangieren, dass Sie hinterher mit ihm sprechen können.«

Nachdem ihr hilfsbereiter Mann gegangen ist, erzählt mir die junge Türkin stolz, dass die Islamische Gemeinde Bochum e. V. die größte und die einzige internationale Muslimgemeinschaft in der Ruhrgebietsstadt ist: 300 Vereinsmitglieder, zehn verschiedene Nationalitäten, auch konvertierte Deutsche. »Da kommt ja eine Konvertitin!«

Ich erschrecke, denn uns nähert sich eine zierliche Frau in einer Abbaya. Die Abbaya, auch Tschador genannt, ist ein schwarzer Körperschleier, in den sich Frauen im Iran und in Saudi-Arabien hüllen müssen, wenn sie sich in der Öffentlichkeit zeigen. Den schwarzen Gesichtsschleier (auch ein Muss für iranische und saudi-arabische Muslimas), der das Gesicht ganz oder halb verbirgt, trägt die Konvertitin allerdings nicht, die sich nun zu uns gesellt. Aber sie trägt einen schwarzen Kopfschleier und darunter ein schwarzes Bone. Wie die weißen Gimpen bei katholischen Nonnen bedeckt es den Großteil von Stirn, Wangen und Kinn. So wird das auf Augen, Nase und Mund reduzierte Gesicht entpersönlicht. Daher kann ich nur schwer einschätzen, wie alt die Konvertitin ist. Aus ihrer faltenlosen Gesichtshaut schließe ich, dass sie jung ist, sehr jung, höchstens achtzehn. Ihr Gebaren allerdings strahlt überhaupt nichts Jugendliches aus. Während ich enthusiastisch von meinem Buchprojekt berichte, um sie dafür zu gewinnen, wirkt sie so leblos wie eine in schwarzen Granit gehauene Statue.

»Ich bin sofort dabei, keine Frage!«

Das hat nicht die Konvertitin gesagt, nein, ihre Mutter war es, die hinzugetreten ist. Welcher Kontrast! Die Mutter ist eine temperamentvolle Rothaarige, geschminkt, in modischer Kleidung, ein echter Ruhrgebietsmensch, offen, humorvoll.

Sie finde es spannend, erklärt sie, sich gemeinsam mit ihrer Tochter für mein Buch interviewen zu lassen.

»Das ist es in der Tat! Zumal Sie sich mit dem neuen Glauben Ihrer Tochter arrangiert zu haben scheinen. Sonst wären Sie ja wohl nicht hier, oder?«

»Erst war es ein Schock«, entgegnet sie. »Aber dann haben mein Mann und ich die Entscheidung unserer Tochter akzeptiert.« Seither versucht die Mutter, den Islam kennenzulernen. Wann immer möglich, begleitet sie ihre Tochter zu Veranstaltungen wie dieser hier.

Am liebsten würde ich sofort einen Interview-Termin vereinbaren. Daran hindert mich ein kühler Blick der Konvertitin. Ich gebe ihrer Mutter meine Visitenkarte und bitte sie, mich anzurufen, falls ihre Tochter bereit sein sollte, das gemeinsame Interview zu führen. »Wir bereden das und melden uns dann!«, verspricht die Mutter, doch die Tochter und ich wissen, dass es nicht dazu kommen wird. Dem Wunsch ihrer Mutter will sie sich nicht beugen, denke ich, als sie aufrechten Hauptes zum Frauenraum schreitet. Obwohl die Mutter in diesem Umfeld eine Außenseiterin ist, folgt sie ihrer Tochter tapfer, um deren Liebe nicht zu verlieren. Es ist ein Machtspiel. Ein Eltern-Kind-Machtspiel, wobei das Kind in diesem Fall gewonnen hat. Aber das sind Mutmaßungen. Ob sie zutreffen, werde ich nie erfahren, denn die Mutter ruft mich tatsächlich nicht an.

Immer mehr Menschen strömen auf den Vorhof. Nun auch Frauen, junge Frauen ohne Kinder. Zwei sogar in Jeans. Die eine trägt gar kein Kopftuch, die andere ein kleines, nach hinten gebundenes. Die ohne Kopftuch ist eine Migrantin, vermute ich; die mit dem kleinen Kopftuch könnte eine konvertierte Deutsche sein. Als sie darauf hingewiesen wird, dass sie in den Frauenraum muss, ist sie sichtlich ungehalten; aber sie geht. Ich hoffe, dass die Fenster des Gebetssaals nicht geschlossen werden; darum bleibe ich. Unruhe kommt auf.

Pierre Vogel ist eingetroffen. Ehe ich einen Blick auf ihn erhaschen kann, ist er von Männern umringt. Sie geleiten ihn in den Gebetssaal, gefolgt von den anderen Männern und halbwüchsigen Jungen.

Der Vortrag beginnt, und die Fenster stehen immer noch weit offen. Glück gehabt! Als ob ich eine Geheimkonferenz belauschen wollte, schleiche ich mich an, ducke mich und spähe in den Saal. Doch kaum habe ich den Kopf angehoben, um über die Fensterbank zu blicken, werde ich verscheucht wie eine diebische Elster.

Ich mache mich auf den Weg zum Frauenraum, um Pierre Vogel, wenn ich ihn schon nicht sehen darf, wenigstens zu hören. Ein Teil der Frauen kommt mir, von Kindern begleitet, entgegen. Es sind die Frauen, die nicht nur miteinander plaudern wollen, sondern ernsthaft an dem Vortrag interessiert sind. Auch die temperamentvolle Mutter und ihre stoische Tochter. »Der Lautsprecher ist kaputt. Darum sollen wir ins Café umziehen, wo es angeblich zwei funktionierende Stereo-Lautsprecher gibt«, informiert mich die junge Frau in Jeans mit kleinem Kopftuch, die ich für eine deutsche Konvertitin gehalten habe. Ich habe mich getäuscht. Ihre Eltern stammen aus Marokko, erzählt sie, während wir die Außentreppe zur ersten Etage des rechten Nebengebäudes erklimmen. Im Café sind in aller Eile Stuhlreihen aufgebaut worden, zu wenige. Die meisten von uns müssen stehen, was ja nicht so schlimm wäre, würden die Lautsprecher wirklich funktionieren. Pierre Vogel ist zu vernehmen, leise, übertönt von brummenden Bässen und hellen Kinderstimmen.

Ich gehe wieder raus, die junge Frau in Jeans folgt mir. Sie ist sauer. »Im Internet kann man ihn besser sehen. Aber ich bin extra von Hannover hergekommen, um ihn live zu erleben.« Sie überlegt, nach Hause zu fahren. Da erscheint ein Hoffnungsschimmer am Horizont – in Gestalt des hilfsbereiten jungen Mannes vom Organisationsteam. Er habe durchgesetzt, dass die Tür zwischen Gebetssaal und Frauenraum geöffnet werden dürfe, verkündet er. In der Tat, die schmale Tür steht offen, zwei junge Frauen sitzen auf der Schwelle, hinter ihnen knien weitere junge Frauen und schauen ihren Glaubensschwestern über die Schultern. Es ist abstrus. Denn direkt vor ihnen in dem überfüllten Gebetssaal, in dem die Männer auf dem Fußboden hocken oder stehen, ist ein Areal von circa zehn Quadratmetern frei geblieben. Aber die Schwelle wirkt wie eine Demarkationslinie, sie darf nicht überschritten werden.

Ich schaue mich in dem Frauenraum um. Die Stammbesetzung aus geschwätzigen Müttern und spielenden Kindern ist noch da, aber beim Anblick von den Neuzugängen erstarre ich schon wieder vor Schreck: An der Wand gegenüber hocken drei junge Frauen in schwarzen Abbayas. Mein Anblick jedoch scheint sie zu erfreuen – sie lächeln mich an.

Ich gehe zu ihnen und frage: »Worüber freuen Sie sich so?«

»Über Sie!«, antwortet eine.

»Warum?«

»Weil Sie die einzige Nichtmuslimin hier sind! Uns gefällt es, wenn Deutsche sich für uns interessieren. Sonst schimpfen sie immer nur über uns, ohne uns zu kennen.«

»Sind Sie denn keine Deutsche? Zwar ist Ihr Alter durch die Abbaya schwer zu schätzen, aber ich könnte mir vorstellen, dass Sie in Deutschland geboren sind, vor etwa 18 Jahren.«

Es stellt sich heraus, dass alle drei Deutsche sind. Chaula, mit der ich gerade gesprochen habe, hat eingebürgerte palästinensische Eltern. Halimas Eltern waren ursprünglich Marokkaner. Und Sumaias griechisch-orthodoxe Familie lebt in der dritten Generation in Deutschland.

»Griechisch-orthodox – das heißt ja, dass Sie Konvertitin sind!«

Sumaia nickt und erzählt: »Meine Mutter konnte sich anfangs nicht damit abfinden. Jetzt nähern wir uns wieder ein bisschen an. Aber ich wohne nicht mehr zu Hause, sondern mal hier und mal da. Immer bei Glaubensschwestern.«

Ich berichte den dreien von meinem Buchprojekt. Sie sind Feuer und Flamme, weil sie hoffen, durch dieses Buch »mehr Verständnis für den Islam« wecken zu können. Sumaia erklärt sich sofort zu einem Interview bereit und möchte mir Kontakte zu anderen Konvertitinnen vermitteln. Das wollen Chaula und Halima auch versuchen. Wir tauschen Telefonnummern und E-Mail-Adressen aus. Die drei wollen sich nächste Woche melden. Erst mal allerdings werde ich interviewt. Ob ich Christin bin, möchten die Mädchen wissen.

»Katholikin, aber nicht praktizierend.«

Ob ich einen Ehemann und Kinder habe, ist die nächste Frage. Ich sage, dass ich ledig und kinderlos bin. Die drei schauen mich mitleidig an. »Es gibt ja auch nur wenig nette Männer«, sagt Sumaia verständnisvoll.

Von nun an werde ich umsorgt wie eine Kranke – sofort wird die Türschwelle für mich geräumt. Ich lasse mich darauf nieder und genieße es, meine Beine lang zu machen und sie so weit wie möglich in den Gebetssaal auszustrecken, in das verbotene Terrain. Leider bemerkt niemand diese Provokation, die Männer vor mir sind abgelenkt. Keiner sitzt mehr, alle stehen, darum kann ich nicht erkennen, was in der Mitte vor sich geht. Aber ich sehe hoch erhobene Digitalkameras, und ich höre Pierre Vogels Schlachtruf »Allahu Akbar!« – »Gott ist der Allergrößte!«. Das ruft er immer, wenn er jemanden bekehrt hat.

Ich gehe auf den Vorhof und warte auf ihn. Da kommt er, endlich! Er trägt einen schwarz-weiß gestreiften Kaftan und eine weiße Kappe (Bonnet) auf seinem rötlichen Haar; sein langer Vollbart ist ziemlich dünn, »Ziegenbart«, würde Mohammed Herzog sagen. Pierre Vogel alias Abu Hamsa ist in Saudi-Arabien zum Prediger und Islam-Gelehrten ausgebildet worden. Er fühlt sich den Salafiten, Salafisten oder Salafis zugehörig, einer Reformbewegung, die sich Ende des 19. Jahrhunderts im Vorderen Orient an den »frommen Altvorderen« *(as-alaf as-salih)* orientierte. Laut »Der Islam in der Gegenwart« (5. aktualisierte Auflage 2005, S. 680 f.) vertrat die »klassische Salafiya« angesichts des europäischen Kolonialismus die Meinung, nur eine Rückbesinnung auf die »stark idealisierte Urgesellschaft in Medina« zu Zeiten Mohammeds und seiner Gefährten werde die Muslime wieder »zu alter Stärke« führen. »Ging es den Salafis vorwiegend um die friedliche Erneuerung der Gesellschaft aus der Kraft der eigenen, wiederbelebten Tradition, existierte aber auch eine der Salafiya eng verbundene (...) Strömung, die Reform weniger geistig-moralisch als vielmehr politisch auffasste« und das »geistige Rüstzeug« für viele Islamisten lieferte. Im arabischen Raum sei »die Wahhabyia« diese Strömung gewesen. Heute gibt es quasi keine Unterschiede mehr zwischen Salafiten und Wahhabiten. Aber es klafft ein gewaltiger Graben zwischen dem Klischee eines islamistischen Fanatikers und Pierre Vogel. Er ist eine rheinische Frohnatur, ein echter »Kölscher Jung«; mit seinen Scherzen bringt er alle Umstehenden zum Lachen. Auch mich strahlt er fröhlich an, nachdem der junge Mann vom Organisationsteam mich ihm – wie versprochen – vorgestellt hat. »Ach, Sie schreiben für dat Alice!« Das scheint ihn nicht zu stören. Er ist zu einem Interview bereit und gibt mir seine Handy-Nummer. Ich soll ihn morgen anrufen, dann vereinbaren wir einen Termin. Ich kann mein Glück kaum fassen. So einfach hatte ich mir das nicht vorgestellt.

Sumaia, die sich abseits gehalten hat, freut sich, als ich ihr von meinem Erfolg berichte, doch sie ist auch besorgt. »Hat Abu Hamsa Ihnen die Hand gegeben?«

»Ich weiß es nicht mehr. Und wenn, wäre das schlimm?«

»Das ist haram, verboten. Einem Mann ist es nicht gestattet, einer fremden Frau die Hand zu geben, und eine Frau darf es nicht bei einem fremden Mann. Nur unter nahen Verwandten, Mahran-Personen, ist es erlaubt. «

Sie lerne viel aus Pierre Vogels Vorträgen, erzählt sie, aber manchmal verhalte er sich nicht ganz korrekt, zum Beispiel, weil er normalerweise gemischtgeschlechtliche Veranstaltungen mache. Sumaia legt größten Wert auf die Einhaltung der Regeln, auch bei sich selbst. Sie ist 18 Jahre alt, ein hoch gewachsenes, schlankes, lebhaftes Mädchen mit ausdrucksvollen braunen Augen und tänzelndem Gang. Trotz Abbaya zieht sie viele Männerblicke auf sich. Das ist ihr unangenehm. »Bloß weg hier!« Sie bugsiert mich hinaus auf die Dibergstraße. Da ist es auch nicht besser. Der Bürgersteig vor der Moschee ist von jungen rauchenden Machos okkupiert.

Rauchen sei haram, erklärt mir Sumaia.

»Und ich dachte, es wäre halal, erlaubt, zumindest Männern. «

Nein, keineswegs! »Der Beweis dafür steht im Koran. « Da heiße es, dass man seinen Körper nicht schädigen darf. »Und rauchen schadet ja auch einem Mann und nicht nur einer Frau. «

Hier geht es nicht so lässig wie bei Mohammed Herzog zu – auch aus Trotz stecke ich mir eine Zigarette an.

Sumaia fühlt sich hier nicht wohl, sie will wieder in den Frauenraum und verabschiedet sich: »Ich rufe Sie nächste Woche an! «

Pierre Vogel erreiche ich am Montagnachmittag auf seinem Handy. Er ist in Plauderlaune. Ich erzähle ihm von den coolen Typen in engen Jeans, mit Gel im Haar und ohne Bart auf dem Vorhof der Bochumer Moschee. »Müsste man denen nicht mal die Bekleidungsvorschriften für Männer verklickern? «

Selbstverständlich! Er weise hin und wieder in Vorträgen

über andere Themen darauf hin, dass Männer ihre »Knack-ärsche« nicht zeigen dürfen. Aber anscheinend sei es Zeit für einen Vortrag ganz allein zu diesem Thema.

»Apropos Vortrag. Wir Frauen durften nicht in den Gebetssaal, und die Lautsprecher außerhalb funktionierten nicht.«

Im Prinzip habe er nichts gegen Geschlechtertrennung in einer Moschee, bei einem Vortrag aber schon. Da reiche es vollkommen, den Saal zu unterteilen, räumt er ein.

Sein Festnetztelefon klingelt. »Wie verbleiben wir jetzt?«, frage ich noch nach. Am 16. März müsse er einen wichtigen Vortrag in Frankfurt halten, vorher habe er keine Zeit, sagt Pierre Vogel alias Abu Hamsa. Ich soll ihm bis dahin meine Fragen mailen und ihn am 17. März erneut anrufen. Er buchstabiert seine E-Mail-Adresse und weist mich darauf hin, dass »Hamsa« mit »s« geschrieben wird und nicht mit »z«, wie allgemein üblich. Ach ja, noch etwas: Die Gemeinschaftshomepage *www.diewahrereligion.de* von einigen Glaubensbrüdern werde fälschlicherweise für seine Homepage gehalten. Er stelle demnächst, in circa zwei bis drei Wochen, eine eigene ins Netz: *www.einladungzumislam.de*. Ich soll mich doch bitte daran orientieren, wenn ich etwas über ihn erfahren will.

Was ist hier im Busch?, frage ich mich, nachdem wir uns verabschiedet haben. Wieso legt er plötzlich so viel Wert auf das »s« in Hamsa? Will er nicht mit seinem radikal-islamistischen Namensvetter Abu Hamza al Masri in Großbritannien verwechselt werden? Und warum eine eigene Homepage? *www.diewahrereligion.de* präsentiert fast ausschließlich seine Vorträge und seine Bekehrungserfolge – auch noch am 20. Mai 2008, als ich diese Zeilen schreibe. Im Rahmen einer Internet-Recherche über Pierre Vogel habe ich am 15. Mai 2008 seine neue Homepage *www.einladungzum islam.de* angeklickt. Einen Tag später sah sie vollkommen anders aus und stellte sich als »die erste, einzige, offizielle Homepage von Abu Hamsa Salahudin (Pierre Vogel)« vor. Nun auch noch »Salahudin«! Ich weiß nicht, was das zu bedeuten hat.

Am frühen Nachmittag ruft Sumaia an. »Haben Sie mit Abu Hamsa gesprochen?«

»Ja! Er ist zu einem Interview bereit. Allerdings erst in der zweiten Märzhälfte.«

»Hat er sonst noch was gesagt?«

»Ich habe mich mit ihm über die islamischen Kleidungsvorschriften unterhalten. Er meinte, dass es haram ist, wenn Männer ihre Knackärsche zeigen.«

»Er hat ›Knackarsch‹ gesagt? Man darf doch keine unanständigen Wörter benutzen!«

Ich lache. »Meine Güte, seien Sie doch nicht päpstlicher als der Papst! Mir gefällt es, dass er so locker ist.«

Schweigen am anderen Ende der Leitung. Jetzt begreife ich, dass ich Sumaia Unrecht getan habe. Sie bemüht sich, sie quält sich. Tag für Tag beschäftigt sie sich unermüdlich mit der Frage, was »haram« und was »halal« ist. Und dann, als ob das alles nicht zähle, sagt ein Islamgelehrter: »Knackarsch.« Und ich, eine 54-jährige Frau, die Sumaias Großmutter sein könnte, amüsiere mich auch noch darüber.

Schließlich ist es allein Sumaia, die sich von mir interviewen lassen will. Wir verabreden uns für Sonntag, den 9. März, in Essen, wo der marokkanische Wohlfahrtsverein Anoual ab 14 Uhr zu einem Islamischen Frauentreff einlädt: mit Theater, Versteigerung und einem Vortrag über »Die Frau im Islam«. Das Treffen findet in einem noch nicht ganz fertiggestellten marokkanischen Hochzeitssaal im Industriegebiet an der Bamlerstraße statt. Ich warte an einer U-Bahnhaltestelle im Untergeschoss des Hauptbahnhofs auf die Straßenbahn. Da drehen die Menschen neben mir sich auf einmal um und schauen irritiert die Rolltreppe hinauf. Eine Gruppe Musliminnen fährt zu uns herunter: Sumaia und ihre Freundinnen. Sumaia hat sich wieder in eine schwarze Abbaya gehüllt, Chaula in eine dunkelbraune; die anderen tragen schwarze Mäntel und schwarze Kopftücher; nur eine große Konvertitin, Mitte 30, trägt ein hellbraunes Kopftuch und einen mittelbraunen Mantel. Sie hat ihre beiden Töchter mitgebracht, schätzungsweise neun und sechs Jahre alt, die jüngere mit Kopftuch, die ältere ohne.

In dem Hochzeitssaal bietet sich ein ganz anderes Bild. Hier sind die Marokkanerinnen in der Mehrheit, mit Kopftüchern in allen Farben und Größen; in bestickten, bunten, langen Kleidern, unter denen hochhackige Schuhe hervorschauen. Ohrgehänge, Armreifen, Lidschatten und Lippenstift. Ich komme aus dem Staunen nicht heraus. »Auf Frauenfesten ist es uns erlaubt, uns schick zu machen«, erklärt mir eine Marokkanerin. Sumaia sieht das anders. »Dies ist ja gar keine reine Frauenveranstaltung, hier sind doch auch Männer.« Das stimmt. Einige lungern draußen auf dem Hof herum, andere an der Kasse am Eingang. Einer verkauft islamische Kleidung und Bücher auf dem Basar in der linken Hälfte des Saals. Sumaia kennt den Händler und löst ihn ab, als er sich diskret verzieht, weil er es unpassend findet, dass sich hier Männer aufhalten. Sein halbwüchsiger Sohn zählt noch nicht als Mann, er darf bleiben, um sich mit Sumaia abzuwechseln.

Ich erstehe ein Kleid bei ihr, einen knöchellangen schwarzen Kaftan. Ich trage gerne Schwarz, ich bilde mir ein, dass es schlank macht. Leider habe ich zu wenig Geld dabei, und der einzige Geldautomat in der Nähe ist außer Betrieb. Sumaia, um mein Wohlergehen bemüht, will dafür sorgen, dass der Händler mir den Kaftan mit Rechnung zuschickt. Als ich eine Woche später das Päckchen auspacke, finde ich darin auch ein dazugehöriges schwarzes Kopftuch. Ich probiere den Kaftan an und sehe tatsächlich zwei Kilo dünner aus. Ich weiß nicht, wie man ein Kopftuch islamisch korrekt bindet, aber ich versuche es. Aus dem Spiegel blickt mir ein befremdliches Wesen entgegen, ein riesiger schwarzer Rabenvogel – unheimlich. Ich reiße mir das Tuch vom Kopf und atme auf – das bin wieder ich.

Für ein nicht allzu teures Buch würde mein Geld noch reichen. Ich entscheide mich für ein von einem Amerikaner verfasstes, flott geschriebenes Büchlein über die Frau im Islam. Die große Konvertitin mit dem hellbraunen Kopftuch tritt hinzu und empfiehlt mir ein anderes zum gleichen Thema, von der »World Organization for Presenting Islam« mit Sitz in der saudi-arabischen Hauptstadt Riad herausgegeben. Ich kaufe den schmalen Paperback-Band als Lektüre für die Rückreise.

Die rechte Hälfte des Saals ist bestuhlt, und fast alle Plätze sind schon besetzt. Doch ich finde noch einen freien Stuhl neben zwei Marokkanerinnen. Sie schließen mich sofort ins Herz, weil ich mich für muslimische Frauen interessiere.

Im Raum fehlt noch die Innenausstattung. Ohne schallschluckende Materialien wie Tapeten, Stoff und Holz ist es unerträglich laut. Frauen tratschen, Kinder toben, und aus diversen Lautsprechern ertönt orientalische Musik. Als das Programm mit Verspätung erst um 16 Uhr beginnt, lässt sich der Geräuschpegel nicht mehr senken. Nicht einmal die Musik wird ausgestellt, als eine Koran-Rezitatorin mit einer wunderschönen zarten Stimme die zweite Sure, »Die Kuh« (»Geoffenbart zu Medina«), auf Arabisch singt. Leider ist nicht viel davon zu hören. Die Referentin des anschließenden Vortrags über die Frau im Islam setzt immerhin durch, dass die Musik abgestellt wird. Aber die geschwätzigen Frauen und tobenden Kinder wollen keine Ruhe geben. Darum sorgen die beiden Marokkanerinnen neben mir dafür, dass für mich ein Platz in der ersten Reihe frei gemacht wird. Doch selbst da ist von dem deutsch gehaltenen Vortrag kaum etwas zu verstehen. Es geht – so viel bekomme ich mit – mal wieder um die Gleichwertigkeit von Mann und Frau und nicht um Gleichberechtigung. Aber nach der Erfahrung in der Männerwelt am vergangenen Sonntag scheint mir Gleichwertigkeit gar nicht mal so schlecht zu sein. Muslimische Frauen müssen anscheinend kleine Brötchen backen. Hauptsache: überhaupt Brötchen. Mögen sich die Männer an ihnen die Finger verbrennen!

Sumaia winkt mich heran. Sie hat jetzt Zeit für das Interview. Eine stille Ecke, in die wir uns zurückziehen könnten, gibt es hier nicht. Also gehen wir auf den Hof hinaus, wo der Wind in mein Mikrofon pfeift und Männer uns misstrauisch beäugen.

Sie ist 1989 in Berlin geboren, erzählt Sumaia, und schon als Kleinkind ins Ruhrgebiet umgezogen. Sie wuchs griechisch-orthodox auf, doch nicht streng religiös. »Meine Familie hat mir nicht viel über den Glauben beigebracht. Ich wusste auch nichts über den Sinn des Lebens, wo man herkommt und wo man hingeht.« Ihr Vater starb früh, und als die Mutter sich wieder verheiratete, war Sumaia in der Pubertät. »Ich war den ganzen Tag damit beschäftigt, mich zu schminken, meine Haare zu stylen und mir neue Anziehsachen zu kaufen. Für Jungs schön machen und so. Ich bin ständig auf Partys gegangen und manchmal in Discos. Aber ich habe mich nie richtig wohl gefühlt, ich habe mich immer geschämt.«

»Für was?«

»Weil man mich nicht als Mensch gesehen hat, sondern als Sexualobjekt. Die Jungs denken halt, sie könnten einen einfach so haben. Mir war klar, dass sie sich eine brave Ehefrau für zu Hause wünschen und sich bei den Mädchen draußen nur austoben wollen. Auch muslimische Jungs. Obwohl das überhaupt nicht islamisch ist. «

»Wie sind Sie denn auf den Islam gekommen? «

»Ich hatte immer Interesse daran, weil ich viele muslimische Mitschüler hatte. Es hat mir gefallen, wie deren Familien zusammengehalten haben und dass die Frauen mit Respekt behandelt wurden. Das fand ich richtig gut. Vor drei Jahren dann hatte ich einen türkischen Freund in Hamburg. Den hab' ich durchs Internet kennengelernt. Seine Familie lud mich ein, und ich fuhr hin. Die haben mich herzlich empfangen und mich wie eine eigene Tochter behandelt. Das waren zwar Muslime, aber nicht islamisch. Wie soll ich den Unterschied erklären? Also die Frauen trugen kein Kopftuch, doch man ging in die Moschee, wenn auch nicht so oft. Eines Tages nahm mich die Schwester meines Freundes mit in die Moschee. Obwohl ich Christin war, hab' ich mit ihr gebetet. Da ist etwas Seltsames geschehen. Ich kann es nicht beschreiben. Als ich aus der Moschee herausging, hab' ich mich ganz anders gefühlt. «

»Wie ein neuer Mensch? «

»Ja! «

»Sind Sie dann gleich zum Islam übergetreten? «

»Nein, das hat noch drei Jahre gedauert. Als ich ins Ruhrgebiet zurückgekehrt bin, gab's da keinen, der mir den Islam hätte richtig beibringen können. Meine muslimische Bekannten versprachen: ›Kein Problem, wir nehmen dich mit in die Moschee!‹ Aber es ist nie was draus geworden. Es wurden auch völlig verquere Geschichten erzählt. Zum Beispiel, dass man, bevor man den Islam annimmt, eine Menge Geld zahlen muss für Koranunterricht und so weiter. Manche sagten, ein Mädchen müsse beschnitten sein, bevor es konvertiert. «

»Aber das Wichtigste ist doch wahrscheinlich, dass man den Koran liest und die Gebete lernt. «

»Am Anfang habe ich die Gebete einfach nur nachgebetet, ohne den arabischen Text zu verstehen, und die Bewegungen nachgeahmt.«

»In einer Moscheegemeinde?«

»Ja. Vor sechs Monaten in den letzten Tagen vom Ramadan bin ich in die Moschee gegangen und ab da immer wieder.«

»In welche Moschee?«

»In die Masjid as Sunnah in Oberhausen. Das ist eine Moschee, in die viele Konvertierte gehen: Deutsche, Russen, Griechen, Italiener. Ich nehme da montags und mittwochs am Islamunterricht teil.«

»Und wann haben Sie das Glaubensbekenntnis abgelegt? Vor sechs Monaten?«

»Nein, das ist schon etwas länger her. Man hatte mir gesagt, dass ich einfach nur den Koran aufschlagen und die Schahada sprechen muss. Das wäre gültig. Aber ich hab' mich nicht wohl damit gefühlt und sie vor zwei Wochen noch mal bei Pierre Vogel gesprochen.«

»Nach dem Motto zweimal hält besser?«

»Ja, so in etwa. Aber bei dem zweiten Glaubensbekenntnis hab' ich gemerkt, dass ich schon eine Gläubige bin.«

»Woran haben Sie das gemerkt?«

»Ich habe nicht geweint wie die meisten Konvertiten. Ich lebe den Islam ja schon länger. Er gehört zu meinem Alltag. Obwohl – ich mache bestimmt noch viele Fehler. Macht ja jeder.«

»Es gibt sehr unterschiedliche islamische Bekleidungen, wie man an den bunt gekleideten Marokkanerinnen hier sieht. Warum haben Sie sich für die schwarze Abbaya entschieden?«

»Schwarz fällt nicht auf. Natürlich, die Leute gucken auch. Nicht wegen der Reize, sondern weil die Abbaya hier in Deutschland ein ungewöhnliches Gewand ist. Bunt ist doch total aufreizend! Bunt kann ich zu Hause anziehen, aber nicht, wenn ich rausgehe. «

»Doch geschminkt sind Sie auch, oder? Wenn, dann sehr dezent. «

»Nur ein bisschen Wimperntusche! Das ist eine Schwäche von mir. Mich nicht zu schminken fällt mir schwer. Es kostet mich schon Überwindung, meine Augenbrauen wachsen zu lassen. «

»Haben Sie die früher gezupft? «

»Gezupft? Schön wär's! Ich hab' sie mir jede Woche mit dem Faden ziehen lassen. Jetzt nur noch etwas Wimperntusche und – inschallah! – bald gar nichts mehr. «

»Wenn Sie einen Gesichtsschleier tragen würden, dürften Sie sich darunter schminken? «

»Nur bei ganz zu! «

»Also nicht bei einem halben, der die Augen frei lässt. «

»Da dürfte ich mir nur die Lippen schminken. «

»Warum? «

»Weil eine Frau nur für einen einzigen Mann schön sein darf – für ihren Ehemann. «

»Gehen Sie eigentlich noch zur Schule? «

»Ich hatte mein Fachabitur angefangen, die elfte Klasse mit einem einjährigen Praktikum. In einem Café. Da wurden Schweinefleisch und Alkohol verkauft. Mein Kopftuch war nicht gern gesehen. Darum habe ich das aufgegeben. Gerade habe ich mich für einen Ausbildungsplatz als Kauffrau für Bürokommunikation beworben. Wenn die mich nehmen, fange ich im Sommer an – außer ich heirate vorher. «

»Wollen Sie das denn? «

»Ja! «

»Wieso? «

»Um Allahs Wohlgefallen zu erlangen. «

»Auch wenn Sie verheiratet wären, könnten Sie trotzdem

eine Ausbildung machen. Das ist doch nicht verboten, das ist halal!«

»Ja, natürlich. Aber wenn mein Mann sagt: ›Ich verdiene genug, du musst nicht arbeiten gehen‹, dann würde ich das auch nicht machen. Es gibt ja heute kaum noch Arbeit nur für Frauen. In den meisten Betrieben arbeiten Männer und Frauen zusammen. Wenn zum Beispiel mein Chef reinkommt und will mir die Hand geben, da kann ich ja nicht so unhöflich sein und ihm meine Hand nicht geben. Oder am Telefon – immer nur Männer am Ohr. Das gehört sich einfach nicht! Außerdem: Weiß ich denn, woher mein Mann kommt und wohin ich mit ihm ziehe? Von daher ist es eigentlich auch nicht gut, eine Ausbildung zu beginnen.«

»Aus dem, was Sie gerade gesagt haben, schließe ich, dass Sie sich einen Ehemann vermitteln lassen wollen.«

»Ja, natürlich.«

»Im Islam ist die Scheidung erlaubt, das weiß ich. Aber ich weiß nicht, ob der Mann hinterher verpflichtet ist, für seine geschiedene Ehefrau zu sorgen. Wissen Sie's?«

»Da gibt es verschiedene Regelungen. Es kommt darauf an, ob der Mann oder die Frau die Scheidung verlangt.«

»Ich frage auch nur, weil ich an Ihre Unabhängigkeit denke. Mit einer Berufsausbildung hätten Sie die Chance, sich selbst zu versorgen.«

»Das sagt meine Mutter auch.«

»Sie haben neulich angedeutet, dass Ihre Mutter anfangs mit Ihrem neuen Glauben überhaupt nicht einverstanden war, dass Sie sich aber allmählich wieder annähern. Könnten Sie etwas mehr darüber erzählen?«

»Wie gesagt, sie war am Anfang total dagegen. Sie dachte, ich wäre in einer Sekte, die mir das alles einredet. Das liegt auch an mir. Ich hab' den Islam direkt stark ausgelebt, ohne Kompromissbereitschaft. Mittlerweile waren wir zusammen bei meinen Onkeln in Griechenland im Urlaub. Da konnte ich schlecht Kopftuch tragen. Aber in unserem Zimmer hab' ich es umgebunden; da hab' ich auch gebetet, und meine Mutter hat mir dabei zugeguckt. Seitdem versteht sie mich besser. Sie sagt, ich soll meinen Weg gehen, wenn ich meine, dass es der richtige für mich ist. Ich soll aber auch ihren Weg akzeptieren und nicht darüber meckern, dass sie sich modisch kleidet. Jetzt schreibt sie mir jeden Tag eine SMS, oder sie ruft mich an.«

»Da Sie sich versöhnt haben, könnten Sie vermutlich wieder bei Ihrer Mutter einziehen. Aber letzten Sonntag sagten Sie, dass Sie bei Glaubensschwestern wohnen, mal bei dieser, mal bei jener. Sind muslimische Frauen solidarischer als nichtmuslimische?«

»Man tut was füreinander! Früher hatte ich auch Freundinnen. Sozusagen. Im Grunde haben wir uns nur um Jungs gestritten. Heute denke ich: Wie konntest du nur!«

»Ihr Leben hat sich anscheinend völlig verändert. Ihr kurzes Leben. Sie sind ja noch sehr jung.«

»Trotzdem kommt mir alles, was früher war, sehr weit weg vor. Zum Beispiel Anziehsachen verschenken. Früher hab' ich gedacht: Du verschenkst doch deine Anziehsachen nicht, die sind viel zu schön! Oder Spenden. Wenn ich heute zehn Euro übrig habe, spende ich sie. Früher hätte ich mir Schuhe dafür gekauft, noch mehr Schuhe. Ich brauch' all diese Äußerlichkeiten nicht mehr, weil ich weiß, dafür krieg' ich eine Belohnung im Paradies.«

»Ehrlich gesagt, das hört sich ziemlich berechnend an.«

»Aber so hab' ich's nicht gemeint. Gute Taten darf man nicht nur mit der Absicht machen, dafür belohnt zu werden. Man kann tausend gute Taten tun und nur eine schlechte und trotzdem in die Hölle kommen. Das entscheidet Allah allein. Und man weiß halt nicht, wie er sich entscheidet.«

»Zusammenfassend ließe sich sagen, dass Sie mit Ihrem

neuen Glauben und Ihrem neuen Leben rundum zufrieden sind.«

»Ja! Aber ich möchte was erklären. Früher, als ich noch griechisch-orthodox war, bin ich nicht nach Logik vorgegangen. Jetzt gehe ich nach Logik vor. Jetzt glaube ich an einen einzigen Gott und nicht an Gottvater, den Sohn und den heiligen Geist. Dass Jesus der Sohn von Gott ist, ist doch total unlogisch. Gott hat keinen Sohn, denn er kann ja alles aus sich selbst erschaffen, ohne eine Frau und ohne den heiligen Geist. Wenn Christen gefragt werden, warum sie Christen sind, können viele überhaupt nicht darauf antworten, weil ihr Glaube nicht logisch ist.«

»Dagegen könnte man einwenden, dass Glaube immer unlogisch ist. Weil sich nichts beweisen lässt: weder ein einziger Gott noch ein dreifaltiger Gott, weder die Wiedergeburt bei Buddhisten und Hinduisten noch die Anwesenheit der Ahnen in der Natur bei afrikanischen und indianischen Religionen. Ich als Katholikin kann nur sagen: Ich bin katholisch, weil ich in diese Religion hineingeboren wurde.«

»Aber Sie hätten auch entscheiden können, eine andere Religion anzunehmen, die Sie mehr überzeugt. Wenn man eine solche Entscheidung trifft, kann man stolz darauf sein. Ich jedenfalls bin stolz. Ich weiß, dass der Islam die wahre Religion ist. Die Bibel wurde ja abgeändert, und der Koran ist in seiner Ursprungsform belassen worden, so wie er dem Propheten von Allah offenbart wurde. Der Islam ist der richtige Weg für mich!«

Im Zug nach Bielefeld lese ich »Frauen im Schutz des Islam« von Abdurrahman al-Sheha (World Organization for Presenting Islam, Riad 2003). Die Passagen über das islamische Eherecht – ein Teil der Scharia – interessieren mich besonders, da Sumaia unbedingt islamisch heiraten will.

Dem vermutlich wahhabitischen Autor zufolge steht der

Ehefrau eine Brautgabe zu (S. 35 ff.), die der Ehemann ihr nach der Scheidung nicht wieder wegnehmen darf, es sei denn, sie hat »Unzucht getrieben«. Eigentlich sei eine Zeugenaussage (S. 65 ff.) nur dann gültig, wenn zwei Männer oder ein Mann und zwei Frauen eine Straftat bezeugen, im Fall des Ehebruchs jedoch »betrachtet der Islam die Aussage einer Ehefrau für exakt genauso gleichwertig wie die ihres Gatten«, wenn dieser sie beschuldigt und keinen Beweis dafür erbringen kann. Dass sonst die Zeugenaussage einer Frau weniger zählt, liege an den emotionalen Eigenschaften von Frauen, die »sehr leicht ihren gefühlsbetonten Eingebungen folgen und von der Wirklichkeit abschweifen«.

Die »Kraft der Scheidung ist beim Mann«, heißt es in dem Büchlein (S. 80 ff.). Zunächst allerdings solle erst einmal versucht werden, die Streitpunkte auszuräumen und sich miteinander zu versöhnen. »Der natürlichste und logischste Weg zu diesem Frieden ist, den Mann die Kontrolle über den Scheidungsprozess haben zu lassen und nicht die Frau.« Natürlich und logisch deshalb, weil der Mann einerseits besser in der Lage sei, »seine Launen, Gefühle und Reaktionen zu kontrollieren«, und weil er anderseits die gesamte finanzielle Verantwortung für die Familie trage. Die Frau habe unter folgenden Voraussetzungen das Recht, die Ehe zu beenden: wenn es im Ehevertrag vereinbart ist; wenn der Ehemann sie »schmäht, indem er schändliche Sprache benutzt, sie beschimpft oder schlägt«; wenn er impotent ist oder an einer Geschlechtskrankheit leidet. Auch wenn sie ihn »aus vollem Herzen hasst«, besitze sie das Recht zur Scheidung. Dann allerdings müsse sie ihrem geschiedenen Ehemann eine Entschädigung zahlen.

Dem Ehemann sei es verboten, seine Frau »so über alle Maßen zu misshandeln, dass es für sie eine Härte, Störung und Last ist« (S. 36). Das islamische Recht erlaube ihm jedoch, »jeder Frau Schwierigkeiten aufzuerlegen, die ein verdrehtes moralisches Benehmen zeigt«. Diese Schwierigkeiten werden folgendermaßen abgestuft aufgeführt (S. 87 ff): »Erste Stufe: Die Stufe der Ermahnung, Empfehlung und Warnung vor Allahs Strafe. [...] Zweite Stufe: Das Bett der Frau meiden. [...] Dritte und letzte Stufe: Schlagen, ohne zu verletzen, Knochen zu brechen, blaue oder schwarze Flecke auf dem Körper zu hinterlassen, und unter allen Umständen vermeiden, ins Gesicht zu treffen.« Diese Behandlung habe sich für zwei Sorten von Frauen als sehr wirkungsvoll erwiesen, »wie psychologisch festgestellt« worden sei: »Der erste Typ: Kontrollierende oder führende Frauen. [...] Der zweite Typ: Unterwürfige Frauen. Diese Frauen genießen es, geschlagen zu werden. [...] Eine Ehefrau von diesem Frauentyp findet ihren Gatten immer anziehender und anbetungswürdiger, je mehr er sie schlägt.«

Wenn ein Ehemann mehrere Ehefrauen hat, muss er »fair und gerecht« zu allen sein. Ihm ist es nicht gestattet, mehr als vier Frauen zu heiraten, da es dann nicht mehr gewährleistet sei, dass er alle gleichermaßen gut und gerecht materiell, emotional und sexuell versorge (S. 38). Das sei die Voraussetzung für jede Vielehe. Polygamie wird für bestimmte Lebenssituationen gerechtfertigt (S. 60 f.): »Wenn eine Frau steril ist, und der Ehemann möchte gerne Kinder haben [...] Wenn eine Frau unheilbar krank ist und sie ihre ehelichen Pflichten nicht erfüllen kann [...] Oder wenn ihre Menstruation oder ihre Wochenbettzeit (nach einer Geburt) beträchtlich länger als normal ist, oder sie besitzt kein sexuelles Verlangen, das dem ihres Gatten entspricht.« Auch nach großen Kriegen wie dem Zweiten Weltkrieg, in dem über 20 Millionen Männer fielen, sei die Polygamie vorteilhaft: »Was ist für Frauen in dieser Situation besser: allein zu bleiben [...] oder eine Ehe als zweite Frau mit einem ehrlichen, beschützenden, ehrbaren und reinen Ehemann anzunehmen?«

Rowan Williams, Erzbischof von Canterbury und Oberhaupt der anglikanischen Kirche, erregte Anfang Februar 2008 mit seiner Forderung Aufsehen, »einige Aspekte der Scharia«, etwa »in Fragen der Ehe«, in England als Sonderrecht für Muslime einzuführen. Mit der Begründung, dass Muslime dann nicht mehr »wählen müssen zwischen der harten Alternative der Solidarität zu ihrer Kultur und der zum britischen Staat« (zitiert nach *Welt Online*, 7. 2. 08). Keineswegs rede er der extremen Scharia-Interpretation das Wort, die »in einigen repressiven Ländern praktiziert wird«. Was heißt »extrem«? Ist das oben geschilderte islamische Eherecht etwa demokratiekonform?

Pierre Vogel ist nicht so interreligiös tolerant wie der Erzbischof von Canterbury. In seinem Vortrag über »Die Stellung der Frau im Islam« (*www.einladungzumislam.de,* abgerufen am 15. 5. 08), in dem er fast wörtlich die gleichen Argumente für die Polygamie – er sagt Polygynie (Vielweiberei) – vorbringt wie Abdurrahman al-Sheha, macht er unmissverständlich klar: »Der Islam ist der einzige wahre Weg zu Gott. Das heißt: Wenn jemand auf einem anderen Weg stirbt, er das Heil nicht erlangen wird.«

Ich hatte Pierre Vogel meine 17 Fragen wie abgesprochen per E-Mail übermittelt. Die meisten waren harmlos und hatten Kindheit, Jugend, Begegnung mit dem Islam etc. zum Inhalt. Nur die beiden letzten Fragen thematisierten den Islamismus und die Scharia. Ich wollte ihn fragen, was sein Ziel ist: einfach nur so viele Deutsche wie möglich für den Islam zu gewinnen – oder auch die Scharia in Deutschland zu etablieren, zumindest im Eherecht. Inoffiziell scheint das schon längst geschehen. Auf den beiden Veranstaltungen im Ruhrgebiet kam mir öfter zu Ohren, dass bei den neuen charismatischen Predigern und ihren Anhängern islamische Ein- und Vielehen am Standesamt vorbei gang und gäbe sind, ebenso wie ungesetzliche, islamische Scheidungen.

Ich hatte Pierre Vogel – wie allen Interviewten in diesem Buch – zugesichert, den endgültigen Interviewtext mit ihm abzustimmen. Er wusste, dass ich Feministin bin und für *Emma* schreibe. Das hatte ihn anfangs auch überhaupt nicht gestört.

Ich habe deshalb keine Ahnung, warum er auf einmal nicht mehr erreichbar war: weder auf dem Handy noch per SMS oder E-Mail. Zum Glück erzählt er über seinen »Weg zum Islam« im Internet (*www.einladungzumislam.de*, abgerufen am 15.5.08):

Als Kind in Köln-Frechen hatte der Protestant Pierre Vogel viele muslimische Freunde. Damals dachte er: »Das Christentum ist für Deutsche und der Islam für Türken, Marokkaner und so weiter.« Nach der Grundschule wechselte er zum Gymnasium, zu einer katholischen Klosterschule. Dort wurde der Religion im Vergleich zu anderen Schulen viel mehr Bedeutung beigemessen. »Ich habe mich immer für Religion interessiert und fand die Geschichten sehr beeindruckend, die man in der Bibel liest. Aber viele Sachen kamen mir total komisch vor.« Zum Beispiel die verschiedenen Versionen der Schöpfungsgeschichte. Was ihn noch mehr irritierte, waren Religionslehrer, Geistliche und Bischöfe, die – gleich welcher Konfession – »die Schöpfung verneinten und an die Evolutionstheorie glaubten«, obwohl »die mittlerweile zigmal widerlegt worden ist«. Wenn Gott ein von ihm offenbartes Buch zu den Menschen schicke, sagt Pierre Vogel auf meinem PC-Bildschirm, müsse das doch Gültigkeit haben. »Und dann sieht man, wie dieses Buch von den christlichen Instanzen vollkommen bezweifelt wird.« Nach seiner Konfirmation mit 13 oder 14 habe er – er wisse es nicht mehr so genau – einen evangelischen Pfarrer oder einen katholischen Priester gefragt, warum der Gottessohn »Jesus von Nazareth« genannt werde und nicht nach seinem Geburtsort »Jesus von Bethlehem«, wie damals gebräuchlich. Weil man heute davon ausgehe, »dass die Geschichte von Jesu Geburt in der Bibel wissentlich, absichtlich verändert worden ist, damit sie auf eine Voraussage im Alten Testament zutrifft«, habe die Antwort gelautet. In diesem Moment durchfuhr ihn »ein tiefer Schmerz von Glaubensverlust«. Von nun an gab es nur noch die Alternative, an nichts mehr zu glauben. »So bin ich zum Atheismus gekommen.«

Ich drücke auf die Stopp-Taste und friere das Bild von Pierre Vogel ein. Er ist arabisch gekleidet, ganz in Weiß mit weißem Bonnet auf dem Kopf, und sitzt vor einem orangefarbenen Hintergrund auf einem orientalischen Holzsessel, der wie ein Thron anmutet. Obwohl ich 25 Jahre älter bin, identifiziere ich mich in diesem Augenblick mit dem Kölschen Jungen, der hinter den Augen des Islam-Predigers hervorlugt, einem verzweifelten Jungen – weil es bei mir mit dem Glaubensverlust genauso war.

Er ereilte mich auch mit 14 Jahren. Ich war Klosterschülerin in der Untertertia, und der Mittelstufen-Religionslehrer – ein junger katholischer Priester – führte uns in die kritische Bibelexegese ein. Auf einmal sollte nichts mehr wahr sein, die ganze Bibel nicht! Alles symbolisch gemeint. Auch die leibliche Anwesenheit Jesu in der Hostie bei der Wandlung. Das war der größte Schock für mich. Jedes Mal wenn ich zur Kommunion ging, hatte ich – ein dickes Mädchen – zwölf Stunden vorher nichts gegessen, damit mein Magen für den Heiland bereit war. Ich bemühte mich, nicht auf ihn zu beißen, um ihm nicht weh zu tun. In der Unterstufe hatten wir das Neue Testament teilweise auswendig lernen müssen, weil die Nonnen meinten, so könnten wir es besser verinnerlichen, das wäre gottgefällig. Und diese ganze Quälerei nur für Symbolik? Damit war für mich die Sache erledigt! Nicht nur mein naiver Kinderglaube, mein ganzer Glaube. Ich fand nicht mehr zu ihm zurück. Im Gegensatz zu Pierre Vogel, der einen neuen Glauben fand.

Er habe weiter nach einem Sinn gesucht, nach dem Sinn des Lebens und des Sterbens, erzählt er. »Vielleicht lebt man in den Kindern weiter«, dachte er. »Ich habe mich mit indianischen Religionen befasst.« Aber das hatte für ihn alles »keine Hand und keinen Fuß«. Von seinem 16. bis zu seinem 21. Lebensjahr habe er in Ostberlin gelebt, um dort sein Abitur zu machen (ich nehme an, in einem auf Sport spezialisierten Gymnasium). In der Ex-DDR habe er gesehen, »dass Menschen, die gar nichts von Religion lernen, im Zwischenmenschlichen viele Mankos haben«. Da konnte er sich wieder »etwas mehr« damit identifizieren, dass er getauft war – als einer von wenigen in seiner Schule. Nach seiner Rückkehr ins Rheinland stellte er sich zunehmend die Frage nach dem Sinn des Lebens. Dies sei ein Tipp, den er allen Suchenden gebe: »Nicht nach dem leichtesten Weg suchen!« Manche sagten sich: »Das passt mir gut, okay, dann nehm' ich das. Im Islam muss man beten, oh, dann lass ich das!« Pierre Vogel: »Das ist alles vom Teufel. Wir müssen wissen: Wir haben einen Feind, und der möchte uns in die Hölle führen. Das Gute lässt er uns als schlecht und schwer erscheinen, und das Schlechte lässt er uns als gut und einfach erscheinen.«

Nach seiner Rückkehr ins Rheinland leistete er Zivildienst: »Essen auf Rädern« für alte Leute. Dabei sei ihm aufgefallen, dass Christen im Alter glücklicher sind als Atheisten und alte Menschen mit Kindern glücklicher als Kinderlose. Die Kinderreichen hatten mehr Besuch als die mit einem Kind, und die Kinderlosen seien die Einsamsten gewesen. Aufgrund dieser Beobachtung habe er begonnen, sich Gedanken über die Gesellschaft zu machen, über die wachsende Zahl von Single-Haushalten und Scheidungen, über die sinkende Geburtenzahl, über das Drogenproblem. »Viele meiner Bekannten von früher waren drogenabhängig.« Er fing wieder an, sich mit Religionen zu beschäftigen, eine Zeitlang besonders mit dem Buddhismus. Aber das war nicht seins. Sein Weg ergab sich durch einen Zufall.

Im Zivildienstzentrum in Trier traf Pierre Vogel einen anderen Zivildienstleistenden, der Mitglied in der Partei »Christliche Mitte für ein Deutschland nach Gottes Geboten« war. Pierre Vogel fragte ihn, was das Ziel seiner Partei ist. »Mehr oder weniger, den Islam kaputt zu machen. Moscheebau stoppen und solche Sachen. Er redete sehr schlecht über diese Religion.« Wochen vorher hatte ein Türke Pierre Vogel ein Faltblatt mit einem deutschen Text über den Islam in die Hand gedrückt. Was da stand, gefiel ihm. Durch dieses Faltblatt sei ihm klar geworden, »dass der Islam eigentlich die einzige Religion ist, die ein richtiges Konzept hat«. Er verfügte also über geringe Grundkenntnisse, die ihm dabei halfen, den Islam gegen »den Typen von der Christlichen Mitte zu verteidigen«. Hinterher wollte er wissen: »Was ist da dran?«

Pierre Vogels Schwester hatte eine deutsche Koran-Übersetzung. Die las er durch. »Wenn man dieses Buch liest, dann weiß man, man hat es mit dem allmächtigen Gott zu tun. Und man weiß, warum man lebt, warum es das Gute und das Böse gibt.« Er las den Koran noch einmal und noch einmal. »Weil man nach der Wahrheit suchen muss. Und es muss nicht sein, dass die Wahrheit sofort immer angenehm ist. Aber wenn man dem Islam folgt, wird man im Nachhinein sehen, dass man glücklicher lebt.« Vor ein paar Jahren noch habe er viel Geld verdient, er sei mit seinem Cabrio durch Köln gebraust, von Disco zu Disco. »Und was erlebt man da? Wenn man gefragt wird: ›Was hast du vor drei Wochen in der Disco gemacht?‹, weiß man es nicht mehr. Also, was war so toll?«

Pierre Vogel spürte zunehmend, dass der Islam ihm eine innere Zufriedenheit, eine innere Ruhe gibt. Er fing an zu beten, autodidaktisch, und beschloss, sich das »islamische rituelle Gebet« von jemand Erfahrenem zeigen zu lassen. »Aber der Satan, der wollte mich zurückhalten und hat zu mir gesagt: ›Guck erst mal richtig! Nicht dass du da noch was Besseres findest!‹ Weil der nicht wollte, dass ich zum Islam komme. Der Satan will nie, dass man zur richtigen Religion kommt. Die falsche Religion, die zeigt er einem im schönsten Licht. Friede, Freude, nette Menschen, Kerzen anzünden und so weiter und so fort. Aber bei dem richtigen Weg, da sagt er zu einem: ›Warte erst mal!‹« Damals war Pierre Vogel noch Berufsboxer »im Sauerland-Stall«. Dort hatte er zwei konvertierte ausländische Kollegen, mit denen er sich über den Islam unterhielt. Der eine habe ihn ständig eingeladen: »Komm doch mal mit in die Moschee zum Freitagsgebet!« – »Nee, nee, ich brauch' noch Zeit.« Eines Tages ist Pierre Vogel dann doch mitgegangen. Er hat »mitgebetet, auch Zikr gemacht« und konnte das alles. »Hinterher saß ein alter Marokkaner mit uns zusammen. ›Bist du der einzige Muslim in deiner Familie?‹, fragte er. Und ich war ja noch gar nicht zum Islam übergetreten. Doch in diesem Moment habe ich mich entschieden. Das war die beste Entscheidung meines Lebens.«

Damit hört Pierre Vogels Erzählung über seinen Weg zum Islam auf. Er sagt nur noch, dass er irgendwann auch noch die richtige Richtung fand. »Die einen machen so, die anderen machen so.« Wie er macht, verschweigt er. Kein Wort über seine Ausbildung in Saudi-Arabien, kein Wort darüber, seit wann und warum er in Deutschland als Prediger unterwegs ist. Einer WDR-Reporterin von Cosmo TV (ausgestrahlt am 16.12.07, gesehen am 15.5.08 bei *www.youtube.com*) erklärte er seinen missionarischen Eifer so: Er habe erkannt, »dass der Islam die einzige Rettung vor der Bestrafung in der Hölle ist«. Da er Barmherzigkeit für seine Mitmenschen empfinde, versuche er, »ihnen das rüberzubringen«. Das mit der Barmherzigkeit glaube ich ihm sogar. Er ist nicht nur ein Fanatiker, er ist auch immer noch der gutmütige Gastwirtssohn mit viel Menschenliebe in seinem Kölschen Herzen.

Eine anderes Fernseh-Team (vermutlich auch vom WDR, ohne Quellenangabe gesehen am 15.5.08 bei *www.youtube.com*) begleitete Pierre Vogel zu seinen Eltern bis vor ihre Gastwirtschaft »Bürgerschänke«. Drinnen sagt seine Mutter Sabine Vogel resigniert: »Er kommt nicht hier rein. Seine Kinder natürlich auch nicht. So ist es eben. Er seins, wir unseres.« In einer der nächsten Szenen sitzt Pierre Vogel mit seinen Eltern an einem Tisch draußen vor der Gastwirtschaft. Auf dem Tisch liegt eine Boulevard-Zeitung, die Sabine Vogel aufbewahrt hat. Sie liest die Schlagzeile über dem Aufmacher auf der Sportseite vor: »Jetzt führt Allah ihm die Fäuste!« Als er das las, bekennt Walter Vogel, habe er überhaupt noch nichts von der Konversion gewusst. An seinen Sohn gewandt, fügt er hinzu: »Ich nicht, nur deine Mutter.« Jetzt spricht der Vater wieder in Richtung Kamera: »Ich hab' ihn eher als evangelischen Pastor gesehen. Nachher dann, wie er zum Islam gegangen ist, hab' ich gesagt: ›Der hat se doch nicht alle!‹ Aber was will man machen? Man muss es akzeptieren. Er ist ja trotzdem noch mein Kind.« Das sieht Pierre Vogel auch so, aber: »Für mich ist es natürlich wichtig, dass meine Eltern zum Islam kommen. Man macht sich natürlich Sorgen für das Jenseits. Das weiß meine Mutter ja auch, dass es, wenn jemand den Islam nicht annimmt, der Weg in die Verdammnis ist.«

Die Kamera schwenkt zu Sabine Vogel, die mit traurigem Blick die Zeitung auf dem Tisch anstarrt.

Ich weiß nicht, an wen er geraten ist, dieser fanatische und zugleich liebenswürdige Kölsche Junge. Ich mutmaße an »schlimme Finger«. Hätten ihn aufgeschlossene, nicht schwarz-weiß denkende Muslime in die Welt des Islam mitgenommen, wäre er womöglich heute ein ganz anderer. Aber nun ist er so, wie er ist: einer, der orientierungslosen, nach Halt suchenden jungen Mädchen wie Sumaia einredet, der einzig wahre Islam wäre der wahhabitische oder der salafitische.

Ich habe lange nichts mehr von Sumaia gehört. Mitte Mai 2008 ruft sie mich an, um mir ihre neue Telefonnummer mitzuteilen. Es gibt auch andere Neuigkeiten – sie war zwischenzeitlich verheiratet. »Aber wir haben uns nur gestritten. Jetzt wohne ich wieder bei meiner Mutter. Die ist so froh!«

Das bin ich auch.

Köln – Konvertiten
im Schatten des Doms

Der ICE aus Berlin über Bielefeld und Wuppertal passiert die Messehallen in Köln-Deutz. Und da ist er auch schon, »Vater Rhein«, gegenüber das Stadtpanorama mit den Zwillingstürmen des gotischen Doms. Die Hohenzollern-Brücke aus dem Jahre 1911 führt direkt auf ihn zu. »…über den Bahnhof hinaus fuhr unser Zug in den Kölner Dom; die Lokomotive hielt vor dem Allerheiligsten und kniete sanft…«, heißt es in einem Gedicht von Yvan Goll.

Aber wir biegen ab, fahren ein in die imposante Bahnsteighalle von 1894 und halten mitten im »Verkehrskreuz des Westens« – im Herzen Kölns. Dort, wo es schon zu Zeiten der römischen Kaiserin Julia Agrippina schlug. Sie machte aus einer Ubier-Siedlung auf der Westseite des Rheins, der linken Seite, eine römische Stadt: Colonia Claudia Ara Agrippinensium (CCAA). Köln ist eine Stadt der Frauen. Eine heidnische Kaiserin gründete sie, und eine byzantinische Prinzessin namens Theophanu verwandelte sie knapp tausend Jahre später in eine Metropole des Christentums und der Kunst, in das »Rom des Nordens«. Im Mittelalter lebten in Köln fromme Beginen als Selbstversorgerinnen in Frauenwohngemeinschaften statt in Nonnenklöstern, weil sie sich nicht dem Diktat der Kirchenherren beugen wollten. Seidenmacherinnen und Goldspinnerinnen organisierten sich in eigenen Frauenzünften. Mathilde Franziska Anneke gab hier 1848 eine feministische *Frauen-Zeitung* heraus. Heute produziert Alice Schwarzer in einem wiederaufgebauten mittelalterlichen Wehrturm am Rhein – dem früheren »Bayen-turm« und heutigen »FrauenMediaTurm« – ihr provokantes Magazin *Emma*. Dort hortet auch ein feministisches Archiv- und Dokumentationszentrum Zeugnisse der Frauenge-schichte, damit sie nicht wieder in der Männergeschichte ver-loren gehen – wie Annekes *Frauen-Zeitung*, von der nur noch wenige Exemplare existieren.

In Köln sind auch zwei bundesweit bekannte muslimische Frauenprojekte beheimatet: das Begegnungs- und Fort-bildungszentrum muslimischer Frauen (BFmF), das von der Konvertitin Erika Amina Theißen geleitet wird, und das Zen-trum für Islamische Frauenforschung und -förderung (ZIF) mit der Vorsitzenden Miyesser Ildem, einer gebürtigen Mus-lima. Die islamische Religionspädagogin und IT-Anwen-dungsentwicklerin leitet das ZIF seit seiner formellen Grün-dung im Jahre 1998. Seine Geburtsstunde schlug aber schon 1995. Damals hatte sich laut www.zif-koeln.de ein »Round-table-Gesprächskreis« aus Islamwissenschaftlerinnen, Theo-loginnen und Pädagoginnen sowie Studentinnen dieser Fachrichtungen formiert. »Aus der gegenwärtigen Situation muslimischer Frauen, insbesondere im europäischen Kon-text, ergab sich bald die Notwendigkeit einer formaleren Struktur.« Zu den Gründungsmitgliedern und nach wie vor im ZIF Aktiven gehören auch zwei deutsche Musliminnen: Rabeya Müller und Luise Becker – die eine Pädagogin und Theologin, die andere Pädagogin, Theologin und Juristin.

Eigentlich hatte ich nicht vor, Luise Becker um einen Gesprächstermin zu bitten. Wir sind uns schon einmal, vor 16 Jahren, begegnet, und dieser journalistische Kontakt hat uns nicht gerade zu Freundinnen gemacht. Zugegeben: Ich hegte jahrelang einen Islamismus-Verdacht gegen sie. Doch dann las ich ein Interview auf Qantara.de mit ihr. In diesem Internetportal, gegründet vom deutschen Außenministerium und unterhalten von der Bundeszentrale für politische Bildung, der Deutschen Welle, des Goethe-Instituts und des Instituts für Auslandsbeziehungen für den »Dialog mit der islamischen Welt« wurde sie gefragt: »Wie stehen Sie zu der Position islamischer Feministinnen, die zwar die Gleichwertigkeit der Geschlechter fordern, es aber ablehnen, von Geschlechtergleichheit zu sprechen?«

Luise Becker antwortete:

»Ob es sinnvoller ist, von Gleichwertigkeit als von Gleichheit zu sprechen, muss dem Diskurs überlassen werden. Ich bin jedoch dann gegen das Konzept der Gleichwertigkeit der Geschlechter, wenn damit wieder Einschränkungen zuungunsten der Frau gerechtfertigt werden sollen und damit eine strikte Aufgabenteilung einhergeht, die Frauen von verschiedenen Tätigkeiten und der Gestaltung der Gesellschaft ausschließen.«

Alle Achtung, das hat mir imponiert! Das klang vergleichsweise geradezu radikal-feministisch. Also bat ich Luise Becker per E-Mail um ein Interview für dieses Buch – verbunden mit der provozierenden Frage: »Darf ich Ihnen glauben, was ich bei Qantara.de gelesen habe?« Kein Wunder, dass Frau Becker reserviert reagierte. Für mein Buch stehe sie nicht zur Verfügung, schrieb sie zurück. Allerdings sei sie bereit, mich für ein »klärendes Gespräch« zu empfangen. Ehrlich gesagt, hatte ich zunächst keine Lust dazu. Wenn nicht für das Buch, dann gar nicht! dachte ich. Aber schließlich nahm ich das Angebot an. Vielleicht erlaubt sie mir ja trotz unserer Animositäten, über sie zu schreiben, hoffte ich. Ich habe nicht vergeblich gehofft.

Als Luise Becker mir morgens um neun die ZIF-Tür öffnet, würden wir uns nicht wiedererkennen, wenn wir nicht verabredet wären: Beide sind wir älter und gesetzter geworden. Wir schauen uns an – und sind uns auf den ersten Blick sympathisch. Damals, 1992, bei unserer ersten Begegnung, hatte ich nur die vermeintlich 150-prozentig überzeugte Konvertitin gesehen, die sich – so mutmaßte ich – durch ihre Heirat mit einem türkischen Ehemann dem Diktat seiner einflussreichen Sippe unterworfen hatte. Und jetzt sehe ich eine warmherzige Kölnerin mit verschmitztem Lächeln auf den Lippen und Schalk in den Augen.

»Haben Sie schon gefrühstückt?«, fragt sie.

»Eine Banane. Ich bin um fünf Uhr aufgestanden.«

»Das hatte ich mir gedacht. Der Tisch ist gedeckt.«

Laut Homepage gliedert sich das ZIF in zwei Bereiche: einen theoretischen und einen praktischen. In dem theoretischen Bereich gehe es um »die Erarbeitung einer frauenzentrierten islamischen Theologie sowie deren Publizierung und Verbreitung durch Tagungen, Symposien, Vorträge und Schulungen«. Der praktische beinhalte: »Frauen- und Mädchenförderung, Selbstbehauptung für muslimische Mädchen, Entwicklung von Gestaltungsprojekten für neue Lebenswirklichkeiten, Beratung durch Einzel- und Gruppengespräche zur Überwindung von frauenfeindlichen und frauenmarginalisierenden Strukturen.«

Diese Zweiteilung drückt sich auch in den Räumlichkeiten aus: ein großer Raum mit Schreibtischen und Bücherregalen sowie ein etwas kleinerer mit einem ovalen Tisch für Konferenzen, Seminare, Beratungsgespräche – und Frühstück. Melonen, Tomaten, Oliven, Käse, Brötchen und Brot. Alles liebevoll angerichtet. Frauen machen es sich und anderen Frauen eben gerne nett, schaffen mit einfachen Mitteln eine angenehme Atmosphäre. Nicht nur der Frühstückstisch, alles hier wirkt hell, freundlich und ästhetisch. Trotzdem ist nicht zu übersehen, dass in diesem Frauenforschungszentrum Geldmangel herrscht; im Gegensatz zu den Forschungszentren, in denen Männer am Werk sind, einerlei ob Muslime oder Nicht-Muslime.

Dem ZIF wird manchmal »taqqiya« vorgeworfen. Hinter diesem arabischen Wort verbirgt sich angeblich die Erlaubnis, etwas im Islam eigentlich Verbotenes zu tun, nämlich zu lügen und zu täuschen, wenn es dem Islam nützt. Das ZIF soll angeblich durch vorgetäuschten Feminismus mächtigen türkisch-islamistischen Männerbünden nützen, die sich in Deutschland als demokratisch darstellen wollen. Als ich Luise Becker dies beim Frühstücken vorhalte, ereifert sie sich:

»Wenn das so wäre, hätten wir nicht zwei Räume, sondern ein ganzes Gebäude. Wir hätten Hochglanzbroschüren statt billig produzierter Publikationen, die wir im Eigenverlag herausgeben. Wir hätten ein Budget für Festangestellte und müssten nicht ehrenamtlich arbeiten. Und wir säßen nicht zwischen allen Stühlen.«

»Zwischen welchen Stühlen?«, frage ich.

»Auf einem dieser Stühle thronen Sie, Frau Filter! Als Stellvertreterin säkularer Gleichheitsfeministinnen, die mit uns nicht den Schulterschluss wagen, obwohl sie bei christlichen Gleichwertigkeitsfeministinnen nicht so zimperlich sind, auch wenn diese Nonnen-Schleier tragen.« Luise Becker seufzt. »Wenn ich aufzählen sollte, wer uns skeptisch gegenübersteht, teilweise sogar strikt ablehnend, käme ich gar nicht mehr aus dem Zählen heraus. Nicht nur, was die deutsche Mehrheitsgesellschaft betrifft, sondern auch die Muslime in Deutschland.«

In der Tat, das ZIF verlangt viel von der muslimischen Community. Es fordert sie auf, so Luise Becker, »den Koran in seinen konkreten, kontextuell bedingten Entscheidungen des 7. Jahrhunderts nicht als zeitunabhängige Entscheidungen zu betrachten, sondern nach der ratio legis zu fragen« – nach der Absicht, die den Rechtsnormen zugrunde liegt –, »um aus den seinerzeitigen Lösungen den Geist zu extrahieren und ihn zu nutzen, um heutige Entscheidungen neu im Geist der Offenbarung zu suchen. Diese Vorstellung greift die Offenbarung als solche überhaupt nicht an; sie erfüllt im Gegenteil die in ihr erkennbare Methodik, das heißt, das Wort erfüllt sich durch seine in ihm erkennbare Absicht.«

»Das klingt ziemlich kompliziert«, wende ich ein. »Ich könnte mir vorstellen, dass muslimische Frauen, denen ja oft der Zugang zur Bildung verwehrt ist, große Schwierigkeiten haben, die hermeneutische Methode des ZIF zu verstehen oder gar anzuwenden.«

Luise Becker entgegnet: »Wir sind uns bewusst, dass vielen Musliminnen bis heute nicht die nötigen Voraussetzungen zugänglich gemacht wurden, sich dem Thema verantwortlich, geschweige denn auf wissenschaftlicher Ebene zu nähern. Ihnen möchten wir Mut machen, diese Voraussetzungen mehr und mehr einzufordern und auch aus sich selbst heraus zu suchen. Wir nehmen jedoch wahr, dass sich eine nicht unerhebliche Anzahl von Frauen in der patriarchalen Lesart von religiösen Texten zurecht gefunden hat, vielleicht auch nur damit abgefunden hat, weil unter den verengten Möglichkeiten ein Protest erhebliche persönliche und soziale Folgen nach sich ziehen würde. Sich dies einzugestehen, scheint belastend und ist oftmals auch mit einem Gefühl von Scham verbunden, so dass ein Ausweichen auf die vorgegebenen Auslegungen männlicher Theologen als weniger schmerzhaft empfunden wird.«

Die Bremer Religionswissenschaftlerin Prof. Dr. Gritt Klinkhammer ist eine der raren nicht-muslimischen Stimmen in Deutschland, die das ZIF zu schätzen wissen. Über die ZIF-Schrift mit dem Titel »Ein einziges Wort und seine große Wirkung« schreibt die Professorin: »Dabei handelt es sich um den im deutschsprachigen Raum meines Erachtens spannendsten Entwurf einer feministischen bzw. ›frauenzentrierten‹ Hermeneutik des Koran.« (»Die halbierte Emanzipation? Fundamentalismus und Geschlecht«, hg. v. Elisabeth Rohr u. a., 2007) Auch mich hat der schmale Band über den Vers 34 der Sure 4 (»Die Frauen«) beeindruckt.

Dieser »Stein des Anstoßes schlechthin« (ZIF) wurde in der deutschen Mehrheitsgesellschaft berühmt-berüchtigt, als im März 2007 eine Frankfurter Familienrichterin aus vermeintlicher Toleranz gegenüber fremden Kulturen den mit ehelicher Gewalt begründeten Eil-Scheidungsantrag einer eingebürgerten Marokkanerin mit dem Argument ablehnte: In Sure 4, Vers 34, stehe, dass muslimische Ehemänner ihre Ehefrauen »schlagen« dürfen. Das sieht das ZIF ganz anders, weil das vielschichtige arabische Wort »daraba« in Vers 34 außer »schlagen« zahlreiche Bedeutungen hat: »trennen, scheiden, Beine übereinander schlagen« und so weiter und so fort.

Vers 34 in Sure 4 beginnt mit einem Satz, den das ZIF hermeneutisch wie folgt übersetzt und erläutert: »Die Männer stehen ein für die Frauen, weil Allah die jeweils einen vor den jeweils anderen bezeichnet hat (die jeweilige Verantwortung zu tragen).« Das reißt eine Gleichheitsfeministin wie mich nicht vor Begeisterung vom Hocker, aber dieser Satz wird feministisch brisant, wenn ihn männliche Theologen und Rechtsgelehrte übersetzen oder interpretieren:

»Die Männer sollen vor den Weibern den Vorzug haben, weil Gott ein Geschlecht vor dem anderen durch Vorzüge unterschieden hat.« (Friedrich Eberhard Boysen, 1773)

»Die Männer stehen über den Frauen, weil Gott sie (von Natur vor diesen) ausgezeichnet hat.« (Rudi Paret, Übersetzung 1966, zitierte Ausgabe 1980).

»Die Männer sind den Frauen überlegen, wegen dessen, was Allah den einen vor den anderen gegeben hat.« (Max Henning, Übersetzung 1901, hg. von Annemarie Schimmel, Reclam 1989).

»Die Männer haben Vollmacht und Verantwortung gegenüber den Frauen, weil Gott die einen vor den anderen bevorzugt hat.« (Adel Theodor Koury, 1992)

»Die Ehemänner tragen Verantwortung den Ehefrauen gegenüber wegen dem, womit Allah die einen vor den anderen ausgezeichnet hat.« (Amir Zaidan, 2000).

Noch brisanter lesen sich die Zitate, die die ZIF-Schrift zusammenträgt, wenn sich die gleichen Herren zum Schlagen von aufmüpfigen Ehefrauen äußern:

»Denjenigen aber, von denen ihr fürchten könnt, dass sie unredlich handeln, gebt Verweise, bringt sie in besondere Behältnisse und peitscht sie.« (Friedrich Eberhard Boysen, 1773).

»Und wenn ihr fürchtet, dass (irgendwelche) Frauen sich auflehnen, dann ermahnt sie, vermeidet sie im Ehebett und schlagt sie.« (Rudi Paret, 1980).

»Diejenigen aber, für deren Widerspenstigkeit ihr fürchtet, warnet sie, verbannt sie aus den Schlafgemächern und schlagt sie.« (Reclam-Ausgabe, 1989).

»Ermahnt diejenigen, von denen ihr Widerspenstigkeit befürchtet und entfernt euch von ihnen in den Schlafgemächern und schlagt sie.« (Adel Theodor Khoury, 1992).

»Und diejenigen Ehefrauen, deren böswillige trotzige Auflehnung ihr fürchtet, diese sollt ihr (zunächst) ermahnen, dann in den Ehebetten meiden und (erst danach) einen (leichten) Klaps geben.« (Amir Zaidan, 2000).

Das ZIF übersetzt und erläutert den Satz mit dem arabischen Wort »daraba« in Sure 4, Vers 34 so: »Und wenn ihr annehmt, dass Frauen einen Vertrauensbruch begehen, besprecht euch mit ihnen und (falls keine Veränderung eintritt) zieht euch (zunächst) aus dem Privatbereich zurück (meidet Intimitäten) und (als letztes) trennt euch von ihnen.«

Inzwischen habe sich auch ein männlicher Theologe zu

einer Neuübersetzung des Texts von Sure 4, Vers 34 entschlossen und übersetze ihn wie die ZIF-Frauen, erzählt Luise Becker. »Unter den gängigen Koranübersetzungen ist jedoch eher eine sehr zögerliche Annäherung erkennbar, etwa wenn statt ›schlagen‹ einen ›leichten Klaps geben‹ präferiert wird.«

Aber letztlich geht es den Wissenschaftlerinnen vom ZIF nicht darum, wie dieses oder jenes Wort zu übersetzen ist. Es geht ihnen um den Geist hinter den Wörtern, um das Konzept des Korans. Und das ist laut Luise Becker »Gender-Gerechtigkeit«. Darum möchte sich die Juristin im »Unruhestand« – die, als sie noch berufstätig war, nebenbei Theologie und Pädagogik studierte – nicht als Feministin bezeichnen, sondern als »Gender-Forscherin«. Eine Forscherin, die Fragen an den Koran stellt. Fragen wie: Was war der Anlass für diese Textstelle? An wen richtet sie sich? Ist sie zeitgebunden oder überzeitlich? Mit ihrer hermeneutischen Methode schauen Luise Becker und ihre Kolleginnen viel tiefer hinter die Oberfläche der heiligen Schrift als andere frauenbewusste Musliminnen, die lediglich die Frauenrechte darin wiederbeleben wollen.

»Wo und wie genau sind diese Rechte aufzuspüren?«, fragt Luise Becker und zitiert den Vers 1 in Sure 58, in dem es heißt: »Allah hat doch das Wort jener Frau gehört, die mit dir wegen ihres Mannes stritt und sich vor Allah beklagte.« Der Anlass für die Offenbarung von Sure 58, Vers 1 sei die im 7. Jahrhundert auf der arabischen Halbinsel verbreitete Unsitte gewesen, dass Männer, wann immer sie wollten, nach Lust und Laune, sich von ihren Ehefrauen geschieden hätten. Eine Ehefrau habe bei Mohammed Klage darüber geführt. Aber der Prophet, der damals auch der oberste Richter war, habe sie abgewiesen: Das sei so Sitte, da könne man nichts machen. Dieses Gespräch – »so lautet der koranische

Wortlaut« – habe Gott gehört und Mohammed offenbart, dass es sich bei dem vermeintlichen Männerrecht um ein Unrecht handele, das mit Wiedergutmachung ausgeglichen werden müsse. »Damit wurde eine Frau erstmals eine Rechtsperson, die bei Gericht einen Klageantrag stellen und ein Urteil erwarten konnte; das ist Rechtsstaatlichkeit«, freut sich die Juristin.

Auch die umstrittene Koran-Stelle, in der es heiße, dass eine Frau als Zeugin nur halb zähle, sei eigentlich erfreulich, denn: »Vorher wurden Frauen in der arabischen Stammesgesellschaft überhaupt nicht als Zeuginnen gehört.« Nun könne man natürlich argumentieren, ein dem Manne ebenbürtiges Recht sei mit der koranischen Weisung dennoch nicht gegeben. »Jedoch muss der Exeget dann schon tiefer schauen, um darin die angewandte Methodik zu erkennen. Sie berücsichtigt nämlich das Faktische und das Machbare während der Verkündungszeit. Das muss jede heilige Schrift, sonst wird sie von den Ersthörern nicht verstanden. Sie greift Unrecht auf und verändert Situationen, verbessert sie, manchmal als Mindeststandard, den wir weiterdenken dürfen. Die Offenbarung ist für uns. Die Fachfrau bzw. der Fachmann muss also, um den Sinn zu erfassen, das Vorher genau so kennen wie das Heute, um die Gegenwart der koranischen Situation zu erfassen. Wenn wir das heute eins zu eins nachvollziehen wollen, verpassen wir den Geist des Wortes und machen das Recht zu Unrecht. In einer Gesellschaft, in der zum Beispiel Frauen ein wirtschaftliches Ressort leiten – ich habe solche bei meinen Feldstudien kennen gelernt – könnte es auch heißen, dass an Stelle von einem Mann und zwei Frauen eine Frau und zwei Männer als Zeugen aufgeboten werden müssten. Es geht um Situationsbezogenheit und die größtmögliche Chance für ein faires Urteil und nicht um zahlenmäßige Gleichheit. Für angstbesetzte Traditionalisten ist diese Vorgehensweise unerträglich, für die Verfechter der

Erneuerungstheologie hingegen ist sie ein offensichtlich vom Koran und Propheten gewollter Weg. Sie sprechen von einer prophetischen Theologie.«

»Allmählich begreife ich, warum sich das ZIF auch bei Muslimen unbeliebt macht«, sage ich.

Luise Becker legt entschlossen ihr Besteck auf den Frühstücksteller. »Wir Muslime müssen uns entscheiden. Wollen wir den Koran wortwörtlich umsetzen? Das können, ja, das müssen wir in seinen überzeitlichen Anteilen. Die Frage nach Gott und der Sinnhaftigkeit des Lebens hat sich seit Noah nicht geändert. Hier besteht Quellenübereinstimmung der sogenannten heiligen Schriften. Was aber die sozialen Fragestellungen angeht, so müssten wir bei einer wörtlichen Eins-zu-eins-Anwendung dann auch konsequenterweise eine Gesellschaft wie im 7. Jahrhundert anstreben: Kamel statt Auto, Stamm statt Nation und so weiter. Das ist absurd. Wollen wir auf eine neue, zeitgemäße Offenbarung warten? Oder wollen wir uns die Mühe des Denkens machen, des Nachdenkens darüber, was der Koran uns heutigen Menschen sagen kann?« Luise Becker seufzt erneut. »Dieser Mühe allerdings wollen sich die Wenigsten unterziehen. Da wäre eine treffendere Übersetzung des Wortes Dschihad angebracht, nämlich geistige Anstrengung zur Findung von Normen. Aber es ist leichter, an alte Gewissheiten zu glauben, als immer wieder neue Fragen an den Koran zu stellen.«

Ich verstehe – immer wieder neu, weil sich die Zeiten so schnell ändern.

Auch die eineinhalb Stunden Zeit, die sich Luise Becker für mich genommen hat, sind wie im Fluge vergangen. Als sie mich zur Tür bringt, fragt sie mich, ob sie mich immer noch für eine Islamistin halte. »Nein«, antworte ich. »Das ist gut«, sagt sie. »Wir müssen Kontakt zueinander aufnehmen, nur so können wir den Hass überwinden.« Doch, schränkt sie ein: »Jetzt, da wir hier zusammen sind, steht nichts zwischen uns; wir sind einfach nur Frauen mit gleichen oder ähnlichen Anliegen. Aber wenn Sie dort hinausgehen, wer weiß, was sich dann wieder zwischen uns stellt.«

Ich hoffe, nichts, denke ich, als ich zur Straßenbahnhaltestelle gehe. Ich drehe mich um und sehe, dass Luise Becker noch in der ZIF-Tür steht. Sie winkt mir zu – und ich winke zurück.

Köln ist eine Hochburg des Katholizismus, Sitz des Erzbistums Köln, des größten und reichsten Bistums Deutschlands, das seit 1989 von dem aus Schlesien stammenden Kardinal Joachim Meisner geleitet wird: Er gilt als sogenannter Hardliner, der nicht zu dem fröhlichen Katholizismus der Kölschen und ihrem Klüngel passt, wie seine Kritiker monieren. Doch ist auch hier die Zahl der Gläubigen rückläufig. Von den 1,02 Millionen Einwohnern sind laut Homepage der Stadt (www.koeln.de) nur noch 40,52 Prozent katholisch. Und: »Heute haben 17,2 Prozent der Einwohner (176 534 Menschen) eine andere als die deutsche Staatsbürgerschaft. Insgesamt 64 592 Kölner sind türkische Staatsbürger.«

Köln ist auch die heimliche Hauptstadt des Islam in Deutschland. Einmal wegen des hohen Anteils von Muslimen an der Einwohnerschaft, aber vor allem wegen der Häufung von Dachverbänden in der Domstadt. An der Osterather Straße 7 residiert der Islamrat für die Bundesrepublik Deutschland, der etwa 136 000 Mitglieder hat, wie der *Spiegel* schätzt (*Spiegel Special* 2/2008 »Allah im Abendland«). In der Türkisch-Islamischen Union der Anstalt für Religion (DITIB) an der Venloer Straße 160 sind schätzungsweise 118 000 türkische Muslime organisiert. Der Verband der Islamischen Kulturzentren (VIKZ) an der Vogelsänger Straße 290 hat circa 20 000 Mitglieder und der Zentralrat der Muslime in Deutschland (ZMD) in der Steinfelder Gasse 32 rund 12000. Die vier Verbände schlossen sich im April 2007 zum Koordinierungsrat der Muslime (KRM) zusammen. Dieses »konservativ besetzte Gremium« (*Spiegel Special* 2/2008 »Allah im Abendland«), das auch in der Islamkonferenz des Bundesinnenministers den Ton angibt, erhebt den Anspruch, alle zu vertreten, obwohl lediglich 286000 der etwa 3,2 bis 3,5 Millionen gebürtigen und neuen Muslime in Deutschland hinter ihm stehen.

Der Kölner Konvertit Dr. Ayyub Axel Köhler war von April bis September 2007 Sprecher des KRM er ist einer der Gründer des Zentralrats der Muslime in Deutschland; von 2001 bis 2006 war er ZMD-Generalsekretär; seit Februar 2006 ist er der Vorsitzende dieses Dachverbands für 19 Islam-Vereine, von denen nicht alle unumstritten sind. So die Islamische Gemeinschaft in Deutschland (IGD). Laut Bundesverfassungsschutzbericht für das Jahr 2007 (S. 193) ist sie hierzulande die »mitgliederstärkste Organisation« von Anhängern der Muslimbruderschaft, der »einflussreichsten islamistischen Bewegung in der gesamten islamischen Welt« (S. 191). Und das Islamische Zentrum Hamburg (IZH) mit seiner traumhaft schönen Imam-Ali-Moschee an der Außenalster. Über das IZH schreibt der Bundesverfassungsschutz auf S. 206: Es »verbreitet die schiitische Glaubenslehre, verbunden mit der iranischen Staatsdoktrin, nach der die Staatsgewalt nicht vom Volke ausgeht, sondern allein religiös legitimiert werden könne … Der Leiter des IZH (zurzeit Ayatollah Seyyed Abbas Ghaem-Magham) wird von iranischen ›Revolutionsführern‹ ernannt und fungiert als direkter Vertreter in Mitteleuropa.«

Dr. Ayyub Axel Köhler ist nicht der einzige Konvertit in Führungspositionen des Dachverbands. Die stellvertretende Vorsitzende Maryam Brigitte Weiß, eine 1955 als Bergmannstochter im Ruhrgebiet geborene Hauptschullehrerin, ist zugleich die Frauenbeauftragte des ZMD. Den Fachausschuss Soziales leitet der Psychiater und Psychotherapeut Dr. Ibrahim Rüschoff aus Lübbecke in Ostwestfalen, und im ZMD-Beirat sind von sieben Mitgliedern und Ehrenmitgliedern fünf Konvertiten: außer Ayyub Axel Köhler aus Köln die Hamburgerin Fatima Grimm (früher verantwortliche Redakteurin des deutschsprachigen Muslim-Magazins Al Islam), Dr. Wilfried Murad Hofmann aus Bonn (Botschafter a. D. und Autor des Buchs »Der Islam als Alternative«), Muhammad Aman Hobohm aus Bad Honnef (Diplomat a. D., ehemaliger Imam der Berliner Moschee und ehemaliger Geschäftsführer der saudischen König-Fahd-Akadamie in Bonn-Bad Godesberg) sowie Yussuf Islam aus London – vor seiner Konversion ein weltberühmter Sänger und Liedermacher namens Cat Stevens.

So berühmt wie Cat Stevens einstmals war, ist Ayyub Axel Köhler nicht. Doch wegen seiner Medienpräsenz ist er für die meisten Deutschen kein Unbekannter. Auch dem, der sich nicht daran erinnert, was Dr. Köhler in Fernsehinterviews und -talkshows sagte, werden seine Markenzeichen – der schmale Schnurrbart und die perfekt gebundene Fliege – ebenso in Erinnerung geblieben sein wie seine gentlemenliken Umgangsformen, sein Humor und sein Charme. Darüber geriet sogar die ansonsten eher islamkritische *FAZ* ins Schwärmen. Der »freundliche Herr mit der Glatze«, schrieb sie am 14. März 2006, sehe so gar nicht wie »ein Nachahmer des Propheten« aus. »Anders als viele Konvertiten, die ihren neuen Glauben mit blonden Vollbärten zur Schau tragen«, verkörpere Köhler »westlichen Lebensstil«. Es umwehe ihn sogar »ein Hauch von Salonlöwentum«. Kein Wunder. Der kölsche Gentleman ist ein weltläufiger, gebildeter Mann. In seinem offiziellen Lebenslauf unter *http://zentralrat.de* (über *www.islam.de* zu erreichen) sind folgende »Daten in Stichworten« zu lesen:

»Geboren 1938 in Stettin. Deutscher. Muslim seit 1963. Verheiratet. 1968 Promotion zum Dr. rer. nat. an der Universität Köln. 1969 wissenschaftlicher Mitarbeiter in der Deutschen Forschungs- und Versuchsanstalt für Luft- und Raumfahrt (heute D[FV]LR). 1970 Assistant-Professor an der Universität Teheran. Von 1973 bis 1999 im Institut der deutschen Wirtschaft in Köln im Bereich Ökonomie/Ökologie tätig. Berater der International Association of Islamic Banks bis 1992. Seit 1999 im Ruhestand. Forschungsschwerpunkte im Bereich des Islam: Wirtschaft, Gesellschaft, Kulturgeschichte und Bildung. Von 1988 bis 1993 Mitbegründer bzw. Sprecher des Islamischen Arbeitskreises (seit 1995 Zentralrat der Muslime in Deutschland, ZMD). Von 2001 bis 2006 Generalsekretär des ZMD. Von 1999 bis 2004 Kommunalpolitiker in Köln (FDP). Seit 2000 stellvertretender Vorsitzender des Landesfachausschusses für religiöse Fragen der FDP in NRW und aktiv im Bundesfachausschuss für Kirchen und Religionsgemeinschaften der FDP.«

Ich hätte gerne mehr erfahren, zum Beispiel warum Axel Köhler 1963, als junger Mann aus Ostdeutschland, den Islam annahm. Oder ob es stimmt, was gemutmaßt wird (u. a. in der *FAZ* vom 14. 3. 06): Durch seine im Februar 2006 erfolgte Wahl zum ZMD-Vorsitzenden habe sich ein liberaler Flügel im Zentralrat der Muslime durchgesetzt. Aber Dr. Axel Ayyub Köhler wollte nicht mit mir sprechen. Er war einer der ersten, die ich um ein Interview bat, als ich mit der Recherche für dieses Buch begann. So zuvorkommend bin ich nie zuvor und auch danach nie wieder abgewimmelt worden. Da er nicht die Öffentlichkeit eines Telefonbuchs scheut, rief ich ihn am 20. November 2007 zu Hause an, im Kölner Stadtteil Nippes, wo er mit seiner türkischstämmigen Frau Ayse wohnt.

»Es tut mir furchtbar leid«, sagte Dr. Köhler bedauernd, aber er sei sehr beschäftigt und könne sich keine Zeit für mich nehmen. Für ein längeres Gespräch, wie ich es mir vorstelle, brauche man Ruhe und Muße. »Warum ausgerechnet ich?« Es gebe doch so viele andere Konvertiten in Führungspositionen. Er empfahl mir Sulaiman Wilms, den Chefredakteur der *Islamischen Zeitung*, und entschuldigte sich dann: »Ich hoffe, Sie verzeihen mir, aber ich bin auf dem Sprung. Ich muss jetzt weg.« Nachdem er mir noch viel Erfolg gewünscht hatte, legte er auf.

Ich habe mir Dr. Köhlers Rat zu Herzen genommen und mich mit Sulaiman Wilms verabredet – heute Abend treffen wir uns im Kölner Dom-Hotel (s. S. 222). Doch von den Funktionären, Stars und Promis zurück in die Niederungen der alltäglichen menschlichen Schicksale.

Nachmittags bin ich mit einem Ehepaar verabredet, dessen Tochter zum Islam übergetreten ist: aus Liebe zu ihrem muslimischen Ehemann. Den Kontakt hat mir eine Freundin vermittelt, die Helmut und Margret Brüggemeier kennt. In Wahrheit heißen die beiden anders, aber sie baten mich, ihre Namen zu ändern und einen anderen Stadtteil als Wohnsitz anzugeben, weil sie das Interview ohne Wissen ihrer Tochter Silke führen und weil sie sich schämen – sie sind gläubige Katholiken. Stellen wir uns also vor, dass ich mit der Straßenbahn auf die andere Rheinseite fahre, die sogenannte »Schäl Sick«, nach Köln-Porz, Haltestelle »Rosenhügel«! Hier haben eine Zeitlang Verwandte von mir gewohnt, hier kenne ich mich aus; diese Reihenhaussiedlung sieht fast genauso aus wie die, in der die Eltern der konvertierten Tochter leben.

Die Brüggemeiers sind schon älter, sie 67 und er 69, beide in Rente. Er war früher Druckvorlagenhersteller und sie Kindergärtnerin in einem katholischen Kindergarten. Silke ist auch Erzieherin, allerdings ohne feste Anstellung. Bis zu ihrer Heirat vor zwei Jahren ist sie in katholischen Kindergärten für Kolleginnen im Erziehungsurlaub eingesprungen. Doch seit sie zum Islam übertrat, ist es damit vorbei. Silke hätte man früher ein »spätes Mädchen« genannt. Die heute 40-Jährige wohnte, bis sie im Winter 2005 ihrer großen Liebe begegnete, bei ihren Eltern. Als Kind hatte sie Leukämie. Bis zu ihrem neunten Lebensjahr verbrachte sie mehr Zeit in Krankenhäusern als zu Hause. Dadurch verpasste sie den Anschluss an gesunde Altersgenossen und galt bei ihnen als Einzelgängerin. Auch als Erwachsene sei sie mit Gleichaltrigen »nie so richtig klar gekommen«, erzählt ihre Mutter, »aber mit alten Leuten und Kindern.«

Silke, die einen drei Jahre älteren Bruder hat, ist eine Vatertochter – beziehungsweise war es. »Dass sie zum Islam konvertiert ist«, sagt Helmut Brüggemeier, »akzeptiere ich in keiner Weise.« Doch möchte er sie auch nicht als verschrobenes Fräulein dargestellt sehen. »Silke hat immer großen Wert darauf gelegt, ein selbständiger Mensch zu sein, ihre eigene Meinung zu vertreten und sich von nichts und niemandem unterdrücken zu lassen«, verkündet er stolz. Das habe er von Anfang an unterstützt. Er halte viel von Frauenemanzipation. Darum habe er eine emanzipierte Frau geheiratet. »Erzählen Sie doch mal chronologisch, wie es zu der Eheschließung Ihrer Tochter mit einem Muslim kam!«, bitte ich die Brüggemeiers.

»Also, das fing damit an, dass sie von Jugend an Brieffreundschaften mit Menschen in aller Welt unterhielt«, sagt Silkes Vater. »Erst Nordeuropa, dann Ostasien und zuletzt Afrika. Ihren jetzigen Ehemann mit Namen Abdul aus Nigeria lernte sie auf dem Briefweg kennen.«

Margret Brüggemeier spinnt den Faden weiter. »Anfang Dezember 2005, Silke hatte mal wieder Arbeit, kam sie abends nicht nach Hause. Weißt du noch, Helmut? Du warst auf einer Weihnachtsfeier und bist erst spät in der Nacht heimgekehrt. Da saß ich hier bibbernd auf dem Sofa …«

»Ihre Tochter ist doch ein erwachsener Mensch!?«, falle ich ihr ins Wort. »Ja, schon. Aber nicht anzurufen, war so gar nicht ihre Art. Erst morgens um halb sieben klingelte das Telefon. Silke sagte, sie habe Abdul vom Flughafen abgeholt. Wir kannten den Namen. Sie hatte uns von der Brieffreundschaft erzählt. Doch seit längerer Zeit war Abdul gar nicht mehr in Erscheinung getreten.«

»Weil er schon einmal nach Deutschland kommen wollte«, ergänzt Helmut Brüggemeier bitter. »Damals hat er Silke versetzt. Sie wartete auf ihn am Flughafen, doch er stieg nicht aus dem Flugzeug.«

»Und wie ging es nach dem Anruf am frühen Morgen weiter?«, frage ich.

»Silke ließ uns völlig im Unklaren. Sie sagte, sie würde sich ›demnächst‹ wieder melden«, antwortet die Mutter – mehr als zwei Jahre danach immer noch fassungslos über das Wort »demnächst«.

»Zwei Tage später kam sie abends nach Hause«, sagt Helmut Brüggemeier. »Sie hatte ihn dabei und stellte ihn uns vor.«

»Wo hatten die beiden denn inzwischen Unterschlupf gefunden?«

»Keine Ahnung!«

»Ist Abdul dann bei Ihnen eingezogen?«

Darum habe die Tochter erst gar nicht gebeten, weil sie wusste, dass ihre schockierten Eltern »Nein« sagen würden. Silke und Abdul gingen wieder, wer weiß, wohin. Und dann, am nächsten Morgen, schlich sich Silke in aller Herrgottsfrühe heimlich ins Haus, um ihren Koffer zu packen.

»Wir hatten in dieser Nacht ohnehin kaum geschlafen«, erzählt die Mutter. »Als sich der Schlüssel im Schlüsselloch der Haustür drehte, waren wir sofort hellwach. Aber wir haben uns nicht bemerkbar gemacht. Wir standen am Küchenfenster und sahen, wie unser Kind mit dem großen Koffer loszog. Wir haben beide geweint. Wir waren ziemlich außer uns, das muss man schon sagen. So ein Vertrauensbruch! Warum hat sie uns nicht darüber informiert, dass Abdul kommt? Früher haben wir offen und ehrlich über alles gesprochen. Trotzdem bemühten wir uns, die Balance in unserem Familienleben zu wahren, das wir bis dahin als harmonisch und friedvoll empfunden hatten. Silkes Krankheit hat uns sehr zusammengeschweißt, auch Silke und ihren Bruder. Er ist verheiratet und hat drei Kinder. Die lieben ihre Tante abgöttisch.«

Silke sehnte sich auch nach ihrer Familie. Darum rief sie zu Hause an und berichtete, dass sie und Abdul über die Kölner Mitwohn-Zentrale eine erschwingliche Wohnung gefunden hatten. Diese mussten sie allerdings kurz vor Weihnachten wieder räumen. Als die über alles geliebte Tochter ohne Obdach auf der Straße stand, schmolz das weiche Mutterherz. Silke und Abdul zogen im Reihenhaus am Rosenhügel ein – und alles lief völlig schief. Ein Grund war das Verständigungsproblem. Abdul beherrscht vier Sprachen: Englisch, Französisch, Arabisch und Hausa, die Sprache seiner Ethnie im muslimischen Norden Nigerias. Aber damals konnte er kein Wort Deutsch, und die Eltern Brüggemeier sprechen nur wenige Brocken Englisch. Zusätzlich sorgten die rituellen Waschungen, die ein strenggläubiger Muslim vor jedem der fünf täglichen Gebete verrichtet, für Konflikte. In dem Häuschen der Brüggemeiers, in dem auch noch eine pflegebedürftige Großmutter wohnt, gibt es nur ein Badezimmer, das nun ständig belegt war. Auch das islamisch korrekte Essen erwies sich als schwierig. Margret Brüggemeier wusste, dass es Muslimen verboten ist, Schweinefleisch zu verzehren. Also bereitete sie für Abdul Gerichte mit Lammfleisch, Hühnchen und viel Gemüse zu. Doch: »Er saß stumm mit uns am Esstisch und rührte nichts an.« Daraufhin ließ sie sich von zwei Schwarzafrikanern, die sie als Väter im Kindergarten kennengelernt hatte, afrikanische Rezepte geben. Abdul rührte immer noch nichts an. Er aß nur, wenn Silke etwas für ihn kochte, »obwohl die gar nicht kochen kann«.

Zu all dem kam Abduls Arroganz. »Ich dachte, Afrikaner wären so gastfreundlich«, sagt Helmut Brüggemeier. »Daher ging ich davon aus, dass sie auch als Gäste freundlich sind. Aber mein jetziger Schwiegersohn tat so, als ob wir Luft für ihn wären.« Eine türkische Ex-Kollegin habe ihm das neulich damit erklärt, dass für strenggläubige Muslime der Kontakt zu Christen »haram« sei. »Also als Sünde verboten.«

Nach vier Wochen ging es nicht mehr. Silke und Abdul zogen aus. Die Eltern halfen ihnen bei Wohnungssuche und Umzug und unterstützen sie bis heute finanziell. Dann der nächste Schock. »Eines Abends Anfang Februar 2006«, erinnert sich Margret Brüggemeier, »saß mein Kind hier neben mir auf der Sessellehne und sagte vollkommen beiläufig: ›Wenn ihr Lust habt, könnt ihr morgen zu meiner islamischen Hochzeit in die Moschee kommen.‹« Trotz Harmonie und Friedfertigkeit, um die sie sich zeitlebens bemüht habe – auch als Erzieherin in einem Kindergarten mit Kindern »verschiedenster Nationalitäten« –, sagt Margret Brüggemeier, sei in diesem Moment ihr Geduldsfaden gerissen. »Ich schmiss meine Tochter raus. ›Hau ab!‹, habe ich sie angeschrien.«

Obwohl die Brüggemeiers nicht zur Hochzeit gingen, ist sie im Familienalbum mit einem Foto dokumentiert, das ich mir anschauen darf. Der Bräutigam ist nicht darauf zu sehen, nur die Braut. Auf dem Foto ist Silke »fast noch so wie immer gekleidet.« Jeans und Pulli. Doch ihr Kopf ist bedeckt: lässig-locker mit einem Schal, unter dem ihr fransig geschnittener Pony hervorschaut.

Nach dieser islamischen, aber nicht standesamtlichen

Hochzeit tauchte für die Eltern ein Hoffnungsschimmer am Horizont auf. Zwar sollte auch auf dem Standesamt geheiratet werden, doch es war schwierig, »die dafür benötigten Papiere für Abdul« zu beschaffen. Mit der Folge, dass er nach drei Monaten in Deutschland nach Nigeria zurückkehren musste, weil sein Touristen-Visum abgelaufen war.

»Ehrlich gesagt«, gesteht Helmut Brüggemeier, »wir haben gehofft, dass er in Nigeria bleibt.«

»Aber da haben wir nicht mit dem Kampfgeist unserer vermeintlich schwächlichen Tochter gerechnet«, sagt Margret Brüggemeier. Silke sei von »Pontius bis Pilatus gelaufen«, um die Papiere zu beschaffen. Und eines Tages war Abdul wieder da.

»Er kam, kurz bevor wir in den Sommerurlaub nach Dänemark fuhren«, erzählt Helmut Brüggemeier. »Und dann erreichte uns in unserem Ferienhäuschen die Nachricht, dass Silke standesamtlich geheiratet hat.«

»Auch ihr Bruder wusste nichts davon«, sagt Margret Brüggemeier. »Er hat genau wie wir nur eine Hochzeitskarte mit einem Foto bekommen.« Sie zeigt es mir: Rechts steht Abdul, ein attraktiver schwarzer Mann in einem weißen Pulli, mit neuen Blue Jeans; links Silke, eine bis zur Unkenntlichkeit verhüllte Frau, mit einem streng gebundenen dunkelgrauen Kopftuch und einem Bone darunter, das von ihrem Gesicht kaum etwas übrig lässt; in einem langen, weiten, dunkelblauen Mantel – viel zu schwer für ihren zarten Körper.

»Hat Ihre Tochter Ihnen eigentlich jemals anvertraut, warum sie konvertiert ist? Nur aus Liebe oder auch aus Überzeugung?«

»Darüber reden wir nicht«, sagt Margret Brüggemeier. »Helmut, erzähl' du, warum nicht!« Er sträubt sich, druckst herum und sagt dann entschlossen:

»Also, ich bin mal brutal. Als meine Tochter mir gestand,

dass sie zum Islam übergetreten ist, war das für mich so, wie wenn mein Sohn mir offenbart hätte, dass er der rechten Szene angehört.«

»Aber eigentlich ging es um den Glauben«, wendet seine Frau ein, »in Glaubensfragen bist du sehr streng. Du bist ein ruhiger, umgänglicher Typ. Wenn du dann mal ausrastest, dann wegen deinem Glauben. Erinnerst du dich?«

Helmut Brüggemeier weiß sofort, was seine Frau meint. »Mein Sohn war 16 und verzweifelte an der Welt. Seine beiden besten Freunde auch. Die drei saßen hier am Wohnzimmertisch und bliesen Trübsal. Nach dem Motto: ›No Future!‹ Da habe ich mir meine Bibel aus dem Regal gegriffen und sie auf den Tisch geknallt. ›Lest die Geschichten über Jesus, dann lernt ihr, positiv zu denken!‹, habe ich gebrüllt. Ich war richtig brastig.«

»Dass er so brastig werden kann, wenn es um seinen Glauben geht«, erklärt mir Margret Brüggemeier, »weiß unsere Tochter natürlich auch. Ich sehe das alles etwas lockerer. Helmut stammt aus dem Münsterland, und ich bin eine echte Kölsche ...«

»...aber unsere Tochter stand in Glaubensfragen doch immer auf meiner Seite!«

»Deswegen ist ihr ja so bewusst, wie ernst du das nimmst. Und darum traut sie sich nicht, mit uns über ihren neuen Glauben zu reden.«

»Das klingt jetzt fast so, als ob ich ein starrsinniger Fundamentalist wäre. Silke weiß genau, was ich von den frauenfeindlichen Machthabern in der katholischen Kirche halte. Sie weiß auch, dass ich mich darum bemühe, mich an Jesus zu orientieren, der weiß Gott nicht frauenfeindlich war.«

»Du hast ja Recht, Helmut, ich orientiere mich doch auch an Jesus! Ich habe diese ganze Geschichte mit Abdul nur einigermaßen verkraften können, weil mein Glaube mir dabei geholfen hat. Der Glaube an Toleranz und Versöhnung, den uns Jesus lehrt. Unter anderem durch das Gleichnis vom verlorenen Sohn. Als dieser nach Irrwegen draußen in der Welt in den Schoß der Familie zurückkehren will, obwohl er sie verspottet und verhöhnt hat, empfängt ihn der Vater mit offenen Armen und bereitet ein opulentes Wiedersehensfest für ihn. Allerdings tröstet mich das nicht, wenn ich nachts wach liege und die Angst mir die Kehle zuschnürt.«

»Die Angst vor was?«, frage ich.

»Die Angst um meine Tochter.«

»Was genau bereitet Ihnen Angst?«

»Man meint, man kennt sein Kind so viele Jahre. Man bildet sich ein, eine richtig gute Mutter-Tochter-Beziehung zu haben. Und plötzlich wird dir dein Kind völlig fremd. Das kann man einfach nicht begreifen. Dieses Verletzt-Sein geht so tief, dass auch das Gleichnis vom verlorenen Sohn nicht mehr hilft. Weil man befürchtet, dass die Tochter nie wieder zurückkehrt und man sie sich aus dem Herzen reißen muss. Und du kannst dein Verletzt-Sein ja nicht mal vor der Außenwelt verstecken. Vor den Nachbarn hier, die mit uns gebangt haben, als unser Kind an Leukämie zu sterben drohte. Und nun zeigt sich dieses Kind demonstrativ in einer islamischen Ganzkörperverhüllung. Da kann man sich nicht einreden: ›Ach, das merkt ja keiner, dass deine Tochter radikal mit allem gebrochen hat, an was sie früher glaubte.‹« Margret Brüggemeier lacht. »Manchmal hat diese traurige Geschichte auch komische Seiten. Wenn Silke uns besucht, zieht sie sich zum Beten in ihr altes Zimmer in der ersten Etage zurück. Wenn meine Enkelkinder auch zu Besuch sind, schleichen sie sich immer auf Zehenspitzen nach oben und berichten mir hinterher aufgeregt: ›Oma, wir haben durchs Schlüsselloch geguckt! Tante Silke liegt schon wieder auf dem Teppich.‹«

»Zurück zum Thema Angst: Befürchten Sie eventuell auch, dass Silkes Mann ein Islamist ist?«

»Das will ich Abdul nicht unterstellen«, entgegnet Helmut Brüggemeier.

»Formulieren wir's mal so: Ich habe die Befürchtung, dass er in den Islamismus abrutscht. Denn die Auslegung seines Glaubens mit den ganzen Regeln ist sehr streng. Meine türkische Ex-Kollegin sagt: ›So, wie der das handhabt, ist der Islam gar nicht.‹«

»Er verlangt zum Beispiel von unserer Tochter, Arabisch zu lernen«, erklärt Margret Brüggemeier. »Nicht zur Weiterbildung, sondern weil der Koran angeblich nur auf Arabisch gelesen werden darf.«

»Ist Ihr Schwiegersohn inzwischen, nach mehr als zwei Jahren, kontaktbereiter?«

Dem Schwiegervater steigt die Zornesröte ins Gesicht. »Weil die beiden in ihrem kleinen Apartment keinen Anschluss für eine Waschmaschine haben, waschen wir ihre Wäsche. Ich hole sie ab und bringe sie wieder hin. Dabei muss ich mich aber völlig dem Gebetszeitplan der beiden unterwerfen. Man ruft vorher an und fragt: ›Wann kann ich denn wohl kommen, ohne euch beim Beten zu stören?‹ Wer fragt mich denn, ob die meinen Glauben stören? Den Glauben von denen muss ich tolerieren, und ich muss mich verbiegen, um überhaupt in ihre Wohnung gelassen zu werden, für die ich die Miete bezahle!« Helmut Brüggemeier atmet tief durch. »Um auf Ihre Frage zurückzukommen: Wir haben eine Art Burgfrieden geschlossen. Also: Wenn ich mich in der Burg von denen aufhalte oder die sich in meiner Burg, werden alle kriegerischen Handlungen eingestellt.«

Es folgt eine lange Gesprächspause. Vater Brüggemeier starrt mit Tränen in den Augen das Wohnzimmerfenster an, das mit dichten Stores verhüllt ist, wie es in den 1970er-Jahren modern war – als die Familie in ihr eigenes Häuschen hier einzog. Mutter Brüggemeier flieht in die Küche. Dort schnäuzt sie sich laut. Als sie zurückkehrt, künden ihre rot geweinten Augen davon, dass sie die Fassung verloren hat. Sie setzt sich wieder und sagt:

»Helmut hat sich eben nicht so friedfertig geäußert, wie Jesus es von einem Christenmenschen verlangt. Aber ich finde, das Wort ›Burgfrieden‹ beschreibt sehr gut das derzeitige Verhältnis zu unserer Tochter und ihrem Mann. Wir beide, Helmut und ich, haben uns vorzuwerfen, dass wir den Verlust unserer Tochter verdrängen. Wahrscheinlich, weil Silke als Kind todkrank war. Als die gemeinsame Bekannte von Ihnen und uns anrief und fragte, ob wir zu einem Interview bereit sind, haben wir sofort zugestimmt. In der Hoffnung, dass das Gespräch mit Ihnen uns miteinander ins Gespräch bringt. Helmut, sag du doch auch mal was dazu!«

Er wendet seinen Blick vom Fenster ab und schaut seine Frau an. »Du hast Recht. Es ist für uns beide eine völlig unausgegorene, unaufgearbeitete Sache.«

Wieder im Kölner Hauptbahnhof. Da ich heute Abend noch einen Termin in Köln habe, nehme ich mir ein Zimmer im Bahnhofshotel. Ich liebe es, in diesem Hotel zu übernachten. Es ist in den Bahnhof integriert, und wenn ich im Bett liege, stelle ich mir vor, dass ich – kurz entschlossen im Nachthemd – im Schlafwagen nach München reisen könnte: Abfahrt 23 Uhr 46, Ankunft 7 Uhr 16. Und von da aus weiter nach Wien: Umsteigen in München und Salzburg, Ankunft 12 Uhr 13. Ich bin eine spießige Reisende. Ich träume nicht von der Ferne wie Silke Brüggemeier, die mit ihren Briefen Reiseziele besuchte, von denen sie wusste, dass sie nie selbst dahin gelangen würde. Sie erinnert mich, denke ich beim Auspacken meiner Reisetasche, an die amerikanische Dichterin Emily Dickinson, die nie den Garten ihrer Kindheit verließ, aber mittels ihrer Fantasie über jeden Gartenzaun sprang. Auch Silke Brüggemeier, haben mir ihre Eltern erzählt, schrieb Gedichte, sie malte, sie liebte Musik – und jetzt ist das alles »haram«.

Endstation: Begegnung mit einem vermeintlichen Feind

Vor dem Kölner Hauptbahnhof tobt ein plötzliches Gewitter. Blitze, Donner, Sturm und Schneeregen pünktlich zum Frühlingsanfang. Ich bin um 18 Uhr mit Sulaiman Wilms – Konvertit und Chefredakteur der *Islamischen Zeitung (IZ)* – im Dom-Hotel verabredet. Diesen Termin will ich auf keinen Fall verpassen; es hat schließlich Monate gedauert, bis er zustande kam. Also spanne ich meinen Regenschirm auf, verlasse das Bahnhofshotel und kämpfe mich die breite Treppe zur Domplatte hoch. Um den Kölner Dom pfeift stets ein kühler Wind, auch an heißen Sommertagen, doch heute ist es ein Orkan, durch den die Menschen die Bodenhaftung zu verlieren drohen. Sie suchen unter dem gotischen Bogen vor dem Hauptportal Schutz; sie quetschen sich an den Bretterzaun vor einer Baustelle; sie taumeln über die Freifläche, die den Dom umgibt. Mein Schirm ist nur noch ein Gerippe, als ich »Le Merou«, das Restaurant im Dom-Hotel, erreiche. Nachdem ich meinen klatschnassen Mantel an der Garderobe abgegeben habe, setze ich mich an einen Tisch, putze meine beschlagene Brille und schaue mich um – Sulaiman Wilms ist noch nicht hier.

Der *IZ*-Chefredakteur ist nicht gut auf mich zu sprechen, seit ich ihn in dem Artikel »Die KonvertitInnen sind im Kommen« polemisch als »Vollbartträger« beschrieb, den man auch für ein Attac-Mitglied halten könne, denn: »Er tönte so ähnlich, wie diese linke Bewegung gegen die globalisierte Macht des Großkapitals.« Das bezog sich auf eine Podiumsdiskussion zum Thema Mohammed-Karikaturen am 3. März 2006 in Bielefeld, bei der Sulaiman Wilms und ein anderer Konvertit – der Vorsitzende der Deutschen Muslim-Liga e. V. (DML), Michael Muhammad Abdul Pfaff – die Muslime vertraten. Im Prinzip habe ich gar nichts gegen Linke (außer dass sie oft noch weniger frauenbewusst sind als der konservativste Paderborner Christdemokrat). Aber Wilms' Behauptung, dass es die im Zusammenhang mit den Mohammed-Karikaturen reklamierte Meinungsfreiheit in Deutschland gar nicht gebe, weil hier die Konzerne die Macht haben, fand ich dann doch arg übertrieben. So richtig sauer wurde ich, als er sinngemäß sagte: Diejenigen, die den Islam als fundamentalistisch kritisieren, seien ja selbst Fundamentalisten, nämlich Verfassungsfundamentalisten; in Deutschland werde das Säkulare zur Religion überhöht. Mein Kommentar dazu: »Auf solche Töne werden wir uns in Zukunft einzustellen haben – wir, die wir noch an den Menschenrechten und der Rechtsstaatlichkeit hängen. Anscheinend wird jetzt offensichtlich, was sich schon länger abzeichnet: der islamistische Schulterschluss mit der propalästinensischen Linken und antikapitalistischen Globalisierungsgegnern.« Da hatte ich Sulaiman Wilms also auch noch indirekt als Islamisten diffamiert.

Kein Wunder, dass er nicht erfreut war, als ich ihn im Herbst 2007 telefonisch um einen Interviewtermin bat. Aber er ist nicht nachtragend. Nachdem der erste Zorn verraucht war, zeigte er sich gesprächsbereit. Damals war seine zweite Tochter gerade geboren worden, und er machte Vaterschaftsurlaub, was mir imponierte. Zwischenzeitlich haben wir immer mal wieder miteinander telefoniert, um einen Termin zu vereinbaren. Heute – endlich! – ist es so weit. In einem luxuriösen Ambiente, das für mich gewöhnungsbedürftig ist. Ich kann mir nicht vorstellen, dass Sulaiman Wilms, der sich in jungen Jahren auch im Kreis von Hausbesetzern tummelte, tagtäglich in einer solchen Umgebung verkehrt. Vermutlich hat er, weil er auf der Durchreise ist, diesen Treffpunkt aus praktischen Gründen vorgeschlagen: In der Tiefgarage unter der Domplatte ist um diese Zeit meist ein Parkplatz frei und von da aus der Weg zum Dom-Hotel nicht weit, wo man im Gegensatz zu einer Kneipe mehr Ruhe zum Reden hat.

Ein Blick auf die Uhr. Es ist 20 Minuten nach sechs. Versetzt er mich? Oder ist er wegen des Unwetters irgendwo auf der Autobahn stecken geblieben? Dieser Termin steht anscheinend unter keinem guten Stern. Zürnt mir Gott?, dachte ich, als ich durch mein Hotelzimmerfenster das Unwetter sah. Dass Gott auf mich wütend ist, weil ich wieder etwas Böses angestellt hatte, wurde mir als Kind erklärt, wenn es gewitterte. Obwohl ich nicht mehr an ihn glaube, sitzt der Zorn Gottes noch tief in meinem Unterbewusstsein. Aber im Grunde fürchte ich mich gar nicht vor Gott, sondern vor der Reaktion meiner »verfassungsfundamentalistischen« Freundinnen und Freunde, wenn sie lesen, dass ich mich mit Sulaiman Wilms getroffen habe. Bei unserem letzten Telefonat machte er mich selbst darauf aufmerksam – was mir ebenfalls wieder imponierte –, dass er »kein unbeschriebenes Blatt« ist. »Fairer Weise muss ich Sie darüber informieren, Frau Filter, dass Sie, wenn Sie meinen Namen googeln, auf Leute stoßen, die behaupten, ich wäre ein Extremist.« Offenbar hatte er vergessen, dass ich auch zu diesen Leuten gehöre.

Halb sieben, nun steht es zweifelsfrei fest, Wilms versetzt mich. Ich beschließe, meinen Milchkaffee auszutrinken und zu gehen. In diesem Moment donnert es draußen so gewaltig, dass die Tasse auf der Untertasse bebt und der Löffel klirrt. Plötzlich steht Sulaiman Wilms vor mir. Er sagt nicht »Pleased to meet you, hope you guess my name« wie der Teufel in dem Stones-Song »Sympathy for the Devil«, sondern: »Wir haben die ganze Zeit im Foyer auf Sie gewartet.« Offenbar lag ein Missverständnis vor. Nicht als Zeugen, sondern als Korrektor für den Fall, dass seinem Chef ein sachlicher Fehler unterläuft, hat er den *IZ*-Redakteur Yasin Alder mitgebracht.

Sulaiman Wilms, Jahrgang 1970, sieht überhaupt nicht wie das Klischee eines Attac-Mitglieds aus, sondern eher wie ein Geschäftsmann. Kurz geschnittenes Haar, gepflegter kurzer Vollbart, Krawatte und Anzug. Ich schelte mich innerlich für meine Polemik, weil der *IZ*-Chefredakteur in Bielefeld genauso seriös aussah; aber was er sagte, war teilweise unseriös – dabei bleibe ich. Ohne höfliches Vorgeplänkel weist Sulaiman Wilms darauf hin, dass er höchstens eine Stunde Zeit hat, Frau und Kinder warten auf ihn. Ich solle meine erste Frage stellen.

Ich gehe gleich in medias res und beginne mit einer Frage nach dem Extremismus:

»Die *Islamische Zeitung* wird von Abu Bakr Rieger herausgegeben, einem Konvertiten mit Anwaltskanzlei in Potsdam. Er soll ein Anhänger des Scheichs Abdalqadir as-Sufi al-Murabit sein, einem Schotten, der früher Ian Dallas hieß und heute eine eigene Sufi-Bewegung anführt – das Murabitun Worldwide Movement. Der Verfassungsschützer Herbert Landolin Müller zitiert eine Schrift des Scheichs, aus der hervorgeht, dass dieser gegen jede Art von Verfassung ist. Denn – Zitat – ›der Konstitutionalismus ist nicht islamisch, er ist freimaurerisch und demzufolge jüdisch‹. Eine Befreiung für den ›authentischen Islam‹ gebe es erst dann, wenn man sich vom westlichen Kreditsystem samt der damit verbundenen ›destruktiven jüdischen Kontrollsysteme‹ befreie. Was sagen Sie zu dem Antisemitismus-Vorwurf, Herr Wilms?«

Er antwortet konzentriert:

»A) stammt das von Müller angeführte Zitat aus einem Text, der 28 Jahre alt ist. Menschen entwickeln sich und ihre Ansichten weiter. Darüber hinaus muss man die Gesamtheit der Werke von Scheich Dr. Abdalqadir as-Sufi, der einer der herausragendsten Denker des zeitgenössischen Islam ist und daher von uns rezipiert wird, in ihrem Kontext sehen, um ihn objektiv beurteilen zu können. Es ist im Umgang mit Andersdenkenden wie den Muslimen heute nicht unüblich, nach isolierten Stellen zu picken, um mit Hilfe einer Assoziationskette eine vermeintliche Einstellung zu konstruieren. Scheich Dr. Abdalqadir as-Sufi hat in so vielen Publikationen der letzten Jahre dieser Behauptung den Boden entzogen, dass es einer gewissen negativen Grundhaltung bedarf, um hier einen Verdacht zu konstruieren.

B) wird der Antisemitismus-Vorwurf seit dem 11. September 2001 wie eine Keule gegen Muslime geschwungen, um sie zu diskreditieren.

C) werden Sie von sämtlichen Machern – inklusive ihres Herausgebers – der *Islamischen Zeitung*, für deren Inhalte ich mich verantwortlich zeige, keinen einzigen Satz finden, in dem sich ein Ressentiment gegen ›die Juden‹ als Gruppe finden ließe. Der Witz ist sozusagen, dass wir für die einen Braune und für die anderen Rote sind. Braune, weil wir manchmal Martin Heidegger und Carl Schmitt zitieren; Rote, weil wir den Kapitalismus und die Globalisierung kritisieren. Ach ja, und aus Sicht vieler Araber sind wir auch noch ›Zionisten‹, weil wir Israel nicht verdammen.«

»Laut dem Kölner Journalisten Ahmed Senyurt und anderen Kritikern benutzen die Murabitin die deutschsprachige *Islamische Zeitung* zur Missionierung in Deutschland.«

»Selbst wenn der Vorwurf stimmen würde, was er nicht tut, womit hat Herr Senyurt hier ein Problem? Jede Religionsgemeinschaft und jeder religiöse Mensch bewegt sich auf dem Boden des Grundgesetzes, wenn sie oder er zu einer Religion einladen will. Darüber hinaus ist es schon komisch, wenn auch tragisch, dass sich die berufsmäßigen Islam-Kritiker dieses Schlags selbst immer gewissenhaft einer eigenen ideologischen Prüfung entziehen und hoch giftig reagieren, wenn ihre Motivationen hinterfragt werden. Die *IZ* ist anhand der Menge an freien Autoren und der Beteiligung von Moscheen, Verbänden und Einzelpersonen längst die mediale Stimme der Muslime in Deutschland geworden, auch wenn das Herrn Senyurt bekanntermaßen nicht passt ... Ich versichere ihnen: Die *IZ* ist keine Richtungszeitung, weder religiös noch politisch! Okay, wir ziehen gewisse Grenzen. Zum Beispiel dulden wir keine Positionen, die frauenfeindlich sind, die militant sind, die Terrorismus und Selbstmordattentate gut heißen. Wenn ein Muslim in einem Interview sagt ›Ich bete nicht‹, dann muss ich das so stehen lassen; doch ich würde keinen Meinungsartikel dulden, in dem es heißt: ›Ob ich bete oder nicht, ob ich Bier trinke oder nicht, ist meine Sache.‹ Den Koran historisch zu lesen lehnen wir ab. Aber ansonsten ... Für uns schreiben in einem halben Jahr bis zu 200 Autoren. Muslime wie Nicht-Muslime. Es ist falsch, wenn man glauben würde, die *Islamische Zeitung* wäre das Organ einer wie auch immer gearteten Bewegung. Wir werden von einer GmbH herausgegeben und sind strukturell wie finanziell unabhängig.«

»Ich wundere mich darüber, dass so viele Linke zum Islam übertreten. Zum Beispiel der ehemalige Apo-Aktivist Hadayatullah Hübsch oder der Hamburger Ex-Kommunist Peter Schütt. Die jedoch gehören zur Generation des Scheichs. Aber junge Linke konvertieren ja auch, wie man an Ihrem Beispiel sieht. Da drängt sich der Verdacht auf, dass diese Konvertiten eine politische Ideologie durch eine andere ersetzen.«

»Zunächst einmal möchte ich grundsätzlich etwas zu dem Begriff Konvertiten sagen, den Sie verwenden. Nach islamischem Verständnis wird jeder Mensch als Muslim geboren. Es sind dann die Eltern, die ihn zum Juden, Christen und so weiter erziehen. Das Muslimsein ist ein menschlicher Grundzustand, den wir in unserem Herzen tragen. Das Muslimwerden ist also keine Konversion, sondern nur die öffentliche Bezeugung, dass man diese Wahrheit anerkennt. Zugegeben, es ist schwierig, einen Begriff dafür zu finden. ›Deutsche Muslime‹ trifft es nicht, weil eingebürgerte Migranten auch so genannt werden. ›Neue Muslime‹? Ich bin seit über 17 Jahren Muslim, da kann von ›neu‹ nicht die Rede sein. Ich weiß nicht, wie dieses Problem zu lösen ist. Doch nun zu Ihrer Frage nach den Linken: Ich kenne neue Muslime, deutsche Muslime, die aus dem CDU/CSU-Umfeld kommen. Ich kenne Muslime aus einem traditionell christlichen oder einem fortschrittlich christlichen Umfeld. Ich habe Muslime jüdischer Herkunft kennengelernt. Atheisten und, und, und. Jeder erdenkliche Hintergrund. Welcher auch immer, ein authentisch verstandener Islam lässt sich nicht für eine Ideologie missbrauchen. Aber bei uns jüngeren Linken muss man sich vergegenwärtigen, dass wir hier in Deutschland 1989 eine unglaubliche Zäsur hatten…«

»…die sogenannte Wende: Mauerfall, Wiedervereinigung, Fall des Eisernen Vorhangs, Niedergang des real existierenden Sozialismus, Desavouierung aller linken Utopien.«

»Genau! Der Kapitalismus ist die siegreiche Ideologie, es gibt keine Alternative, hieß es damals. Die klügsten Köpfe der deutschen Geschichtswissenschaft, der deutschen Soziologie, der deutschen Philosophie in den 1970er- und 80er-Jahren kamen aus der linken Ecke. Nach 1989 wurde die Mehrheit dieser Leute vom System aufgesogen, zum Beispiel Hans Magnus Enzensberger. Einige sind ins rechte Lager abgewandert, beispielsweise Ernst Nolte, vormals der Doyen der linken Faschismustheoretiker, was kaum jemand weiß. Auch Journalisten wechselten das Lager. Unter anderen Mariam Lau, die bei der *taz* angefangen hat und jetzt für Springer schreibt. Viele Linke haben sich ins Private zurückgezogen, also in die stille Akzeptanz der herrschenden Verhältnisse. Andere haben sich in der Esoterik ein neues Heim geschaffen. Und einige haben sich auf die Suche begeben …«

»Und Sie, Herr Wilms, fanden den Islam. Warum?«

»Ich habe mir nach 1989 einfach die Sinnfrage gestellt: Was soll gelten, wo sind die neuen Werte? Ja, man kann sagen, dass ich aus überpersönlichen Gründen Muslim geworden bin. Dass ich vorher links war, hat nur insofern etwas zu bedeuten, dass ich nicht zum Mainstream gehörte. Von daher hatte ich die Möglichkeit, mich von einem separaten Standpunkt aus neu zu orientieren.«

»Dann war das also eine rein rationale Entscheidung.«

»Nein, das nun auch wieder nicht! Zwar stamme ich aus einem bildungsbürgerlichen Elternhaus, aber ich bin kein Akademiker, sondern ein bekennender Studienabbrecher, der ein paar Semester Geschichte, Sozialwissenschaften und Pädagogik studiert hat. Ich habe immer viel gelesen und lese heute noch viel, doch ich würde mich nicht als Intellektuellen bezeichnen. Esoterik ist mir suspekt, und ich habe auch nie christlich empfunden. Aber ich hatte durchaus Sehnsucht nach Spiritualität. Kurzum: Was mich am Islam fasziniert hat, war die Möglichkeit, Spiritualität mit sozialem Leben und Gemeinschaftlichkeit zu verbinden und so den Atomismus der Neuzeit zu überwinden. In der Nachfolge des Propheten, der gesagt hat: ›Man kann kein erfülltes Leben haben, wenn der Nachbar hungert.‹«

»Was bedeutet für Sie Spiritualität?«

»Zum Beispiel die Gebete. Sie sind dem menschlichen Wesen viel angemessener als der christliche Sonntagsgottesdienst. Fünfmal am Tag, jeweils für fünf bis zehn Minuten, gedenkt man Gott. Aber nicht nur kopflastig, auch körperlich. Man sitzt oder kniet nicht still, man wirft sich nieder. Der ganze Mensch mit Körper und Geist wird einbezogen. Es gibt eine berühmte Überlieferung, in der es sinngemäß heißt: Eine Stunde Gebet mit Reflexion ist besser, als das ganze Leben ohne Reflexion zu beten. Es ist ein konstanter Erkenntnisprozess, der bis zum Tod nicht endet. Wir Muslime sind angehalten, Tag für Tag Lernende zu sein. Darum ist das Gebet nicht einfach nur eine Verrichtung, sondern eine spirituelle Weiterentwicklung. Sonst wird es zur Frömmelei. Die Länge des Bartes und die Verhüllungsdichte des Kopftuchs ist nicht notwendigerweise entscheidend für die Enge der Beziehung zur Göttlichkeit. Diese Beziehung erschöpft sich nicht in äußeren Zeichen. Nach dem authentischen Islamverständnis ist man nicht nur innerlich oder nur äußerlich – beides ist untrennbar miteinander verbunden. Der Muslim steht mit einem Fuß in der sichtbaren und mit dem anderen in der unsichtbaren Welt. Mit jedem Atemzug bewegt er sich auf das Jenseits zu. Das ist etwas Grundlegendes, was uns von anderen neuzeitlichen Menschen unterscheidet: unser Lebensentwurf, der den Tod nicht verdrängt. Die Sufis sagen: ›Der Tod ist der große Lehrer.‹«

»Die Selbstmordattentäter vergöttern den Tod geradezu. Ist das ein authentisches Islamverständnis?«

»Nein, ganz und gar nicht! Die jagen sich weder in die Luft, weil sie arm sind, noch jagen sie sich wegen der 72 Jungfrauen in die Luft. Die jagen sich in die Luft, weil ihnen ein enormer Zweifel innewohnt. Sie bezweifeln, dass das, was für das Jenseits versprochen ist, tatsächlich kommt.«

»Eine Glaubenskrise?«

»Ja, eine ungeheure Glaubenskrise! Man kann nicht sagen, das sind keine Muslime. Das sind Muslime. Aber in ihrem Selbstverständnis sind sie eher Nihilisten. Weil sie nicht den Zustand erreicht haben, der es ihnen ermöglichen würde, ihr Leben bis zum Ende sinnvoll auszufüllen. Einen Zustand, in dem sie vor Allah treten könnten, der unser aller Richter ist und uns im Koran warnt: ›Kein Mensch kann sagen, ich bin seiner sicher.‹«

»Herr Wilms, Sie haben noch gar nicht erzählt, wie Sie mit dem Islam in Kontakt kamen.«

»Durch sehr einfache türkische Muslime. 1991 haben wir eine Sportausbildung zusammen gemacht. Mit denen hatte ich einen lebendigen Austausch über den Islam, und sie lebten ihn auch glaubwürdig. Dadurch brachten sie mich sozusagen an die Tür. Unserem Verständnis nach ist es am Ende immer Allah, der einen Menschen Muslim werden lässt.«

»Damals waren Sie ein junger Mann von 20 Jahren. Ihre Eltern hatten ja schon Ihre Hausbesetzerphase – allerdings eher eine kurze Phase Ihres Lebens – verkraften müssen. Wie haben die beiden darauf reagiert, dass Sie nun auch noch Muslim geworden waren?«

»Meine Eltern sind von ihrer politischen Haltung her sozialliberal. Trotzdem hat das keiner von beiden mit Champagner und Feuerwerk gefeiert. Aber inzwischen hat die Familie meine marokkanische Frau und mich voll integriert. Vor allem wegen unserer Töchter. Nach drei Jahren Ehe schon zwei Enkelkinder! Dadurch sind wir enger zusammen gerückt. Meine Mutter ist ein warmherziger Mensch. Sie vergöttert ihre Enkelinnen und liebt meine Frau. In ihrem persönlichen Umfeld hatte sie ohnehin schon muslimische Bekannte. Darum hat sie es nicht als ›Coming Out‹ empfunden, das ja immer mit Anfeindungen verbunden ist, als sie die Familie und die Nachbarn über meine Schahada informierte. Ich hatte im Prinzip keinerlei Probleme. Auch nicht mit meinem Vater. Er zeigte schon immer ein intellektuelles Interesse an meiner Arbeit bei der IZ. Seit ich verheiratet bin, interessiert er sich auch zunehmend für den Islam. Ich weiß noch, als er uns einmal im Ramadan besuchte, hatte er sich schlau darüber gemacht, dass ich tagsüber nichts essen darf. Er als Reisender aber wohl, und meine schwangere Frau erst recht!«

»Ist die positive Reaktion Ihrer Familie die Ausnahme oder

die Regel? Der Berliner Integrationsbeauftragte Günter Piening würde vermutlich ›die Regel‹ antworten. Ich hingegen tippe auf halbe-halbe.«

»In Zahlen kann ich das nicht fassen. Aus Erfahrung weiß ich, dass bei vielen neuen Muslimen am Anfang des Wegs zum Islam der Bruch mit den Eltern steht. Aber bei allen, die ich kenne, zeigten sich die Eltern später versöhnungsbereit. Einfach durch die Tatsache, dass ihnen klar geworden war: Junge neue Muslime leben meist in stabilen Ehen und haben Nachkommen. Das ist angesichts der sinkenden Geburtenzahlen für nicht-muslimische Eltern im Großelternalter besonders wichtig, wie auch mein Beispiel lehrt. Negative Reaktionen müssen sich einige neue Muslime selbst zuschreiben: A) weil sie heftig predigen, was ich nicht getan habe; B) weil sie sich von heute auf morgen komplett anders kleiden, was ich auch nicht tue. Meine Kleidung ist insofern islamisch, als ich alles bedecke, was ein Mann bedecken muss. Aber ich trage nicht osmanische Pumphosen oder arabische Kaftane. Wenn ein Sohn auf einmal in solchen Kleidungsstücken erscheint oder die Tochter in einer Abbaya mit Gesichtsbedeckung, ist es verständlich, dass Eltern verschreckt reagieren.«

»Womit wir bei der Kopftuchfrage angekommen wären. Alle Konvertitinnen, die ich für dieses Buch interviewt habe, tragen Kopftuch. Eine sogar die schwarze Abbaya. Die meisten meinen, sie müssten das. Was meinen Sie?«

»Ich bin kein sogenannter ›liberaler‹ Muslim, der sagt: Kopftuch muss nicht sein. Aber wie es heute getragen wird, finde ich übertrieben. Früher wurde das Kopftuch vielfältig gebunden, Formen und Farben variierten; heute ist es die immer gleiche strenge Verhüllung, die an ein Nonnenhabit erinnert. Wie die Verhüllung heute verstanden wird, ist für mich ein klassisches Beispiel für Biopolitik.«

»Biopolitik?«

»Man kann auch Körperpolitik sagen. Was die Frau, die halbnackt am Strand oder im Park liegt, und die Frau mit Kopftuch verbindet, ist, dass sie nichts haben als ihren Körper. Reine Körperlichkeit auf der einen Seite, verhüllte Körperlichkeit auf der anderen – das ist ein Phänomen des Modernismus. Auch in Bezug auf den Islam. Früher trug die muslimische Frau das Kopftuch nicht, um sich der Öffentlichkeit zu entziehen. Im Gegenteil. Sie trug es, um in der Öffentlichkeit mit dem Rest der Gesellschaft zu interagieren, minus Sexualisierung. Frauen waren Geschäftsfrauen, Frauen waren Gelehrte, Frauen waren frei und selbstbewusst. Das Kopftuch diente also nicht dazu, sie auf ihre Körperlichkeit zu reduzieren. Was sind das für erbärmliche Männer, die meinen, sie müssten ihre eigene Ehre mit der Verhüllung und der Schüchternheit ihrer Frauen beweisen! Weil die Muslime innerhalb von 100 Jahren durch verschiedene innere und äußere Faktoren – u. a. den Kolonialismus – ihre islamische Identität verloren haben – gesellschaftlich, politisch und wirtschaftlich –, konzentrieren sie sich auf Symbolik. Das Kopftuch ist ein Rückzugsgefecht. «

»Das, was Sie Biopolitik nennen, ist ja eigentlich der alte Gegensatz zwischen der Heiligen und der Hure. Das ist übrigens kein christliches Frauenbild, sondern ein überreligiöses patriarchales. Der Unterschied zwischen einer guten und einer schlechten Frau wurde schon im Zweistromland 1780 Jahre vor Christus von Hammurabi zum Gesetz erhoben. Sogenannte ehrbare Frauen durften sich nur verhüllt in der Öffentlichkeit zeigen, sogenannten Dirnen war die Verhüllung verboten. «

»Diese Dichotomie findet man leider Gottes auch bei Migranten, was Frau Schwarzer und andere Feministinnen zu Recht anprangern. Hier die Mama, die man aus dem Ausland importiert, und dort die deutsche Zwischenfreundin, die man beiseite schiebt, nachdem sie ihre Jungfräulichkeit verloren hat. Das ist nicht Islam. Der Islam bejaht Sexualität ausdrücklich, aber nur innerhalb der Ehe; außerhalb der Ehe ist beiden Geschlechtern der Geschlechtsverkehr verboten. Doch das Frauen- und Männerbild hat sich aus den schon genannten Gründen zum Negativen verändert: Die Frau muss prüde und zurückhaltend sein, und der Mann darf sich alles erlauben. Früher haben die Männer viel Wert auf ihre eigene Schamhaftigkeit gelegt. Interessant ist, dass in den großen Rechtsbüchern keine Sanktionen für Frauen vorgesehen sind, die sich ohne Kopftuch in der Öffentlichkeit zeigen – aber für Männer, die ihren Bart abnehmen. Nichtsdestotrotz ist die Frau verpflichtet, Kopftuch zu tragen, doch variabel und nicht so streng, wie es heute üblich ist. «

»Ich dachte früher, die Konvertitinnen in strenger Verhüllung gehören zu den 150-Prozentigen, über die ich in meinem *Emma*-Artikel im Herbst 2006 geschrieben habe. Im Prinzip war ich damals überzeugt, dass jeder und jede Konvertierte so ist. Nicht nur die Radikalen, die bereit sind, sich und andere in die Luft zu sprengen, sondern auch ganz normale Menschen. Dahinter steckt, habe ich inzwischen erkannt, ein zutiefst christlich geprägtes Denken. Wenn eine streng katholisch Erzogene wie ich das Wort Konvertit hört, erscheint sofort das Damaskus-Erlebnis vor ihrem inneren Auge: die Vision des auferstandenen Jesus, die den fanatischen Christenverfolger Saulus auf dem Weg nach Damaskus in den fanatisch-christlichen Missionar Paulus verwandelte. «

» … und in einen Judenhasser, wäre zu ergänzen. «

»Sie sagten vorhin, dass Sie nie christlich empfunden haben. Das habe ich wahrscheinlich auch nie. Jedenfalls nicht im Sinn von Jesus, der Nächstenliebe predigte und sie selbst lebte. Als Kind fragte ich mich nur: Was hast du nun schon wieder falsch gemacht, für was wirst du dieses Mal bestraft, ist es eine schwere oder eine lässliche Sünde, zehnmal den Rosenkranz und zehnmal das Vaterunser beten oder jeweils 50-mal? Wegen dieser katholischen Glaubenspraxis, die überhaupt nichts mit dem jesuanischen Ideal von Nächstenliebe, Friedfertigkeit und Barmherzigkeit gemein hatte, misstraue ich jedem, der freiwillig zu einer Konfession oder Religion übertritt, in die er nicht hineingeboren wurde. Das muss doch ein 150-Prozentiger sein!«

»Natürlich gibt es Eiferer unter uns neuen Muslimen, die päpstlicher als der Papst sind und sich nur darauf konzentrieren, was verboten und was erlaubt ist. Doch das sind Einzelfälle. Wir anderen, zu denen ich mich zähle, eifern nicht. Aber wir haben oft eine größere Ernsthaftigkeit als gebürtige Muslime. Ich bin nicht in diese Religion hineingeboren. Ich habe mich bewusst dafür entschieden, sie anzunehmen und mit ihr zu sterben. Daher ist man als neuer Muslim auch immer ein bisschen ein Wiederbeleber …«

»Wiederbeleber? Ein seltsames Wort!«

»Aber ein treffendes. Lassen Sie es mich an der Geschichte des Islam verdeutlichen! Wie alle Religionen nach der ersten Begeisterungsphase im Ursprungsland verlor auch der Islam nach seiner Verbreitung auf der arabischen Halbinsel an Lebendigkeit. Er wurde sozusagen zum Alltagsgeschäft, er nutzte sich ab. Auf die Ursprünge und die Ideale besann sich dann die erste Welle neuer Muslime als Wiederbeleber: die Perser, die Osmanen, die Andalusier, die Nordafrikaner, die Schwarzafrikaner, die Asiaten. Das ist ein ganz normaler Prozess. Und heute sind wir die Wiederbeleber, wir neuen Muslime in Europa.«

»Und was genau wollen Sie wiederbeleben? Die Ideale des Islam, das, was Mohammed ursprünglich beabsichtigt hat?«

»Ja, mit europäischem Erfahrungshintergrund! Wir Europäer sind ja mit Phänomenen konfrontiert worden, die in unserem Bewusstsein tiefer verankert sind als im Bewusstsein von muslimischen Migranten und Muslimen in der muslimischen Welt. Das 20. Jahrhundert war das Jahrhundert der

Ideologien, das blutigste Jahrhundert, das die Menschheit je erlebt hat. Der Erste Weltkrieg. Das Dritte Reich. Die Konzentrationslager. Der Zweite Weltkrieg. Stalin und seine Gulags. Das Ende des Nationalstaats. Kein Europäer kann sich heute noch für einen Nationalstaat erwärmen. Doch in Teilen der muslimischen Welt wird mit Feuer und Flamme dafür gekämpft – ein anachronistischer Kampf. Fragen nach dem Primat der Technik, Fragen nach dem Primat der Ökonomie – die europäische Geisteswelt hat sie aufgeworfen und nicht die islamische Geisteswelt. Da können wir europäischen neuen Muslime uns einbringen: mit der Essenz des Islam, die nicht rückwärtsgewandt ist, die nicht reaktionär ist, die nicht ressentimentgeladen ist, sondern aktiv und progressiv. Eine Essenz, auf deren Grundlage man positive Ziele formulieren kann. Nicht im Gegensatz zur westlichen Welt, sondern als Teil davon, nur mit einer anderen Weltsicht. Für mich – und ich glaube, da kann ich für die meisten neuen Muslime in Europa sprechen – ist der Islam die Chance für einen Neuanfang.«

»Die Essenz des Islam, auf deren Grundlage Sie neu anfangen wollen, ist der Koran, nehme ich an.«

»Ja.«

»Anfangs sagten Sie, die *Islamische Zeitung* lehne es ab, den Koran historisch zu lesen. Womit gemeint ist, ihn aus heutiger Sicht zu interpretieren. Wäre denn ein Neuanfang ohne das möglich?«

»Im Umgang mit dem Koran macht mich meine europäische Herkunft nicht zum Modernisten. Mit Modernismus bei der Koran-Exegese muss man vorsichtig sein. Den Koran gemäß den politischen Vorstellungen einer bestimmten Zeit auszulegen ist nämlich genau das, was die historischen Vorbilder von Hamas, Hisbollah und al-Qaida taten. Es wird vergessen, dass dies keine Fundamentalisten, sondern Reformbewegungen sind. Im traditionellen Islam wären sie sozusagen strafverfolgungswürdig, da sie sich von der islamischen Rechtlichkeit losgesagt haben.«

»Also von der Scharia! Aber diese Gruppen handeln doch angeblich in deren Namen.«

»Bei Scharia denken immer alle an Terror, Steinigungen, Handabhacken und Kopfabschlagen. Nach authentisch islamischem Verständnis hat jede Gesellschaft ihre Scharia, auch die Ameisengesellschaft. Scharia bedeutet nämlich eigentlich nur, dass sich Individuen an Regeln halten, damit die Gemeinschaft funktioniert, in der sie leben. Bei uns Muslimen sind das im Gegensatz zu den Ameisen auch religiöse Regeln. Also, wenn ich nachher nach Hause komme, wartet die Scharia dort auf mich, weil ich die rituellen Waschungen vollziehen und mein fünftes Gebet verrichten muss. Von daher erklärt sich der Wortsinn von Scharia: ›Gang zur Quelle‹. – Diese Erklärung hat aber Ihre Skepsis nicht beseitigt, schließe ich aus Ihrem grollenden Blick, Frau Filter.«

»Weil ich Scharia immer im Zusammenhang mit Frauen sehe. Mit Frauen, die im Iran gesteinigt werden, weil sie die Ehe brachen, was ohne Beweise behauptet wird. Mit Frauen, die von algerischen Islamisten im Rahmen einer vorgeblich legitimen Kurzzeit-Ehe wieder und wieder vergewaltigt worden sind. Mit Frauen, die in Deutschland durch eine sich auf die Scharia berufende Selbstjustiz zum Tode verurteilt werden, weil sie die Familienehre beschmutzt haben sollen. Mit Frauen, denen deutsche Standesbeamte die Ehe verweigern, wenn der muslimische Vater im Herkunftsland nicht zugestimmt hat. Und last but not least mit der Frau, deren Klage gegen ihren muslimischen Ehemann wegen schwerer Körperverletzung von einer deutschen Richterin mit der Begründung abgewiesen wurde: Die Züchtigung einer widerspenstigen Ehefrau werde vom Koran in Sure 4 ausdrücklich gestattet.«

»Was man auch immer davon halten mag, Tatsache ist,

dass es im deutschen Familienrecht die Verpflichtung dazu gibt, das Recht des Heimatlandes einzubeziehen.«

»Schlimm, schlimm, schlimm!«

»Aber im Strafrecht nicht. Deswegen ist die Richterin ja auch schon belangt worden. Was ich ursprünglich in Bezug auf das islamische Recht sagen wollte… Frau Filter, würden Sie vielleicht wieder freundlich gucken, wenn ich Ihnen hier und jetzt in die Hand verspreche, dass ich die Scharia, so wie sie plakativ in der heutigen Debatte gerne bewusst missverstanden wird, nicht in Deutschland einführen will?«

»Also gut, ich gucke wieder freundlich.«

»Das, was heute als Scharia bezeichnet wird, hat mit dem authentischen islamischen Recht nicht mehr allzu viel gemein. Ein Festhalten an diesem Recht würde Selbstmordattentate verhindern, es würde Gewalt gegen Frauen verhindern, es würde alle Verfallserscheinungen, die wir heute beobachten, verhindern – inklusive der Forderung nach einem theokratischen Staat. Im Koran gibt es keine Anweisung, Gottesstaaten oder sonstige Staatsgebilde zu errichten. Aber Allah äußert sich im Koran explizit zur Ökonomie. Ein absolutes Wucherverbot, mit dem nicht nur Zins und Zinseszins gemeint ist, sondern jede Vertragsform, die eine Seite benachteiligt. Nur Geld, das tatsächlich den Wert hat, für den es steht – also eine Bi-Metall-Währung aus Silber und Gold. Keine Steuern, sondern Zakat: eine Abgabe von Menschen, die es sich leisten können, für Arme und für das Wohl der Gemeinschaft. Diese ökonomischen Aspekte im Koran waren in der islamischen Welt völlig in Vergessenheit geraten, bis neue Muslime in Europa vor 30 Jahren damit begannen, sie wieder zu entdecken.«

»Und welchen Nutzen ziehen Sie für Ihren Neuanfang daraus?«

»Wir stehen heute einem Phänomen gegenüber, das es noch nie gab – dem unbegrenzten Kapitalismus. Ihm zu trotzen ist die entscheidende Auseinandersetzung des 21. Jahrhunderts. Da ist der Islam selbstverständlich gefragt. Stellen Sie sich vor: ein totales Verbot der nicht wertgebundenen Geldvermehrung!«

»Die Abschaffung der virtuellen Geldvermehrung auf den globalisierten Finanzmärkten, gegen die man sich nicht wehren kann, wie es früher die Proletarier gegen einen konkreten Kapitalisten mit Zigarre im Mund und goldener Uhrkette am dicken Bauch noch konnten, das finde ich eine schöne Vorstellung. Zu schön, um wahr zu sein.«

»Mein Gott, Frau Filter, Sie sind doch eine Idealistin! Oder wollen Sie mir weismachen, dass Sie nicht mehr für Frauenrechte kämpfen, obwohl es, global betrachtet, nicht sonderlich gut damit steht?«

»Ich kämpfe sogar für Tierrechte. Wenn man einmal erkannt hat, wie Macht und Ohnmacht funktionieren, kann unsereins nicht mehr damit aufhören, die Partei der Ohnmächtigen zu ergreifen. Das macht auf Dauer ziemlich müde. Ich bin 14 Jahre älter als Sie, Herr Wilms, und im Prinzip resigniert. Aber ich habe überhaupt nichts dagegen, dass Sie noch an Utopien glauben.«

»Was heißt hier Utopien? Wir blicken in einen Abgrund! Es gilt, einen neuen Anfang im positiven Sinne zu wagen. Die selbsterklärten Verteidiger der abendländischen Weltordnung, die für sich beanspruchen, das Gute und Schöne zu vertreten, und mir unterstellen, dass ich für das Schlechte und Hässliche stehe, sollten mir mal ein paar existenzielle Fragen beantworten: Wie kommt's, meine Damen und Herren, dass Ihre kultivierte abendländische Lebensweise eine tödliche Klimakatastrophe verursacht, Millionen von Menschen verhungern lässt, die Natur zerstört, Arten ausrottet? Wieso, meine Damen und Herren, kontrollieren zehn Prozent der Menschheit 90 Prozent des Kapitals auf dieser Erde? Warum, meine Damen und Herren, machen Sie sich guten Gewissens eines ›ökonomischen Holocausts‹ schuldig? Dieser Begriff stammt nicht von mir, er stammt von Jean Ziegler. Wir Muslime haben unsere eigenen Verbrecher, wirkliche Monster, da gibt's nichts schön zu reden. Auch der Verfall von Teilen des muslimischen Denkens hin zu einer politischen Ideologie, ja, zu einer faschistoiden Ideologie, lässt sich nicht leugnen. Aber die Zahlen der Opfer, die auf das Konto von Hamas, Hisbollah und al-Qaida gehen, sind erheblich geringer als die Opferzahlen, die das ökonomische System einer globalisierten Welt zu verantworten hat.«

»Und wie wollen Sie diesem überaus mächtigen System trotzen? Ich kann mir denken, was Sie antworten werden: Der Weg ist das Ziel!«

»Und was steht immer am Anfang dieses Wegs? Das Streben nach Freiheit! Ich kenne keinen, der so frei ist wie die Leute, die den Sprung ins kalte Wasser wagen und Muslime werden. Diese Menschen sind auf der Suche nach etwas Höherem – im Vergleich zu Bausparverträgen und Bankkrediten, die viele Deutsche ihr ganzes Berufsleben lang für ein Häuschen in einem Vorort abbezahlen. Ich kenne viele faszinierende Leute, die keine Muslime sind. Aber glauben Sie mir, Frau Filter, die faszinierendsten Leute in meinem Bekanntenkreis sind Muslime, neue Muslime, europäische Muslime, unkonventionelle Muslime: Journalisten, Feministinnen, Künstler, Schauspieler, Bänker, Manager, Politiker, Lords. In religiöser Hinsicht allerdings sind sie konventionell. Sie sind Teil der Umma und befolgen die Gesetze Allahs. Gerade wegen der Uniformität unserer Religion und ihrer Anbetungsrituale, gerade wegen der äußeren Ordnung unseres Lebens, eines Lebens ohne Exzesse, entsteht eine unglaubliche innere Weite. Unter europäischen und auch amerikanischen Muslimen trifft man faszinierende Gestalten, faszinierend deswegen, weil sie authentische Menschen sind.

Der heutige Mensch ist, unabhängig von seiner Herkunft und seiner Verortung, innerlich dunkel und äußerlich hell – mit hell meine ich u. a. den Glamour von ›Deutschland sucht den Superstar‹. Der authentische Mensch hingegen ist nach außen eher abweisend und ruppig. Er ist ein bisschen wie die Alhambra in Granada, eine Festung, düster und trutzig; aber wenn Sie hineingehen, betreten Sie ein klassisch marokkanisches Haus, hell und wunderschön.«

»Der Dalai-Lama hat bei einem seiner letzten Besuche in Deutschland auf seine humorvolle Art vor der Mode-Religion Buddhismus gewarnt. Er empfahl den Deutschen, sich lieber auf die jüdisch-christlichen Wurzeln des Abendlands zurückzubesinnen, statt eine Religion aus einem ganz anderen Kulturkreis anzunehmen. Trifft das nicht in gewisser Weise auch auf den Islam zu?«

»Ich finde es perfide, wenn vom jüdisch-christlichen Abendland gesprochen wird, weil die Juden in Europa 1800 Jahre lang unter blutigster Verfolgung leiden mussten. Davon abgesehen, verleugnet die ständig verwendete Formulierung ›jüdisch-christliches Abendland‹, dass der Islam von jeher ein Teil Europas gewesen ist. A) ist er eine Mittelmeer-Religion; B) hat die islamische Periode in Spanien länger gedauert als bisher die christliche, die ja noch andauert; C) hat das islamische Denken das europäische Denken stark beeinflusst. Das ist einer der Gründe dafür, dass es die *Islamische Zeitung* gibt. Wir wollen diese alte europäisch-islamische Denktradition fortsetzen und Brücken bauen. Wir haben sogar eine Rubrik, die ›Brücken‹ heißt. Uns fasziniert es zu gucken, wo und wann europäische Denker sich mit dem Islam beschäftigten. Das taten sogar die christlichen Mystiker auf der Suche nach der Einheit des Glaubens. Das berühmteste Beispiel ist Goethe. Er ist vermutlich nicht als Christ gestorben. Es gibt Augenzeugenberichte darüber, dass er in seinen letzten Augenblicken ein großes W auf seine

Brust gemalt hat. Die Muslime hoffen für ihn, dass es das arabische Zeichen für Allah war. Rilke war verzweifelt, als er in Kairouan nicht in die Große Moschee durfte; er hatte unbedingt sehen wollen, wie arabische Muslime beten. Nietzsche zieht in ›Der Antichrist‹ den Islam dem Christentum vor. Es gibt eine ganze Reihe von europäischen Denkern, die Ende des 19. und Anfang des 20. Jahrhunderts Muslime wurden. Beispielsweise die Schweizer Schriftstellerin Isabelle Eberhardt. August Bebel – das wissen die wenigsten – hat ein wohlmeinendes Buch über den Islam geschrieben. Ebenso George Bernard Shaw.«

»Die *IZ* hat nur ein kleines Redaktionsteam, habe ich im Impressum gesehen. Sie arbeiten überwiegend mit freien Mitarbeitern. An den Namen ist das manchmal schwer zu erkennen, aber ich schätze, dass etwa die Hälfte Konvertierte sind und die andere Hälfte Migranten und Migrantinnen. Sie bauen also auch innerhalb Ihres Redaktionsteams Brücken.«

»Wenn die *IZ* nur von Migranten beziehungsweise Ausländern gemacht würde, wäre sie nicht so provokant. Das ist sie schon allein deswegen, weil sie eine deutschsprachige Zeitung ist. Aber was einigen Leuten wirklich die Zornesröte ins Gesicht treibt, ist, dass die *IZ* auch von Europäern gemacht wird und dass wir nicht für den relativ hohlen Dialog der Religionen stehen. Wir stehen für die greifbare Möglichkeit, dass man als Europäer Muslim werden kann.«

»Lieber Herr Wilms, ich danke Ihnen für dieses interessante Gespräch!«

Ich schalte mein Aufnahmegerät aus, aber wir bleiben noch eine Weile sitzen, um zu plaudern. Vor allem unterhalten wir uns über das Zeitung-Machen. Ich habe früher als Redakteurin bei der links-alternativen Wochenzeitung *Bielefelder StadtBlatt* gearbeitet und weiß, wie stressig es in einer kleinen Redaktion zugeht, die für mickrige Honorare auf idealistische freie Autoren und Fotografen angewiesen ist. Wir waren damals ein Redaktionskollektiv, was den Stress durch ellenlange Redaktionssitzungen zwecks Entscheidungsfindung noch erhöhte. Die *IZ* hat sinnvoller Weise eine Hierarchie, und ich kann mir vorstellen, dass es dem Chefredakteur Wilms nicht an Entscheidungsfreude mangelt.

Wir werden diskret darauf hingewiesen, dass das Restaurant eigentlich schon seit 23 Uhr geschlossen ist. Es ist 23 Uhr 30, Sulaiman Wilms hat die vorgesehene Stunde um vier Stunden verlängert. Es ist uns gar nicht aufgefallen, wie schnell die Zeit verging. Im Laufe dieses Abends sind wir uns richtig sympathisch geworden. Sogar die Wetterlage hat sich beruhigt. Es regnet nicht mal mehr. Als wir uns auf der Domplatte voneinander verabschieden, stelle ich noch eine entscheidende Frage, ich kann sie mir nicht verkneifen: »Herr Wilms, eins noch! In einem Artikel des *Evangelischen Pressedienstes (epd)* über die *Islamische Zeitung* wird Ihnen unterstellt, dass Sie womöglich ›Takiyya‹ – Verstellung – betreiben. Sich zu verstellen ist dem Muslim erlaubt, wenn es dem Islam dient. Darum warnt *epd*: Niemand könne sich sicher sein, ›ob das, was die muslimischen Führer öffentlich sagen, auch ehrlich gemeint ist‹. Waren Sie heute Abend ehrlich zu mir, Herr Wilms?«

Ich hatte befürchtet, dass er aus der Haut fährt, aber er bleibt gelassen. »Ja«, sagt er, »ich war ehrlich. Fragt sich nur, ob Sie mir das glauben. Meine Empfehlung: Verlassen Sie sich auf Ihr Gefühl!«

Gefühl, Gefühl?! Ich kann doch meinen Kopf nicht einfach so ausschalten! Darum liege ich später stundenlang hellwach in meinem Hotelbett. Weil das Treffen mit Sulaiman Wilms die letzte Station meiner Reise war, dient mir heute kein Buch über den Islam als Einschlaflektüre. Ich hatte mir am

Nachmittag in der Bahnhofsbuchhandlung einen total unfrommen Krimi gekauft und habe nach den ersten zehn Zeilen aufgehört, darin zu lesen. Ich stecke einfach noch zu tief in der Geschichte über Konvertiten in Deutschland. Sonst, wenn ich nicht einschlafen kann, sage ich immer still das Gedicht »Der römische Brunnen« von Conrad Ferdinand Meyer als beruhigendes Mantra auf. Doch heute Nacht wird es von einem anderen Mantra übertönt: »Verlassen Sie sich auf Ihr Gefühl! Verlassen Sie sich auf Ihr Gefühl! Verlassen Sie sich …«

Ich schrecke hoch und schaue auf die Uhr. Ich habe eine Stunde geschlafen. Gar nicht so schlecht, dieses Mantra. Als ich wieder schläfrig werde, ist mein vorletzter Gedanke vorm Einschlafen, dass ich Sulaiman Wilms vertraue. Ja, so ist es! Das sagt mir mein Gefühl. Nicht nur bei ihm, sondern bei allen Konvertierten, die sich von mir für dieses Buch befragen ließen. Sie haben ja auch mir vertraut, obwohl ich »kein unbeschriebenes Blatt« bin.

Mein letzter Gedanke vorm Einschlafen ist: Hoffentlich enttäuschen wir einander nicht!

Resümee

Auf meinen Reisen zu neuen deutschen Muslimen habe ich viele Konversionsmotive beziehungsweise Anstöße für die Liebe zum Islam kennengelernt. Bei manchen war es die Abenteuerlust, die sie in muslimische Länder führte, oder das Faszinosum Orient in Büchern und Filmen. Manchmal die Sehnsucht nach Religiosität und Spiritualität in einer säkularen, materialistischen Welt oder die Sehnsucht nach Regeln in einer chaotischen Welt. Einige trieb der Wunsch nach Gerechtigkeit in einer rücksichtslosen Welt. Auch Antikapitalismus, die Schönheit des Korans, die Geborgenheit in einer Glaubensgemeinschaft oder der Schutz vor Sexismus durch den Schleier waren Beweggründe. Häufig waren es persönliche Begegnungen, etwa mit einem charismatischen Scheich, einem islamistischen Prediger oder einem muslimischen Ehemann. Und oft, sehr oft die enttäuschte Abwendung vom Christentum. Dass Deutsche zum Islam konvertieren, hat vielfältige Gründe. Vor allem aber sozialpsychologische, meint die Leipziger Religions- und Kultursoziologin Monika Wohlrab-Sahr.

1998 verglich sie in einer Studie für ihre Habilitationsschrift die »Konversion zum Islam in Deutschland und den USA« (1999, Campus) und fand durch die wissenschaftliche Auswertung biografischer Interviews mehr über die unbewussten, verdeckten Motive heraus. 1998 hatte al-Qaida noch nicht das World Trade Center in New York und das Pentagon in Arlington attackiert, doch die Angst vor Selbstmordattentätern und Islamisten war schon damals groß. »Der Islam war zum Inbegriff des Fremden geworden«, schreibt Wohlrab-Sahr (S. 389). Umso überraschender sei es, »dass es bei der Begegnung mit dem Islam im Westen nicht nur zu Prozessen der Abgrenzung, sondern auch zu solchen der Aneignung« komme. »Die wohl radikalste Aneignung des Fremden ist die Konversion.« Als nach dem 11. September 2001 die von Mohammed Herzog (Islamische Gemeinschaft Berlin) beurkundeten Übertritte sprunghaft anstiegen, bewertete er das als Protest gegen die anti-muslimische Berichterstattung in den Medien und die gewachsene Fremdenfeindlichkeit nach den Terroranschlägen. Monika Wohlrab-Sahr würde das vermutlich eher als Protest gegen den »eigenen gesellschaftlichen Kontext« deuten. Damit ist auch die Gesamtgesellschaft gemeint, aber in erster Linie das persönliche Umfeld. Zu diesem versuchen die Konvertiten mit ihrem Übertritt, so die Expertin, »größtmögliche Distanz zu symbolisieren«. Mit Hilfe der fremden Religion »werden krisenhafte biografische Erfahrungen artikuliert und symbolisch transformiert«. Der Islam diene dabei »zur öffentlichen Dramatisierung dieser Erfahrungen, aber auch zu deren Bewältigung«.

Die Symbolisierung größtmöglicher Distanz ist mir auf meiner Reise ins Ruhrgebiet augenfällig in Gestalt der in eine schwarze Abbaya gehüllten Tochter begegnet, die sowohl zu ihrer Mutter als auch zu mir demonstrativ verächtlich Abstand hielt. Doch ich habe auch die Brücken gesehen, die neue deutsche Muslime bauen – auch zwischen sich und mir, der bekennenden Feministin und zweifelnden Katholikin.

Auf der Durchreise von Mainz nach Bielefeld besuchte ich in Boppard-Hirzenach den katholischen Theologieprofessor Fritz Köster, einen Pallottiner-Pater, mit dem ich befreundet bin. Ihm genügt es nicht, nur zu forschen, zu debattieren und kluge Vorträge zu halten. Stets sucht er auch Kontakt »zu den einfachen Leuten«. Deshalb kümmert er sich als Seelsorger um die wegen Priestermangels verwaiste Hirzenacher Pfarrstelle. Er fand es interessant, als ich ihm von »meinen« Konvertiten erzählte, und griff sofort den Gedanken vom Brückenbauen auf.

»Es gibt ja wunderbare ethische Vorstellungen im Islam, ähnlich wie im Christentum. Gerechtigkeit, Gewaltlosigkeit, Gemeinschaft, Almosen. Wenn ich als Theologe versuche, Christen die heilige Dreifaltigkeit zu erklären, erwidern die: ›Das haben Sie ja selbst nicht verstanden!‹ Aber wenn ich als Seelsorger zu den Leuten sage, es kommt darauf an, Nächstenliebe zu praktizieren, sich gegenseitig zu respektieren, gerecht und tolerant zu sein, solidarisch miteinander umzugehen – das versteht jeder. Ich meine, diese ethischen Erfordernisse im Islam und im Christentum sind die Ebene, auf der die Menschen miteinander zurechtkommen könnten, ohne Berührungsängste. Nach dem Motto: ›Lasst die Gelehrten und Theologen ruhig Koran-Suren und die heilige Dreifaltigkeit interpretieren oder christlich-islamische Dialoge führen! Wir machen hier in unserem Dorf, in unserer Stadt gemeinsame Sache und gestalten unser Leben Seite an Seite.‹ Wir hatten ja früher das gleiche Problem mit den Protestanten und Katholiken. Damals haben sich auch die einfachen Leute zusammengetan, sich gegenseitig besucht, sich nachbarschaftlich unterstützt und untereinander geheiratet. Und sie gründeten Ökumene-Kreise, die oft mit dem Wertesystem und den ökumenischen Vorstellungen der Päpste und Bischöfe überhaupt nichts zu tun hatten. Wir wollen doch im Grunde alle miteinander in Frieden leben – das verstehen in allen Religionen die einfachen Leute am besten. Und die einfachen Leute unter den muslimischen Konvertiten können da in der Tat Brückenbauer sein, weil sie beide Seiten kennen.«

Nicht alle Konvertiten bauen Brücken. Der missionierende Ex-Boxer Pierre Vogel will so viele Deutsche wie möglich für den salafitischen Islam mit seinen besonders strengen Regeln gewinnen. Die 18-jährige Sumaia ließ sich gerade durch diese verlocken. Zwar gehört die Mainzer Studentin Mira nicht der salafitischen Richtung des Islam an, aber auch ihr geben strenge Regeln Halt. Junge Konvertitinnen wie diese beiden beschäftigen sich Tag für Tag mit Fragen wie: Darf ich Musik hören? Darf ich mir von einem Mann die Hand geben lassen? Darf ich an gemischtgeschlechtlichen Veranstaltungen teilnehmen? Darf ich mein Kopftuch nach hinten binden?

Dieser »fromme Perfektionismus« ist nur scheinbar religiös, meint dagegen die muslimische Feministin Dorothee Sabriyah Palm. In Wahrheit sei es ein »Selbstbestrafungsmodus«, den die meisten Frauen verinnerlicht hätten und der von jungen Konvertitinnen auf die Religion übertragen werde. »Das ist für mich ein patriarchales Muster. Frauen versuchen dreimal so gut zu sein wie Männer, und es reicht immer noch nicht. Wir genügen nicht. Das können wir auch gar nicht in einer patriarchalen Gesellschaft. Wenn die Norm männlich ist, können wir nie gut genug sein.«

Es fällt auf, dass alle jungen Konvertitinnen, mit denen ich sprach, Abbaya oder streng gebundene Kopftücher und islamisch korrekte Kleidung tragen. Die Verhüllung sei vorgeschrieben, bekundeten sie. Doch sie erklärten mir auch, dass diese vor Sexismus schütze. Gaby sagte sogar, die Verhüllung sei demonstrativ antisexistisch. Also gewissermaßen der Protest gegen eine pornografisierte Umwelt und sexuelle Männergewalt. Das sollte uns Nicht-Muslime zum Nachdenken bringen: über den Zustand unserer Laisser-faire-Gesellschaft, die sich anscheinend alles erlaubt, bis hin zum letzten Tabubruch, während ihre Töchter vor die Hunde gehen. Aber auch Muslimen sollte das zu denken geben. Denn nach traditionell islamischem Verständnis soll die Verhüllung ja sexuelle Übergriffe muslimischer Männer abwehren, die nicht zur Familie gehören. Was für ein Männerbild offenbart sich da? Alle triebgesteuert, unfähig, ihr Handeln mit dem Verstand zu kontrollieren? Und was für ein Bild machen sich muslimische Männer von mir und anderen unverhüllten Frauen? Sind wir – im Gegensatz zu den »Heiligen« mit Schleier – alle »Huren«? Ich finde, das sollten die muslimischen Männer nicht auf sich sitzenlassen und endlich damit anfangen, Frauen einfach nur als Menschen zu sehen. Das allerdings haben auch viele nicht-muslimische Männer noch nicht begriffen. Leider.

Überrascht hat mich das Frauenbewusstsein, das unter so manchem Kopftuch steckt. Anscheinend wollen sich einige muslimische Frauen nichts mehr von den muslimischen Paschas gefallen lassen. Und zunehmend mehr gebildete Musliminnen interpretieren den Koran feministisch-theologisch. Hier können Konvertitinnen Brücken bauen, weil die älteren unter ihnen – beispielsweise Nuriye Krieg-Dornbrach und Dorothee Sabriyah Palm – Erfahrungen aus der säkularen Frauenbewegung mitbringen.

Im Juni 2008 tagt in Köln auf Einladung der Friedrich-Ebert-Stiftung wieder eine internationale islamische Frauenrechtskonferenz, in diesem Jahr mit dem Thema »Frauenpower im Islam«. Im vergangenen Jahr lautete es: »Frauen im Islam – zwischen Unterdrückung und ›Selbst-Ermächtigung‹«. Über die letzte Konferenz schrieb die Journalistin Hildegard Becker in den *CIBEDO-Beiträgen*: »›Frauen im Islam‹ – das ist ein komplexes Thema, ganz zu schweigen von den enormen Unterschieden in den verschiedenen Ländern. Welten liegen zwischen der Lebenspraxis muslimischer Frauen in Pakistan und in Frankreich, um nur ein Beispiel zu nennen. Dabei spielen die politischen und sozialen Verhältnisse, der Bildungsstand und das Stadt-Land-Gefälle eine erhebliche Rolle. Eines aber führt immer mehr muslimische Frauen zusammen: der Wille, sich aus patriarchalen Verhältnissen zu lösen und ein selbstbestimmtes Leben zu führen.« Grund zur Hoffnung – und Anlass für einen Traum. Frau stelle sich vor: Säkulare, muslimische und christliche Feministinnen würden gemeinsam für die freie Frau kämpfen, die weder zur Heiligen stilisiert noch als Hure verachtet wird! Zu schön, um wahr zu sein? Wer weiß…

Vorgestern rief mich Sumaia an, um mich zu fragen, warum ich eigentlich nicht zum Islam übertrete. Diese Frage habe ich mir auch schon gestellt. Von Pierre Vogel würde ich mich nicht bekehren lassen, von den Sufis in Trebbus möglicherweise schon. Aber: »Die Botschaft hör' ich wohl, allein mir fehlt der Glaube.« Und der gehört – so viele Motive auch immer zu einer Konversion führen mögen – zwingend dazu.

Dank

Ich erwähnte bereits, dass es nicht leicht war, Konvertitinnen und Konvertiten als Gesprächspartner für dieses Buch zu finden. Im Grunde war es naiv anzunehmen, dass es schon irgendwie klappen würde. Warum sollten Menschen mit mir reden wollen, denen ich durch meine langjährige Berichterstattung über Islamisten signalisiert hatte, dass ich ihnen zutiefst misstraue, weil sie zum Islam übergetreten sind – und damit automatisch zum Islamismus, wie ich dachte? Einige haben es trotzdem gewagt, sich auf mich einzulassen und auf Vertrauen zu setzen statt auf Misstrauen. Dafür bin ich ihnen von Herzen dankbar. Darum möchte ich mich an dieser Stelle noch einmal bei allen einzeln bedanken, in der Reihenfolge ihres Auftretens:

Bei Ahmad Adamek von der Osmanischen Herberge in Kall-Sötenich, der Erste, der mich willkommen hieß – nach der telefonischen Abstimmung der Interviews mit ihm und Scheich Hassan haben wir noch lange über Gott und die Welt diskutiert, was wir hoffentlich wiederholen werden.

Bei dem Sufi-Scheich und Musiker Hassan Peter Dyck, der auf den Punkt gebracht hat, was von den Wahhabiten zu halten ist – der Titel seiner CD »Shared Moments«, die ich gerade wieder höre, könnte ein Motto für dieses Buch sein.

Bei Mohammed Herzog, dem querköpfigen Berliner, mit dem ich liebend gerne mal ein Bier trinken gehen würde – leider trinkt er kein Bier, aber sonst habe ich nichts an ihm auszusetzen.

Bei der Scheicha Nurye Krieg-Dornbrach und dem Scheich Abdullah Halis Dornbrach, in deren Tekke in Trebbus ich mich so wohl gefühlt habe wie lange nicht mehr – trotz des Kopftuchs, das ich beim »zikr« trug.

Bei Dorothee Sabriyah Palm, meiner »Schwester im Geiste«, die ich, bevor ich sie persönlich kennenlernte, nur durch eines ihrer Bücher kannte – nun werden wir uns wahrscheinlich nie wieder aus den Augen verlieren.

Bei »meinen« drei Studentinnen aus Mainz: Gaby, die Intellektuelle, die trotz Verschleierung Alice Schwarzer bewundert; Rashida, die Matriarchatsforscherin, die strenggläubig ist, ohne engstirnig zu sein; Mira, die »widerborstige« *Emma*-Leserin, die mir die Leviten las – sie fühlten sich von mir verstanden, sagten sie mir bei der Abstimmung der Interviews, was mich mehr erstaunte als sie.

Bei dem Ehepaar Schabel, Abdulqadir und Fatana, die mich mit ihrer Gastfreundschaft beglückten und beglücken – durch einen neuen Job in Boppard am Mittelrhein wohne ich nicht mehr so weit von ihnen entfernt, und sie haben mich erneut eingeladen, damit ich mich nicht einsam fühle.

Bei Sumaia, die den Kontakt zu mir beharrlich aufrecht erhält und sich rührend um mein Wohlergehen sorgt – am liebsten würde das schöne Mädchen in der Abbaya all ihre arabischen Freundinnen beauftragen, mir aus dem Heimaturlaub schwarze Kleider mitzubringen, damit ich mich schlanker fühle.

Bei Luise Becker, die mich eigentlich nur zu einem klärenden, nicht öffentlichen Gespräch empfangen wollte, und über die ich dann doch in diesem Buch schreiben durfte – vor allem aber über ihren Traum von Geschlechtergerechtigkeit.

Bei Sulaiman Wilms, dem vermeintlichen Feind, mit dem ich mir über überraschend vieles einig war – und der mich, die alternde Resignative, daran erinnert hat, was jugendlicher Kampfgeist heißt.

Und bei den anderen »Mitwirkenden«, die keine Konvertiten sind: Imam Muhammad Ali, Günter Piening, Pater Professor Fritz Köster – und last but not least Helmut und Margret Brüggemeier, die in diesem Buch zwar einen falschen Namen tragen, aber von Grund auf ehrlich waren, als sie mit mir über ihre konvertierte Tochter und ihre Trauer sprachen.

Darüber hinaus bedanke ich mich auch bei Alice Schwarzer, die mir den Kontakt zum Piper-Verlag vermittelt hat, sowie bei Ulrich Wank, Kristin Rotter und Katrin Pollems-Braunfels – für ihre Geduld mit der »saumseligen« Autorin und für ihre Behutsamkeit beim Redigieren des Textes.

Cornelia Filter
Bielefeld, im August 2008

PIPER

Ayaan Hirsi Ali
Mein Leben, meine Freiheit

Die Autobiographie. Aus dem Englischen von Anne Emmert und Heike Schlatterer. 496 Seiten mit 8 Seiten Farbbildteil. Gebunden

Sie ist Abgeordnete, Bestsellerautorin, »Europäerin des Jahres 2006«, wurde zu einer der wichtigsten Frauen der Welt gewählt – aber vor allem ist Ayaan Hirsi Ali eine Frau, die für die Rechte der muslimischen Frauen, für die westlichen Werte und für die Freiheit kämpft. Das hat seinen Preis: Jeden Tag muß sie damit rechnen, daß islamische Fanatiker sie töten wollen, nie kann sie einen Schritt ohne Bewachung tun. Jetzt erzählt sie, wie aus einem Flüchtling aus Afrika eine »politisch-intellektuelle Kämpferin mit den Looks eines Pariser Models und der Schärfe einer Anklägerin vor dem Haager Strafgerichtshof« (Werner A. Perger, Die Zeit) wurde. Streng muslimisch erzogen, beginnt sie früh aufzubegehren: dagegen, daß es ihr einziges Lebensziel sein soll, Söhne zu gebären, daß sie jeden Abend für den Tod aller Juden beten muß, gegen die Zwangsheirat.

01/1590/01/L.

Nahed Selim

Nehmt den Männern den Koran!

Für eine weibliche Interpretation des Islam.
Aus dem Niederländischen von Anna Berger und
Jonathan Krämer. Mit einer Zusammenfassung in
türkischer Sprache. 336 Seiten. Serie Piper

Frauen haben zu schweigen, wenn es um den Islam geht. Damit will sich Nahed Selim nicht abfinden: Sie will Muslima sein und trotzdem emanzipiert, will selber bestimmen, was sie glauben will. »Nahed Selim entreißt den Koran den Mullahs«, schrieb das »NRC Handelsblad«. In keiner Sure steht, daß Frauen Schleier tragen müssen, die meisten Regeln zur Unterdrückung der Frauen sind im Lauf der Jahrhunderte von den – ausschließlich männlichen – islamischen Theologen in den Koran hineingeschmuggelt worden. Die muslimischen Frauen werden durch Fehlinterpretationen, angeblich authentische Texte und falsche Übersetzungen unterdrückt. Selim ruft die Frauen auf, selber den Koran zu lesen und zu interpretieren: der längst überfällige Beginn einer weiblichen islamischen Theologie. Der Blick der Frauen auf den Koran ist aufregend und anders.

01/1551/02/R